エリア・スタディーズ 151

ヒストリー

ドイツの歴史を知るための50章

森井裕一（編著）

明石書店

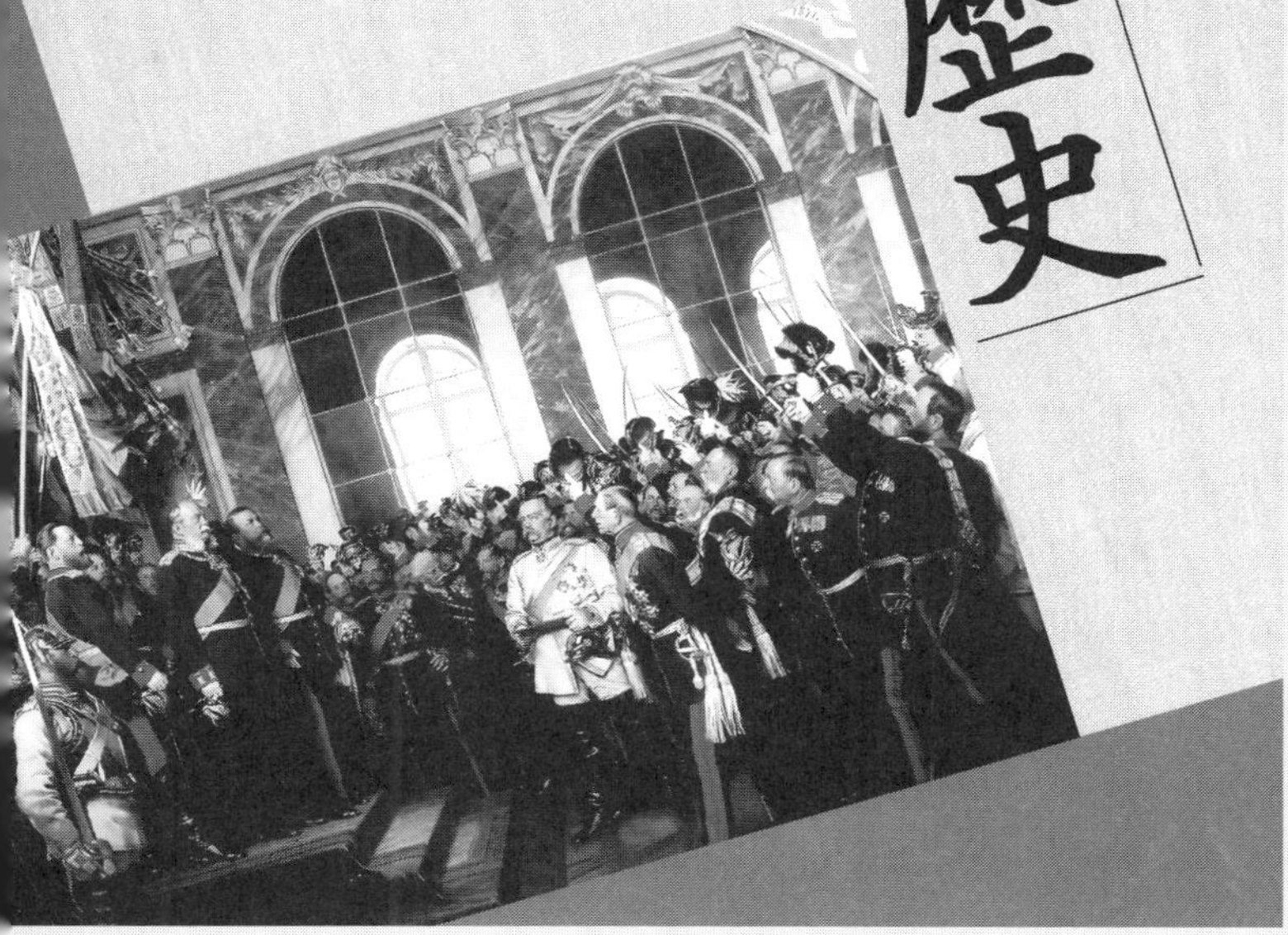

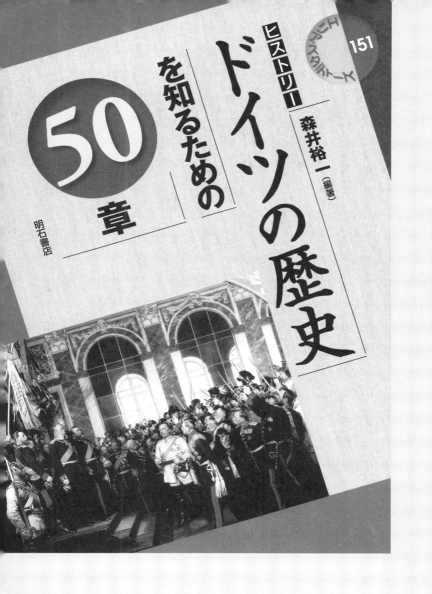

はじめに

　ドイツを見ると世界が見えるというは誇張がすぎるかもしれないが、ドイツ史を振り返ってみると、世界の変化を象徴しているような事例に事欠かないことがわかる。本書はドイツ史をできる限りコンパクトにわかりやすく解説することを目指しているが、読んでみるとドイツにとどまらない世界の変化がよくわかると感じられるだろう。その最大の理由は、ドイツがヨーロッパの地理的な中心部に位置し、政治、経済、社会、文化といったあらゆる点で、周辺国のみならずヨーロッパ全体、ひいては世界史と関係し、大きな影響を与えてきたからである。それは戦争のように悲惨な関係であったことも多いが、貿易のような経済関係のこともあれば、移民や留学など人の行き来であったこともある。ドイツを見れば世界が見えるというのはヨーロッパ中心的すぎて問題を孕んでいることは認識しているつもりではあるが、中世から近代を経て現代に至る世界のさまざまな構造にはヨーロッパ的なものが埋め込まれているので、ドイツ史を理解することは世界史理解のよい出発点となるであろう。

　本書はテーマ編と通史編から構成されているが、とりわけテーマ編は「変化するドイツ」をキーワードとして、ドイツという存在を固定的にとらえず、歴史のなかで変化してきたことをはっきりと描こうとしている。ドイツは島国日本と違って地続きの大陸の中央部に位置し、河川や海や険しい山など自然環境によって国境が決まってきた部分は非常に少ない。歴史的に見れば国境すらしばしば変化してきたことや、社会の仕組みや、社会を構成する国民がそもそもどう定義されるのかということまでもが変化してきたことが、いくつかのトピックをあげながら説明されている。テーマ編を読めばドイツの大きな変化がつかめるが、同時にいくつもの具体的な疑問がわいてきて、通史編の各章で具体的な時代ごとの展開をたどってみようと思うはずである。

通史編は「多様なドイツ史の基層」、「ナショナリズムと戦争」、「冷戦下のドイツ」、「統一後のドイツ」の四部から構成されている。多くのドイツ史の類似書と比べると、やや近現代の比重が重くなっている。これはヨーロッパ連合（EU）のなかでますます存在感を強めるドイツが、どのように成立し、国際関係のなかで変容してきたかに主な関心を持つ編者の興味関心によるところも大きいのだが、読者になじみの深いドイツでありながら、類似書には意外と現代史を十分に扱ったものが少ないという部分を補いたいと考えたこともある。

現在のドイツは連邦制をとる連邦共和国であり、16の連邦州から構成されている。これは中央集権を排して、分権的で多様な歴史的背景を尊重しようとする考え方のあらわれでもある。ドイツの歴史は多様であるがゆえに複雑でわかりにくいことも多い。しかし通史編を読み進めるにしたがって、ドイツのこれまでの歩みがはっきりと理解できるようになるはずである。

本書の構成にあたっては、それぞれのテーマについてベストと思える方々に執筆していただくことができたと自負している。巻末に掲載されている各章の参考文献も利用して、興味を持ったドイツ史のテーマや時代について本書を最初のステップとし、是非とも理解をより深めるきっかけとなれば幸いである。

森井裕一

ドイツの歴史を知るための50章

目次

テーマ編　変化するドイツ

第Ⅰ部　多様なドイツ史の基層

第Ⅱ部　ナショナリズムと戦争

第Ⅲ部　冷戦下のドイツ

第Ⅳ部　統一後のドイツ

※本文中、特に出所の記載のない写真については、執筆者の撮影・提供による。

テーマ編

変化するドイツ

1 伸縮する地理的範囲とアイデンティティ
――「ドイツ」をめぐる求心力と遠心力

「ドイツ」の歴史的連続性

「ドイツ」とは一体どこを指すものであろうか。歴史上、領土が不動であった国など存在しないが、ヨーロッパの数ある国のなかでもことにドイツの歴史を語る際に注意しなければならないのは、その変動の大きさと、それがドイツ史、ひいてはヨーロッパ史の方向に与えた影響である。

まず注意しなければならないのが、歴史的連続性の問題、具体的には神聖ローマ帝国の位置づけである。「ドイツ史」を語る場合、この中世以来900年余り続いた帝国を、その前近代的実体とすることが一般的である。たしかに、15世紀になると「ドイツ」を語る人文主義者たちが登場し、「神聖ローマ帝国」は「ドイツ国民の神聖ローマ帝国」を名乗るようになる。また、これまでもっぱら弱体化が強調されてきた近世の神聖ローマ帝国についても、近年ではその国家としての役割が再評価されており、歴史的な前提条件としての神聖ローマ帝国の存在は否定できない。

しかし、神聖ローマ帝国が大小の聖俗諸侯や都市の緩やかな集合体であったことも事実である。1648年のウェストファリア条約においてオランダやスイスの離脱が正式に承認される一方で、帝国内には同君連合として多くの外国の君主たちも加わっており、逆にザクセン選帝侯は二代にわたってポーランド国王でもあった。そして領内には、ドイツ語とは異なる言語を話すグループも数多く存在していた。

この点で、神聖ローマ帝国は末期に至るまで多民族的で国際的な性格を持つものであった。この国際性は、19世紀においても完全に消えたわけではない。イギリスのハノーバー朝がヴィクトリア女王の即位を機に（女性国王を認めない）北ドイツのハノーファー王国との同君連合を解消する一方で、その夫はドイツの小邦ザクセン＝コーブルクの公子であったし、彼らの長女はのちのドイツ皇帝ヴィルヘルム二世の母となる。また、ギリシアをはじめとする独立国家にとって、ドイツはヨーロッパ最大の「国王輸出地域」でもあった。

近代におけるドイツ・ナショナリズムと言語

こうした君主的国際性の一方で、19世紀のドイツ・ナショナリズムは、革命の国フランスの影響を受けつつ、またそれに対抗しつつ、「ドイツ国民」を創り出すことになる。そこでは、神聖ローマ帝国からシャルルマーニュ、古ゲルマンへと遡る歴史的起源とともに、神聖ローマ帝国亡き後の「ドイツ」のあり方が追求されることになる。

たしかにウィーン会議は、復古的な王朝の正統主義の原則による領邦国家の連合、すなわちドイツ連邦を成立させた。しかし、「自由」はドイツの「統一」を通して実現されると考えるナショナリストたちは、こうした権力側によって設定された枠組みをそのまま受け入れたわけではなく、むしろ言語という基準によってドイツ国民を再定義しようと試みた。その象徴的な例とも言えるのが、１８４

1年に作詞され、現在のドイツ連邦共和国の国歌でもある『ドイツ人の歌』である。作者である詩人ホフマン・フォン・ファラースレーベンはウィーン体制下において、反動的な小国に分裂したドイツを憂えた当時の典型的な自由主義者であり、そのため度重なる官憲の追及を逃れなければならなかった。

この『ドイツ人の歌』は、戦後西ドイツの国歌としては、1、2番は歌われず、3番のみが歌われていることはよく知られている。とりわけ問題とされたのは「ドイツ、世界に冠たるドイツ」で始まる1番であった。そのなかには、「マース川からメーメル川まで、エッチュ川からベルト海峡まで」という一節があった。それを現在の地図で跡づけると、東はリトアニアやロシア、西はベルギー、フランス、北はデンマーク、そして南はイタリアといった周辺諸国の領土に及ぶことになる。

19世紀半ばに作詞したホフマン・フォン・ファラースレーベンらにとって、この地理的範囲の表現は言語や文化を共有する「ドイツ人」の結集を促すもので、他民族の支配や抑圧を意味するものではなかったかもしれない。しかし、言語を基準として、「から・まで」という境界によって一円的な領域として設定し、それが統一国家の建設という政治的要求と結びつくとき、それは民族的混在を特徴とする中央ヨーロッパにおいて、支配、同化、さらには排除の可能性を孕むことになる。

国境地域と領土ナショナリズム

ただし、統一を最終的に実現したのはナショナリズムの担い手であった市民社会ではなく、プロイセンという領邦国家の権力政治によってであった。それは18世紀後半以来のライバルであるオースト

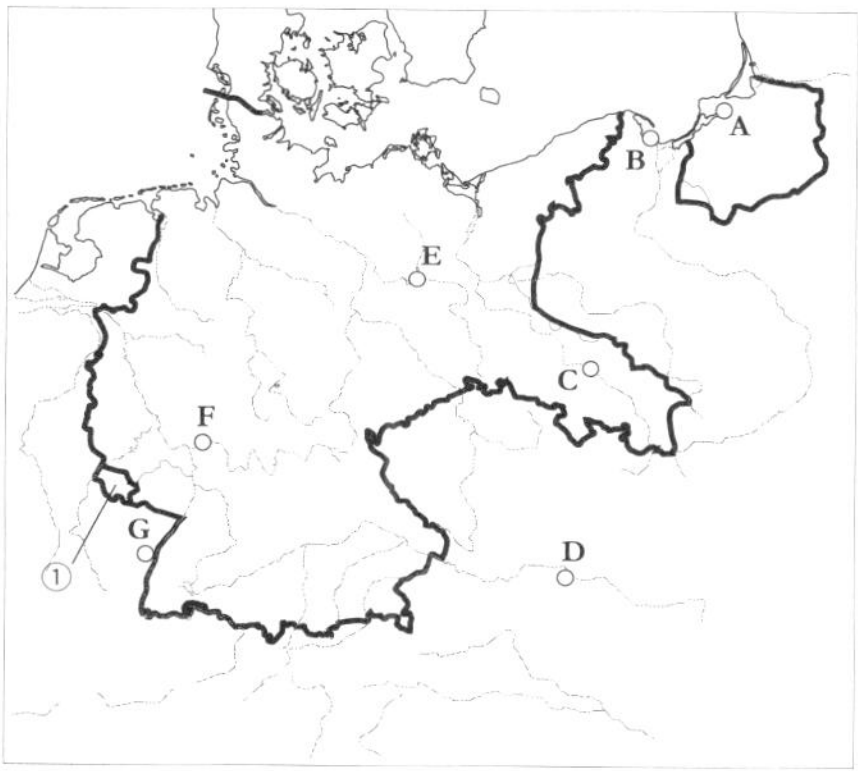

⑶ヴァイマル共和国（1919年～）

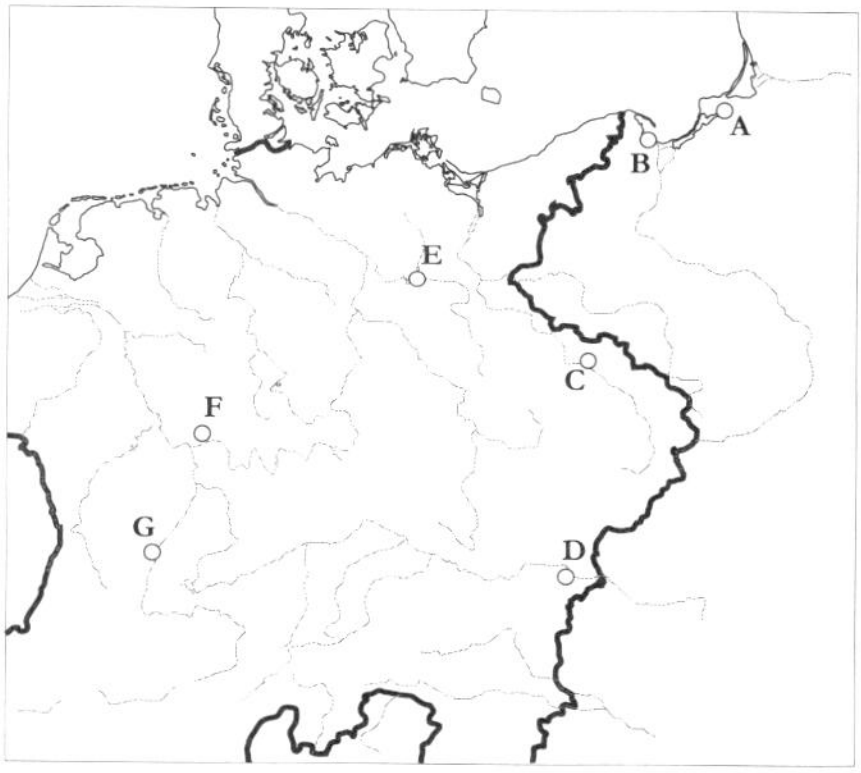

⑴神聖ローマ帝国（1500年）

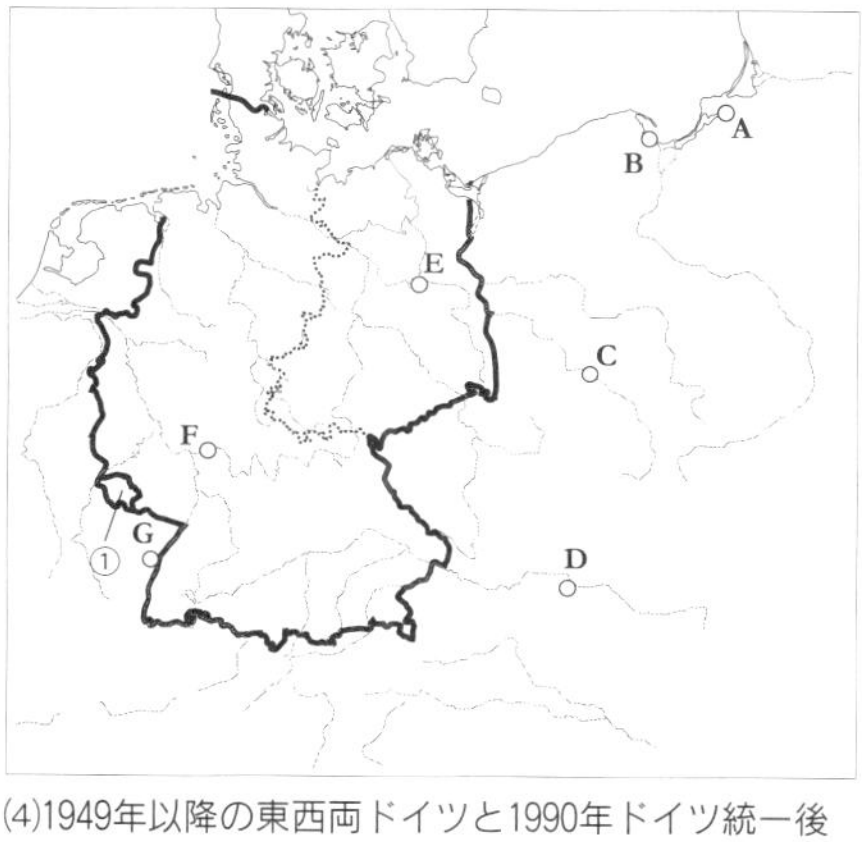

⑷1949年以降の東西両ドイツと1990年ドイツ統一後

⑵ドイツ帝国（1871年）

ドイツ領土の変遷

【地図中の説明】
A：ケーニヒスベルク／B：ダンツィヒ／C：ブレスラウ／D：ウィーン／E：ベルリン／F：フランクフルト／G：ストラスブール／①：ザールラント／⑷の地図の中央の点線は、東西ドイツの国境（1949～1990年）

リアをドイツから排除する形の「小ドイツ」的統一であり、新たに引かれた政治的な国境線は、言語的ナショナリズムが要求していたものより狭かった。

こうしたズレによって、境界地域の問題が領土ナショナリズムを喚起したことは重要な意味を持つことになる。たとえば、デンマークとの国境地域にあり、言語的な混合地域であったシュレスヴィヒ公国をめぐっては、両国のナショナリズムが衝突し、1860年代にはプロイセンの憲法紛争をドイツ統一により止揚することを図るビスマルクの「鉄血政策」の端緒となった。また、その仕上げとなった1870年の普仏（独仏）戦争での勝利は、アルザス・ロレーヌの獲得をもたらすことになるが、それはフランスの征服欲に対する歴史的な正当防衛と見なされた。住民の多くがフランスへの残留を望むことに対しては、言語的なドイツ性が強調された。この併合は、フランスとの関係を決定的に悪化させ、その対抗関係は両国のアイデンティティの重要な構成要素として定着することになる。

ただし、ドイツのナショナリズムがより攻撃的であり、その影響がより長期的であったのは、西よりも東に対してであった。18世紀におけるプロイセンのシュレージエン獲得やポーランド分割は、領内のポーランド系人口を急増させることになった。19世紀後半、とくに帝国建設後のナショナリズムの高まりは、工業化の進展に伴う国境内外の人口の流動化も相まって、プロイセン東部を民族闘争の舞台とした。ここでドイツの領有を正当化するのは、西高東低の文明観に加え、社会ダーウィニズムに基づく民族国家の観念であった。ドイツ人はもはや帰属国家だけではなく、民族によって規定されるようになっていく。第一次世界大戦時の「ミッテルオイローパ（中欧）」構想（ナウマン）を経て、敗戦後、ナショナリストにとってあるべきドイツの範囲はドイツ帝国の旧領の回復に留まらず、合併を否定されたオーストリアや、ドイツ系少数派の居住地域を含む、東ヨーロッパの広範な地域が「生存圏」として設定されていくことになる。

第二次世界大戦の敗北は領土のさらなる縮小をもたらし、冷戦の最前線としてドイツは分割されることになった。この時の失地も、1000万人以上の「帰還移住者（Aussiedler）」を生み出すことになっただけに、容易に受け入れられたわけではない。実際には、経済発展、世代交代、ヨーロッパ統合、そして「過去の克服」の複合的なプロセスのなかで、領土ナショナリズムは力を失っていったのである。

連邦主義と地域アイデンティティ

最後に、対外的な伸縮とともに対内的な要素についても言及しておこう。一般に近代国家は、中間権力の犠牲の上に中央権力の強化を志向する求心力によって形成される。ほぼ同じ時期に統一を経験したイタリアの場合や、近代国家への道を歩き出した日本の場合は、まさに集権的な政治体制が成立することになった。一方ドイツの場合、統一を主導したのはたしかにプロイセンであり、ドイツ帝国においても支配的な地位を確保したが、それでも二十数個の領邦国家が連邦構成国として存続した。とりわけバイエルンなど南西ドイツにおいては、宗教改革以来の宗派的相違も相まって、反プロイセン意識という遠心力も強かった。これらの領邦は、19世紀初頭のフランスの圧力による「耕地整理」（教会領や帝国騎士領、自由都市の消滅、削減）の受益者として領土を拡大し、それぞれが近代国家としての改革を行ってきており、統一国家のなかでプロイセンの風下に立ったとしても、決して吸収されたわけではなかったのである。

こうした求心力と遠心力のバランスに立つ連邦的国民国家に対し、20世紀になると、ナチ、東ドイツという二つのイデオロギー国家が、集権的傾向を強めようとしたが、結果としてそれは失敗に終わる。１９９０年に「再統一」したドイツは、西ドイツの連邦制を東に拡大することになった。こうして歴史的に定着した連邦主義は、もはやドイツに内在的な政治文化と言ってもよいだろう。むしろ今日のヨーロッパでは、フランスなど中央集権的な国家が地方分権に腐心する時代となってきている。

とはいえ、連邦制を構成してきた領邦や州自体もまた、歴史的に大きく伸縮、あるいは再編されてきた。現在では州の数は16と、１世紀前の帝政期の領邦の数のほぼ三分の二となっている。このドイツにおける国家、地域レベルの伸縮と、両者のときに緊張をはらんだ重層的な関係を象徴しているのが、〝Heimat〟(郷土、故郷)という概念である。身の回りの生活圏、領邦・州、そして国民国家という異なる空間レベルを関係づけるとともに、文脈によって伸縮し、さまざまな政治的立場と組み合わせ可能なこの言葉には、複雑で不安定な「ドイツ」が、どのように人々によって内面化され、また読み替えられていったのかが示されている。

(西山暁義)

2 すぐそこにある森
——開墾と馴致《じゅんち》の環境史

ドイツの物語や伝説では、森は「すぐそこにあるもの」として描かれることが多い。ドイツに森の国というイメージが強いのはそのためだろう。たとえばグリム童話「赤ずきん」では、おつかいを頼まれた主人公の少女は、狼が出没するような深い森をたった一人で歩く。彼女の祖母が、村から歩いて半時間ほど離れた森のなかで暮らしているからだ。両親に見捨てられたヘンゼルとグレーテルが魔女のお菓子の家を見つけるのも森のなかなら、いばら姫が眠る城もホレおばさんが住む家も、深い森に分け入った先にある。そんな物語のなかの森は、クレーヴァーの『赤ずきん』が描くような、巨木がうっそうと茂る得体の知れない異空間だ。

クレーヴァー『赤ずきん』(1908年)(https://commons.wikimedia.org/wiki/File:Julius_Sergius_Klever_Rotk?ppchen_1908.jpg)

生きるための森

しかしそんなミステリアスな森は、ドイツではめずらしいものとなって久しい。14世紀が始まる頃には、森は畑や牧草地と同じように人々の生活を支える存在になっていた。春には放牧された牛や羊がやわらかな下草を食み、夏には木イチゴが色づき、秋には鹿や兎が狩られ、冬には木を切る斧の音がひびく。これはのどかな農村の話ではなく、世界有数の証券取引所があるフランクフルトという都市で、19世紀半ばまで繰り広げられた光景である。このフランクフルトの市有の森やベルリンのグリューネヴァルト（緑の森という意味だ）、ハンブルクのヴォードルフの森やライプチヒのローゼンタールの森のように、現在でもドイツの都市のそばには、住民に日頃から親しまれ愛される森があることがめずらしくない。そうした森は、今でこそ散歩やハイキングのための憩いの場だが、かつては人や家畜や荷車が往来する生活と生産のための空間だった。何世紀にもわたる森との付き合いの歴史があるからこそ、ベルリンやハンブルクのような大都市でも森は決して遠い田舎の存在ではなく、週末に自転車に乗って気軽に訪問できる程度には近しいのだ。

近代的な工業が発展し、安価な消費財が庶民に行き渡るようになるまでは、都市住民にとってさえ、森は生きてゆくために欠かせないものだった。たとえばフランクフルトでは、町の南に広がる市有の森でたきぎを集めることは、市民の貴重な権利だった。いくばくかの利用料を納めれば、市民は自分が担いで運べるだけの枯れ枝を集めることができたが、森の木々を無用に傷めないように、市当局は市民が森に入れる期日を定め、まだ元気な木や枝を斧で切ることや、荷車で大量のたきぎを持ち帰ることは禁じていた。19世紀に石炭を使った暖房が普及するまでは、こうして森からたきぎを手に入れないと、貧しい市民は長く厳しい冬を越せなかったのだ。また18世紀頃までは、町中の住居でもしばしば裏庭で豚や鶏が飼われたが、その豚を秋に森で肥育させる権利も、決して安くはない手数料を払ってでも多くの市民が行使した。10月から11月頃まで栄養価の高いドングリや植物の根を森で思うさま食べた豚は、ほどよく太ったところでつぶされ、ソーセージやハムとなって家族の食生活を支えたのだ。19世紀中頃に屋内での大量飼育が一般化して森での肥育がすたれるまでは、平均で５００〜６００匹、多い年には１４００匹もの豚が森に放し飼いにされた。

人の手で作られた風景

19世紀の終わり頃に作成されたフランクフルトの森の地図を見ると、森を縦横に走る道路が整備されていることがわかる。これは行楽や交通のためではなく、木材資源、つまり森に生える木を管理するために通されたものだ。15世紀から森には樹木の保護と育成を担う官吏である森林官が複数名常駐し、それぞれが管轄する区域で密猟や無許可の伐採に目を光らせた。木材の売り上げも市の収入源の一つだったからである。計画的な植樹が始まった19世紀以降は、ナラやブナやマツなどが土壌に合わせて植えられ、木の種類によっては１００年２００年という長期の育成計画にしたがって育てられるようになる。つまり現在森に茂る木々は、前世紀や前々世紀の森林官たちが世話してきたものなのだ。

このように人の手で営々と管理され利用されてきた森の姿には、ドイツの社会に根ざす自然観がよくあらわれている。ドイツ的な「自然」は、人間の文明や文化と対立するものではなく、良くも悪くもその営為の積み重ねを包摂するものである。わかりやすく説明するために、対照的とされる北米の自然観と比べてみよう。近代以降のアメリカ人の自然のとらえ方には、ヨーロッパ系の入植者が先住民を駆逐し、西へ西へと進出していったフロンティアの体験が大きな影を落としている。たとえばカ

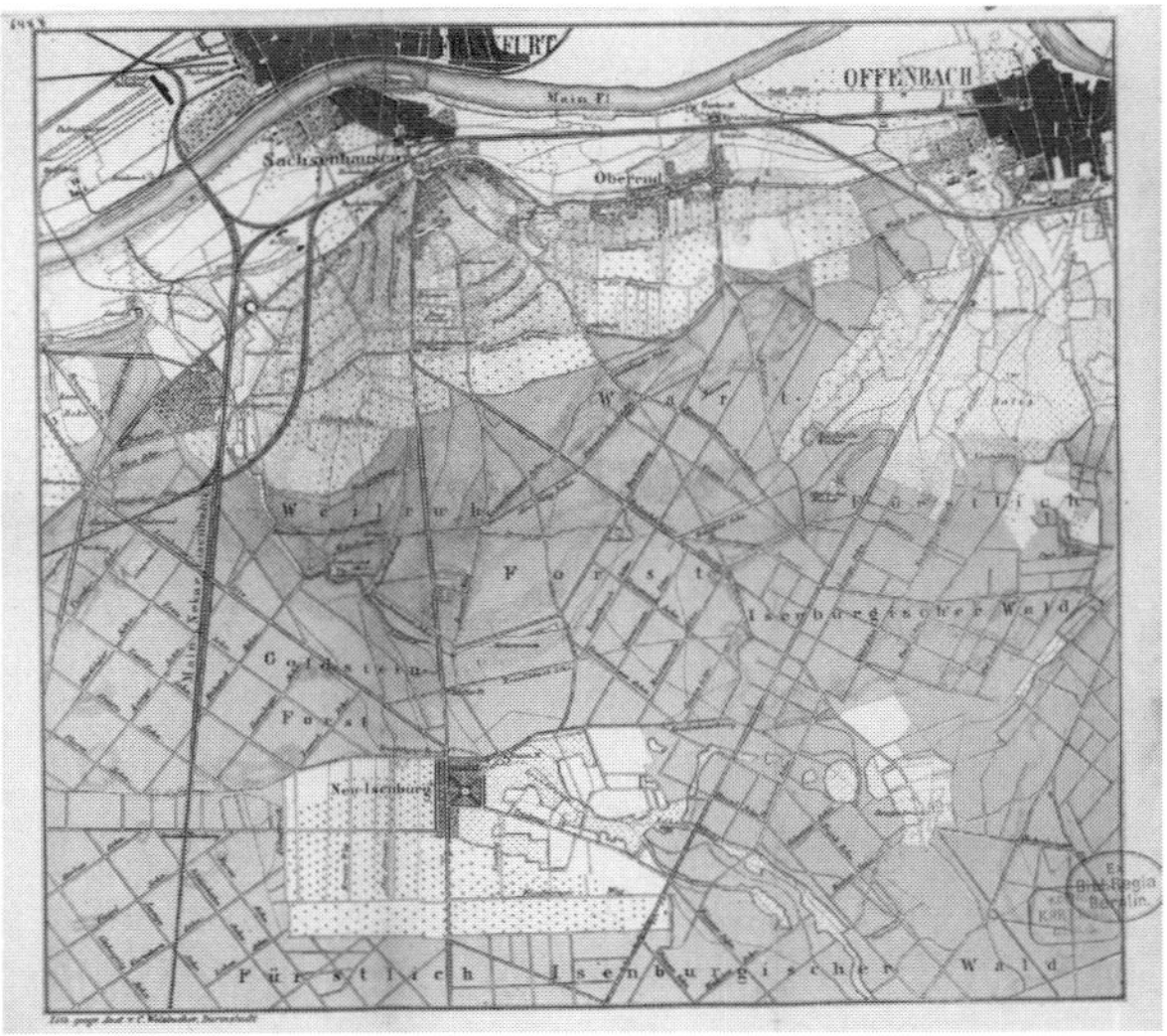

『フランクフルトの市有の森および周辺地区地図』（1880年頃）
（Staatsbibliothek Berlin, 請求記号：8” Kar. 28490 Ostl.）

リフォルニアのシエラネバダ山脈の荒々しくも神々しい風景を賛美したジョン・ミューアのように、アメリカ人にとって自然とは文明の対極に位置するものだ。彼らの自然観の根底には、手つかずの荒野を開拓し、先住民を制圧して「文明化」していった移民たちの歴史的経験があるからだ。対してドイツ、そしてヨーロッパに広がるのは、長い歳月をかけて人間の手で整えられた風景だ。ローレライの難所で知られるライン川の峡谷は、明媚な風光が19世紀初頭にはすでに観光客を集めていたが、古城が見守る斜面に広がるのは手入れの行き届いたブドウ畑や森林である。20世紀はじめという早い時期に自然保護区になった北部ドイツのリューネブルガー・ハイデ（リューネブルクの荒野）は、秋にはエリカの花で一面に赤紫色に染まる美しい場所だが、これも何世紀も続いた伐採と牧畜によって作られた景観だ。つまりドイツの「自然」は、人と風土の交渉の歴史とは切り離して考えることができない。

田園と都市村落、森林がリズミカルに織りなすドイツの風景には、中世の初めに遡る長い開墾と馴致の歴史がある。古代には広大な原生林が広がっていたアルプス以北のヨーロッパでは、キリスト教

ローデ『ドーナル神のナラの木を切り倒すボニファティウス』（1781年）（https://de.wikipedia.org/wiki/Bonifatius#/media/File:Bonifatius_Donareiche.jpg）

の到来とともに、何世紀も続く開墾の時代が幕開けた。そのプロセスは、森に住むゲルマン人たちのキリスト教への改宗から始まる。というのも、ナラ（ヨーロッパナラ、オーク）やブナ、リンデンバウム（セイヨウシナノキ）といった木々に宿る神々を崇めていた彼らにとって、神々や精霊のすみかである森は、豊かな恵みと恐ろしい災厄の双方をもたらす神聖な異界だったからである。太い幹からがっしりとした枝をのばす「森の王様」ナラの木は、今でもドイツの国樹として大切にされているが、そもそもは雷神ドーナル（北欧神話のトール神にあたる）が宿る木として祈りを集めていた。そうした聖なる木を切り倒してみせることで、キリスト教の伝道者は異教徒に自分たちの神の正統性を認めさせたのだ。たとえば聖ボニファティウスは斧を手に持つ姿で描かれることがあるが、それは彼のゲルマン人への布教の功績を顕彰するためである。こうして聖性を失った森は人の活動領域に変わり、樹海のなかの孤島のようだった人の集落や耕地はじわじわと森に食いこんでいった。とくに11世紀から13世紀の大開墾時代には、農業技術の革新と人口増に押されて伐採が飛躍的に進み、耕作が可能な土地のおおかたには鋤が入れられた。そして残された森からは、狼や熊のような人に害をなす獣は徹底的に追われ、林業や牧畜、狩猟のための土地として有効に利用されるようになった。つまり14世紀のはじめ頃には、手つかずと呼べる土地はわずかしか残されていなかったのだ。

制圧と支配の過去と現在

近代に始まった産業化が、都市の肥大や工場の煤煙、森林の喪失や河川の汚染といった新しい問題をもたらすと、人間をとりまく世界の危うい均衡に人々が目を向けるきっかけになった。そうした近代的な環境意識の目覚めから現代のエコロジー運動に至る道筋は、もちろん一本道ではない。とはいえ、大量生産と大量消費をくりかえす生活様式が行き着く先に対する危機感は、度合いや傾向の違いはあれ共通しているだろう。しかしこうした変化の何世紀も前から、森や川や景観を保護するにせよ管理するにせよ、あくまで人間が当事者として責を負うという意識がヨーロッパには存在していた。それは徹底的とも言える、自然の制圧と支配の過去があるからなのだ。

じつは現在、森はドイツの国土の三割程度しかない。森林が七割近い面積を占める日本に比べるとずいぶんと少ないが、日々の暮らしのなかでは木はいかにも大切にされている。たとえばベルリンでは、幹の周囲が80センチを超える広葉樹や指定された種類の樹木は、たとえ何の由緒も由来もない庭木でも許可なく伐採することは禁止されている。自治体にもよるが、大体樹齢25年を超えた頃から木は保護されるのだ。このことに古代ゲルマンの樹木信仰の名残りを見るのはさすがに無理だろうが、自然を人間の文化の埒外ではなく、その一部としてあつかう姿勢は認めることができるだろう。つまり木もまた人の生活世界の一部であるからこそ、責任をもって守るべき存在なのだ。首都ベルリンを上空から眺めると、街区によっては森のなかに住居が点在するように見える。町中の木の存在感をかんがみると、やはりドイツでは森はすぐそこにある存在なのだろう。

（櫻井文子）

3 産業とエネルギー
――電力業の誕生から「脱原発」へ

石炭業と電力業、原子力政策

ドイツの電力業の歴史は、19世紀末に遡る。19世紀末の工業用動力に目を向けると、まずは産業革命以前から存在していた水力や風力が、蒸気機関に代替されていった。ただし、蒸気機関の導入は大規模経営に限られ、中小経営がこれを導入するのは困難であった。その後は20世紀初頭にかけて、小規模経営にも導入可能な電動モーターが普及し、エネルギー供給産業の中心は石炭業から電力業へと移行した。他方で、電動モーターを作動させる発電は大量の石炭を必要としたことから、石炭業もさらなる発展を遂げた。また電化に伴い、エネルギー供給システムの集中や拡大が進んだ。

ドイツ西部のルール地方は重要な炭鉱地域で、石炭は戦後復興期にも主要なエネルギー源であり続けた。石炭の生産では、とくに鉄鋼会社が重要な位置を占めていた。一方、すでに19世紀にはなされていた国家によるエネルギー産業への介入は、個々のエネルギー源の生産部門を対象としており、戦後は1960年代末までの間、実質的に「石炭政策」を意味していた。1950年代末には原油価格の大幅な下落に伴い、ドイツの石炭業の競争力が低下し、石炭の消費量は激減した。当時の連邦政府は石油への燃料転換を遅らせようと、さまざまな対策を採った。さらに1960年代末には、石油輸出国機構（ＯＰＥＣ）による原油の生産や価格への影響力が増大し、石炭だけに限定しない、総合的なエネルギー政策の必要性が高まった。

ドイツでは、ナチ体制下で原爆開発が行われたこともあり、戦後数年間は原子力研究への連合国による厳しい制限がなされていた。しかし、冷戦が深刻化し、パリ協定（１９５５年５月発効）によって西ドイツの主権回復や再軍備、北大西洋条約機構（ＮＡＴＯ）への加盟が承認されるなかで、原子力研究の再開も認められた。１９５６年１月には、政府の諮問機関である「ドイツ原子力委員会」が発足し、１９５９年には「原子力法」が成立するなど、この時期には原子力に関するさまざまな制度が整えられた。また、１９５７年４月に原子力物理学者らによって、西ドイツ連邦軍の核武装に反対する「ゲッティンゲン宣言」がなされたが、民生用の核技術は、核兵器とは切り離されたテーマととらえられていた。

西ドイツの原子力政策では「国策」の論理が強まる時期もあったが、全般的には「民営」の論理が、その土台となってきた。この「民営」は日本と比べ、より「市場」を意識し、国家からの独立や採算性を重視するものであった（本田宏「ドイツの原子力政策の展開と隘路」若尾、本田編『反核から脱原発へ――ドイツと

ドイツの風力発電施設（©REpower Systems AG）

ヨーロッパ諸国の選択』)。1961年には西ドイツ初の商業用原発の運転が開始され、原発建設は1973年の第一次石油危機を機に本格化した。1969年に発足した社会民主党(SPD)と自由民主党(FDP)の連立政権は原子力を、国民経済の近代化において重要な役割を果たすものと位置づけていた。

1973年9月には、連邦政府初の包括的なエネルギー計画も策定され、翌年10月には、その「第一次改定」が行われた。この改定では、石油依存度を低下させる手段として、原子力や天然ガス利用の促進、石炭生産の維持、省エネが挙げられていた。他方で1970年代の西ドイツでは反原発運動が活発になり、さらに1979年の米国・スリーマイル島、1986年の旧ソ連・チェルノブイリにおける原発事故の発生に伴い、「脱原発」を求める声は高まっていった。

反原発運動

原子力施設の立地計画に反対する動きは、すでに1950年代から見られたが、当時の動きは地域レベルにとどまっていた。しかし、1968年には建設中だったヴェーザー川上流・ヴュルガッセン原発に対する抗議運動が起き、反原発運動は「前史から本流へ移行」(ヨアヒム・ラートカウ)した。そして、1972年の連邦行政裁判所による「ヴュルガッセン判決」では、核技術の推進と安全性の保証を同等に並置していた1959年制定の「原子力法第一条」が、「安全性の保証」を優先するよう解釈された。

また、ラートカウによれば、豊かな石炭資源に恵まれている西ドイツでは1960年代後半まで、最大のエネルギー会社であったライン＝ヴェストファーレン電力会社（ＲＷＥ）が原子力の推進を抑止する強い力を発揮していた（ラートカウ『反原発運動小史』）。ＲＷＥは当時、巨大な褐炭層を開拓しており、これと競合し得る原発の建設を支持していなかった。さらに、１９７５年２月には、フランスとの国境地域にあるヴィールにおいて、反対派住民による原発予定地の占拠闘争が起き、反原発運動は全国的なものへと発展した。

このようななかで１９７０年代末には、第二次石油危機に伴う原油価格の大幅な上昇により、西ドイツ経済は深刻な打撃を受けた。そして１９８１年10月には連邦政府の「原子力閣僚会議」が原発の許認可手続を迅速化する措置を承認し、翌年２月には、新規原発３基の建設が認可された。さらに１９８０年代初めには裁判所が、それまで建設工事への差止命令が出されていた原発について、それらの命令を撤回した。

１９７０年代後半の抗議運動は、カルカー近郊の高速増殖炉建設とゴアレーベンの再処理工場計画に集中した。ゴアレーベンでは１９８４年に中間貯蔵施設が完成したが、使用済み核燃料の搬入は抗議行動によって阻止され続け、１９９４年以降になって、ようやく強行された。しかし、これによって大規模な阻止行動が復活し、毎年の輸送に対して続けられた。また、１９８０年代最後の大規模な抗議運動は、ゴアレーベンの代わりにバイエルン州のヴァッカースドルフ近郊に計画された再処理施設に対するものとなった。さらに、１９８６年のチェルノブイリ事故の影響は大きく、高速増殖炉は稼働に至らず、高温ガス炉の開発も中止されることになった。

１９８３年３月の連邦議会選挙では、反原発を掲げる緑の党が初めて連邦議会に進出し、ＳＰＤも

1984年の連邦党大会で高速増殖炉と再処理工場の計画継続に反対を表明した。SPDはさらにチェルノブイリ事故後の1986年の党大会で、「脱原発」の決定を採択した。また、度重なる抗議行動の結果として再処理工場の建設は遅れ、それに伴い建設費用が増大するなか、1989年には事業者が建設を断念した。1988〜1989年には原子炉3基の運転が開始されたが、その後にドイツで新たな原発が建設されることはなかった。

福島第一原発事故と脱原発

1998年9月の連邦議会選挙の結果、SPDと緑の党の連立による赤緑政権が誕生し、脱原発が初めて連邦政府の目標となった。連邦政府とエネルギー事業者の間では、2000年6月に脱原発の合意がなされ、翌年調印された協定文書では、すべての原発を運転開始から32年で閉鎖すること、そして新施設の建設および2005年半ば以降の核燃料再処理の禁止が決められた。これに先立ち、2000年4月には、再生可能エネルギーを普及させるための「再生可能エネルギー法」も施行された。脱原発の実現に向けては、再生可能エネルギーの促進が不可欠と考えられた。1990年には、水力、風力、太陽エネルギーなどの再生可能エネルギーを促進する「電力供給法」が制定されていたが、「再生可能エネルギー法」はさらに、再生可能エネルギーによる電力について、原則的に20年間、一定価格で買い取るという「固定価格買取制度」を導入し、その普及を加速させた。

一方、脱原発の協定に基づき、2002年には原子力法が改正され、2003〜2005年には2か所の原発が閉鎖された。他方でキリスト教民主・社会同盟（CDU／CSU）やFDPは、政権奪回の際には脱原発の合意を撤回すると表明するなど、その道のりは平坦ではなかった。２００９年10月には、連邦議会選挙の結果として、ＣＤＵ／ＣＳＵとＦＤＰによる保守リベラル連立政権の第二次メルケル政権が発足し、「脱・脱原発」とも言われる新たな方針が決定された。新政権は原子力を「過渡的エネルギー」と位置づけ、２０１０年9月の電力業界との合意では、既存の原発について8～14年の運転期間延長を認めるとした。

しかし、２０１１年3月11日に福島第一原発の事故が発生したことで、連邦政府の原子力政策は再び変化した。メルケル首相は事故後、ただちに原発の運転期間延長を凍結し、１９８０年以前に稼働を開始した原子炉7基の運転を3か月間停止するとした。さらに、社会学者や政治学者、科学技術界、宗教界、実業界などの代表者で構成される「安全なエネルギー供給に関する倫理委員会」の設置も決めた。他方で、同月末に行われた二つの州議会選挙では、結党以来、反原発を掲げてきた緑の党が躍進し、初めて緑の党出身の州首相も誕生した。

同年5月末に提出された倫理委員会の最終報告書は、原発について「倫理的理由からリスクの少ないエネルギー供給により置き換えられるべき」と判断した。この報告を受け、翌月の閣議では、原子力法改定によって原発の稼働期間延長を撤回し、すべての原発について「２０２２年までに段階的廃炉」を行うという決定がなされた。この「脱原発」を目指す原子力法改定は、その後、国会において圧倒的多数で可決された。

（安達亜紀）

4 巡礼に赴く人々
――教会と国家、民衆

トリーアの聖衣伝説

ルクセンブルクとドイツとの国境に、トリーアという人口10万人ほどの都市がある。ここはドイツで最も早い時期にキリスト教が入ってきたところでもあり、中世以降、19世紀の世俗化までは司教がこの町の領主であった。この街とキリスト教の関係はローマ時代まで遡る。キリスト教をローマ帝国で初めて公認したコンスタンティヌス帝も、トリーアを一時期居城としていた。コンスタンティン・バジリカ、カイザーテルメン（皇帝浴場）といったローマ時代の遺跡は、往時の豊かな文化をしのばせる。

コンスタンティヌス帝がトリーアに残したのは、これら建造物だけではなかった。伝説によれば、紀元330年頃コンスタンティヌス帝の母ヘレナがエルサレムを巡礼した折、イエスの着衣を手に入れトリーアに持ち帰った。それはマリアによって編まれた縫い目のない下着で、イエスが処刑される際に身に着けていたものであるという。のちにトリーアを一大巡礼地にすることになった「聖衣」である。

最初にこの衣が正式に公開されたのは、1196年に「再発見」された時だという。それから30

大聖堂の中で公開された「聖衣」（大貫俊夫氏撮影、2012年4月）
2012年の4月から5月にかけて行われた聖衣巡礼に際しては、ミサや行列など宗教行事のみならず、クラシック音楽や民族音楽のコンサート、野外演劇、アートイベントなども行われた。

0年以上「大聖堂のどこかにしまわれたまま」だった衣だが、1512年、トリーアを訪れた皇帝マクシミリアンの要求で再び「発見」され、初めて公開された。1515年には教皇レオ十世により、トリーア大聖堂の聖遺物公開は7年に1度行われると定められ、定期的なものになる。この聖遺物を見たがったのはもちろん皇帝だけではない。以降、多くの善男善女がトリーアへの巡礼に向かうことになる。

聖遺物と巡礼の旅

イスラム教のハッジや四国のお遍路のように、巡礼は多くの宗教に共通に見られる。罪を悔いる信仰心に突き動かされ、自発的に住み慣れた土地を離れて苦難の長旅の末に聖地を訪れる、贖罪の行為である。

多くの場合、巡礼者をひきつけたのは「聖遺物」だった。イエスや聖人たちにまつわる品々や殉教者の遺骸など、聖性を帯びたとされるモノに人々は畏敬の念をもって接した。こうした聖遺物は、キリスト教がゲルマン人に伝えられる過程で大きな役割を果たしただろう。秘蹟やミサなどの儀式と同様、目に見える、具体的に存在するモノは、より分かりやすい信仰の対象となった。こうして教会は土俗的な信仰形態と妥協しながら、むしろ聖遺物崇拝を推奨しつつ布教を行ったのである。

身体に何らかの障害がある者、子のない夫婦、病に冒された者たちは、一縷の望みをかけて聖なる品々の奇跡にあやかろうと巡礼に赴いた。死ぬまでに巡礼が叶わなかった場合、代理で巡礼を行うよう遺言を残す者も多かった。巡礼者たちは平均的に貧しい者が多かったようだが、彼らが記念品の購入や寄付によって巡礼地に落としていく利益は、とりわけトリーア大司教領のように財政基盤の弱い弱小領邦には無視しえなかったであろう。巡礼地としての権威を高め多くの巡礼を集めるために、各地の教会はこぞって聖遺物を収集したのである。

巡礼への批判

しかし16世紀に宗教改革を迎えると、この聖遺物崇拝と巡礼は厳しい批判にさらされるようになる。プロテスタントの教義からすればイエスや聖人ゆかりの品を崇敬し、あるいはそこから何かの奇跡を期待するのは迷信であり偶像崇拝以外の何物でもなかった。ドイツ史家の下田淳《しもだじゅん》によれば、トリーアで初めて聖衣が公開された際、ルターは「悪魔が死人の骨や衣服や道具を、聖なる骨とか道具とか言いふらし、人々はこういった嘘にだまされてしまった」と切り捨てたという。領主がプロテスタントに改宗した地域では、教会・修道院などの財産が没収された。支配者たちは聖遺物崇拝などの「呪術的」な信仰に代わり、迷信や暴力、飲酒など日常生活全般への規制を強め、キリスト教徒らしい生活を領民に要求した。カトリック側も聖人や聖母マリアへの崇敬は教化の手段として保持しつつ、迷信の排除と倫理規範の内面化に努めたのである。このような内面世界への介入は、領邦君主による法規の数が16世紀以降飛躍的に増大することからうかがわれるように、世俗的な支配の強化と一体に進められた。ただし、信徒たちの内面的キリスト教化はきわめて緩慢であり、民衆的宗教は根強く残った。18世紀にも巡礼批判は続いた。巡礼の間労働を放棄することは経済的損失になり、巡礼者が宿泊所で男女混ざって寝食することにも倫理上の問題がある。どこでも祈り、神に仕えることができるのに、わざわざ外国にお金を落としに行くのはいかがなものか。オーストリアの皇帝ヨーゼフ二世のようなカトリックの支配者でさえ、幾度も巡礼禁止令を出している。

19世紀にトリーアで聖衣巡礼が大々的に行われた際、カトリック聖職者からも厳しい批判が寄せられたという。「人間の制作物であるこの衣服を、崇拝のためそして見せものとして公に展示し、だまされやすい無知なあるいは困窮している民衆の感情を誤って導き、迷信と悪徳を助成し、貧しい飢えた民衆からその所有物一切を奪い、ドイツ民族を他民族の笑いものにさせた張本人は、トリーアの司教アーノルディである」と。

19世紀の国家権力と教会

しかし、プロテスタント国家プロイセンの統治の下でもトリーアへの巡礼は続けられた。巡礼は完全に禁止されることはなかったのである。トリーアは1803年に世俗化され、さらにウィーン会議以降はプロイセンの統治下に入った。世俗化によって教会財産は国庫に接収され、教会の諸施設は国家からの給付金によって支えられることになった。こうして国家と教会がより強く結びつくようになったことは、国家にとって大きなメリットとなったであろう。伝統的に教会は民衆の生活に密接に寄り添ってきた。教会は人々に日々の生活における道徳を説き、しばしば教育の拠点となってきたし、生死や結婚など人生の大きな節目は教会によって管理・記録されてきた。プロイセン国家の下でも、聖職者に出生・結婚・死亡などの法的手続きが委任され、教会による民衆管理の社会的インフラは生き続けていた。プロイセンは教会を保護し、利用することで、国家による民衆支配の支柱としたのである。だからこそ、トリーア周辺地域の人々に深く根づいた巡礼も禁止されることなく、国家の保護と統制の下で存続したのである。

１８４４年に行われた展示には50日間の間に約50万人の巡礼者が集まったという。３年間歩けなかった女性が聖衣に触れたとたん、杖なしで歩けるようになった。やはり杖なしで歩けなかった農夫が聖衣を見ただけで回復した。盲目の少年が視力を取り戻した。失語症の少年が再び話せるようになった。これら奇跡の逸話は、19世紀にトリーアで発行された新聞に掲載されたものであるという（下田淳『ドイツ近世の聖性と権力』）。

ナチ党と巡礼

20世紀に入ってから最初の聖衣巡礼は１９３３年に開催された。１９３３年はナチ党が政権を掌握し、バチカン・ナチ党間で政教条約が成立した年である。ナチ党はこの政教条約を「バチカンによって党が承認された」と政治宣伝に大いに利用し、教会側も国家権力から制度的保障が得られたことを歓迎した。

時代の空気はこの宗教行事にも反映されたようである。1933年の巡礼を記録した当時のトリーアの聖職者は、記念の品を聖遺物に触れさせ、神の恩寵をそこにとどめようという巡礼者の古い風習を、「1924年11月9日の〔ミュンヘン蜂起の際の〕幟に触れることで、親衛隊と突撃隊の旗も祝福を与えられるのと同様に」と、ナチ風に解釈している。聖職者がナチ党の旗と聖遺物を並べて論じているのには驚きを禁じ得ないが、ナチ党もこの宗教的一大行事の成功のために熱心に協力した。褐色の制服にカギ十字の腕章をつけたSA（突撃隊）の楽隊が期間中しばしば大聖堂前の広場で演奏をし、宗教行列にも同伴したという。聖職者も、党モーゼル大管区長官グスタフ・ジモンのミサ列席を「大聖堂で待つ人民、内陣に跪く彼らの聖俗の指導者たち」と感動的に描写している。

この後、同年にはカトリック青少年団の活動が非難の対象になるなど政教条約があったにもかかわらず、ナチ党によるカトリック組織に対する攻撃と干渉が始まった。このトリーアの聖衣巡礼はカトリックとナチ党の短い蜜月の頂点だったと言えるだろう。

現代社会と巡礼

今日、教会に全く行かないというドイツ人も多い。教会や宗教抜きで、役所で行われる結婚式も人気だ。しかし、2012年に行われた聖衣巡礼には1か月で54万5千人が訪れたという。この時のスローガンは「分かたれたものを一つに」である。かつて激しく聖遺物崇拝を攻撃した福音派教会も、2012年の聖衣巡礼にさまざまなかたちで参与した。「縫い目のない聖衣」が宗派の違いを乗り越えようとするエキュメニズムの象徴として、新たな解釈を与えられたのである。

巡礼は宗教的な敬虔さのみならず、娯楽や観光旅行という側面も強くなった。徒歩で自然の景観を愛でながら、巡礼地を目指し仲間とともに歩むことは、現代人にとって敬虔な心情とともに楽しみと癒しを与えるのだろう。エコ・ツーリズムという新たな旅のスタイルもこれを後押しするだろう。キリスト教的価値観は世俗化によって大きく後退したかに見えるが、巡礼が廃れてしまうことはまだしばらくはなさそうである。

（小林繁子）

5 法と秩序

――多様性と複層性

「ゲルマン人」とキリスト教会

ドイツとドイツ人の歴史の最初に「ゲルマン人」が置かれることがある。しかし、「ゲルマン人」の生みの親はローマのユリウス・カエサルであったことに注意しなければならない。カエサルが、ライン川より西の人々と対比して、ライン川の東に住む人々をまとめて「ゲルマン人」と呼んだのである。当時の「ゲルマン人」は実態としては多くの小集団に分かれており、それらに共通の秩序や法が存在していたことは証明されない。ゲルマン法という概念とその内容も、後述のように基本的には19世紀になって創出されたものである。ナチス時代におけるゲルマン概念の濫用を経て、「ゲルマン人」とその法については、19世紀に構築された学説から離れて、同時代史料による冷静な考察が試みられつつある。たとえば、いわゆる民族大移動の後、5世紀から9世紀にかけて成立したいくつかの部族法典（現在のドイツの地から伝わるものとして、アラマン部族法典やバイエルン部族法典などがある）も、かつてのようにゲルマン法の記録と見なされるのではなく、むしろ古代末期のローマ法やキリスト教会の法観念から影響を受けていたことが指摘されている。

古代末期ローマ帝国の諸制度が7世紀頃を境に作動を停止していった後は、キリスト教会と聖職者が、秩序と法の面でも大きな影響を及ぼした。すでにカロリング朝フランクの君主たちが統治のために教会を活用する政策を採っていたが、この方向は、フランク分裂後の東の王国で、より大規模に追求された。キリスト教的最高君主としてのローマ皇帝の地位が、カロリング家から東の王国の支配者に継承されたことも、こうした傾向を促進した。支配者たちは、各地の司教教会や修道院に王領地などを授与した他、特権状を発行して市場開設権、貨幣鋳造権、流通税徴収権などの特権を付与した。そうした特権状自体は個別の受領者に与えられたものであったが、その内容上の共通性によって統一的な法秩序を形成する手段ともなった。しかし他方で支配者は、司教教会や修道院の財産を統治のために幅広く動員し、不定量のさまざまな奉仕を要求したので、キリスト教会の権利は不安定なものにすぎなかった。

「旧ヨーロッパ的」法秩序

11世紀中頃からローマ教皇を中心にすすめられた教会改革は、世俗権力からの自由を主張してこうした状況を大きく変化させた。キリスト教会と聖職者は教会法という独自の法の適用を受け、そのなかで権利を有する存在となった。12世紀半ば以後、教会法は学問的検討の対象ともなり、教皇による活発な立法活動もあって、カトリック教会組織の作動を支える法として発展した。教会法がドイツの法生活に与えた影響は大きく、12世紀に「再発見」されたローマ法も、ドイツではまず教会裁判所などの教会の諸制度や聖職者を通じて知られるようになったのである。しかし教会法以外にも、12世紀以降のドイツでは、農業生産が質量ともに向上したこと、それと関連して商工業と都市が発展したこと、従来よりも安定度の高い貴族支配が登場したこと、などを背景として、村落法、都市法、封建法（レーン法）など多様な法とその記録が出現する。ドイツ全体（ライヒ）に妥当するとされたラントフリーデと呼ばれる平和規範の登場は、ドイツ全体レベルの公共秩序の成長を示す現象であるが、ラントフリーデのなかには各地方で有力貴族の主導により成立したケースも見られ、その意味で各地の領邦（ラント）形成の進展をも反映している。以上のような動向と関連しつつ13世紀前半に北ドイツで記録された法書「ザクセンシュピーゲル」がその後も長く影響力を発揮したことが象徴的に物語るように、12・13世紀に出現した、多様な法を内包する秩序は、いわゆる「旧ヨーロッパ的」法秩序として以後のドイツを規定していくこととなった。

14世紀以降も多様な法がそれぞれの法圏において厚みを増し、さまざまなレベルでドイツ人の生活に浸透していくが、それに伴って異なる法の間の関係をどのように調整するかが問題となる。そのための手段を提供したのが、15世紀後半以後本格的に受容されたローマ法であった。大学でローマ法の諸概念を学んだ学識法曹たちは、それらを用いて多様な法の併存から生じる問題を解決し、ドイツの諸法が未定のままにしていた部分を補充し、またローマ法自体をドイツの諸関係に適応させた。18世紀に至るまでドイツの法律家によって行われたこうした作業は、「パンデクテンの現代的慣用」と呼ばれている（パンデクテンはローマ法大全の一部の名称である）。ローマ法とそれを受けた中世イタリアの法学説は、16世紀前半にドイツ全体のレベルで立法された「カール五世刑事裁判令」（カロリナ）の内容にも大幅に取り入れられているが、立法による法発展はとりわけ領邦レベルで顕著に見られた。領邦君主たちは、ポリツァイと呼ばれる公共福祉の実現のために、行政の幅広い分野について領邦条令やポリツァイ条令の形で多くの立法を発出した。立法・行政・租税・軍制といった比較的新しい国家活動領域がおもに領邦レベルで展開したことは、ドイツにおける国家発展の特徴であり、現代のドイツが連邦制を採用していることも、ライヒとラントの二階建ての国制という歴史に対応するものである。領邦における新しい立法は、「旧ヨーロッパ的」法秩序と妥協しつつも、次第にそれを掘り崩していったが、それに対して裁判所は、しばしば伝統的な法と権利を擁護する姿勢を示した。たとえば、ライヒの二つの最高裁判所であった帝国最高法院と帝国宮内法院は、領邦の臣民が領邦君主による権利侵害を理由として君主を訴えたケースにおいて、しばしば原告を勝訴させたのである。このような裁判所の活動は、現在もドイツ人が示す裁判所に対する期待と信頼の歴史的基盤を創り出すものであったとも言えよう。

近代法とドイツ

１７８９年のフランス大革命は、ドイツにおける国家と法の状態をも激変させたが、法の分野で重要であったのは、歴史法学の主唱者サヴィニーによる法学の刷新であった。長い伝統を持ったライヒが消滅し、それに代わる近代的な国家統一が実現しないという状況のなかで、サヴィニーは法学と法学者による近代化を構想した。人間一般に平等な権利能力を認め、彼らが互いに自由に契約を結んで所有権などの権利を取得する、というのが彼が打ち出した近代的私法のコンセプトであった。こうした把握は、18世紀末のプロイセン一般ラント法のような法典において既に姿を現していたが、サヴィニーはこの方向を徹底し、ローマ法大全のなかに伝えられた古代ローマ法を素材として従来の概念を

サヴィニー(1779-1861)

完全に鋳直して、コンセプトを支える体系を創り出していった。サヴィニーと彼に続く学者（ロマニスト）たちの旺盛な学問的活動（パンデクテン法学と呼ばれる）は、それに対抗するゲルマン法学者（ゲルマニスト）たちの仕事をも活性化させたが、彼らはドイツや北欧に由来する多様な法素材を用いつつも、概念の面ではロマニストから強い影響を受け、歴史的にそのままの形で存在したことがなかったようなゲルマン法の体系を構築した。ロマニストとそれを批判したゲルマニストの学説は、ドイツ統一後１９００年に施行されたドイツ民法典の内容にも大きな影響を及ぼした。またサヴィニーたちが創り出した近代私法の概念と体系は、公法学の分野にも導入され、20以上の邦国と都市が連邦としての帝国を構成するという第二帝政の複雑な国制を説明する理論となった。その他、近代ドイツのパンデクテン法学は、他のヨーロッパ諸国の法学にも強い影響を及ぼし、明治中期から第一次世界大戦までの日本の法学をも規定した。

精緻な概念と体系を発達させたパンデクテン法学に対しては、しかし既に１８７０年代ごろから、独占資本主義の展開と大衆社会化を背景として、現実社会から遊離しているという批判が投げかけられるようになった。ヴァイマル共和国期には、利害関係や政治的対立などを含んだ社会構造を法の解釈・適用においても自覚的に考慮しようとする法学的試みがさまざまに行われたが、最後には、法学と法学者に価値を認めない総統が率いるナチの支配体制に呑み込まれていった。20世紀後半の西ドイツで次第に顕著になったのは、新設された憲法裁判所の活動の活発化と、国内法に優位する法規範と独自の裁判所を備えたヨーロッパ共同体の意義の増大であった。とくに後者における法形成は、再統一後のドイツ国内法体系にも深い影響を及ぼし続けているが、多様な法の間の関係を調整しつつ複層的な秩序を運営する経験を歴史的に蓄積してきたドイツとその法律家たちは、ヨーロッパ統合の動向のなかでも存在感を発揮している。

（田口正樹）

6 ドイツ史のなかの人の移動
――移民排出国から移民受入国へ

移民排出国ドイツ――ドイツの外への植民

ドイツへの移民・難民の流入が話題となっているが、歴史を振り返ると、ドイツは移民を受け入れるのではなく、送り出してきた時期が長い。現在も世界各地に散らばるドイツ系マイノリティは、古くは中世に始まる移住によって生じたものである。

ドイツ史のなかの人の移動としては、「東方植民」（第14章参照）がよく知られる。12世紀から14世紀にかけて、神聖ローマ帝国から東欧に移住した農民、騎士団、修道会、鉱夫、都市住民などが、移住先の地に異なる文化と新しい技術を持ちこみ、新しい村や都市を建設した。ポーランドからバルト海沿岸にかけての地域がこの時期の主たる移住先だった。

これに対して、ルーマニア、旧ユーゴスラヴィアなどの南東欧は、近世以降に植民が進んだ地域である。２００９年にノーベル文学賞を受賞した作家ヘルタ・ミュラーはドイツ語で文学作品を書くが、出身はルーマニアのバナートである。ここには、17世紀末以降に南ドイツから移民したドイツ系マイノリティ（バナート・シュヴァーベン）が少数だが今も居住している。また、ロシアのヴォルガ川流域にドイツ系の人々（ヴォルガ・ドイツ人）の移住が始まったのも18世紀のことだった。

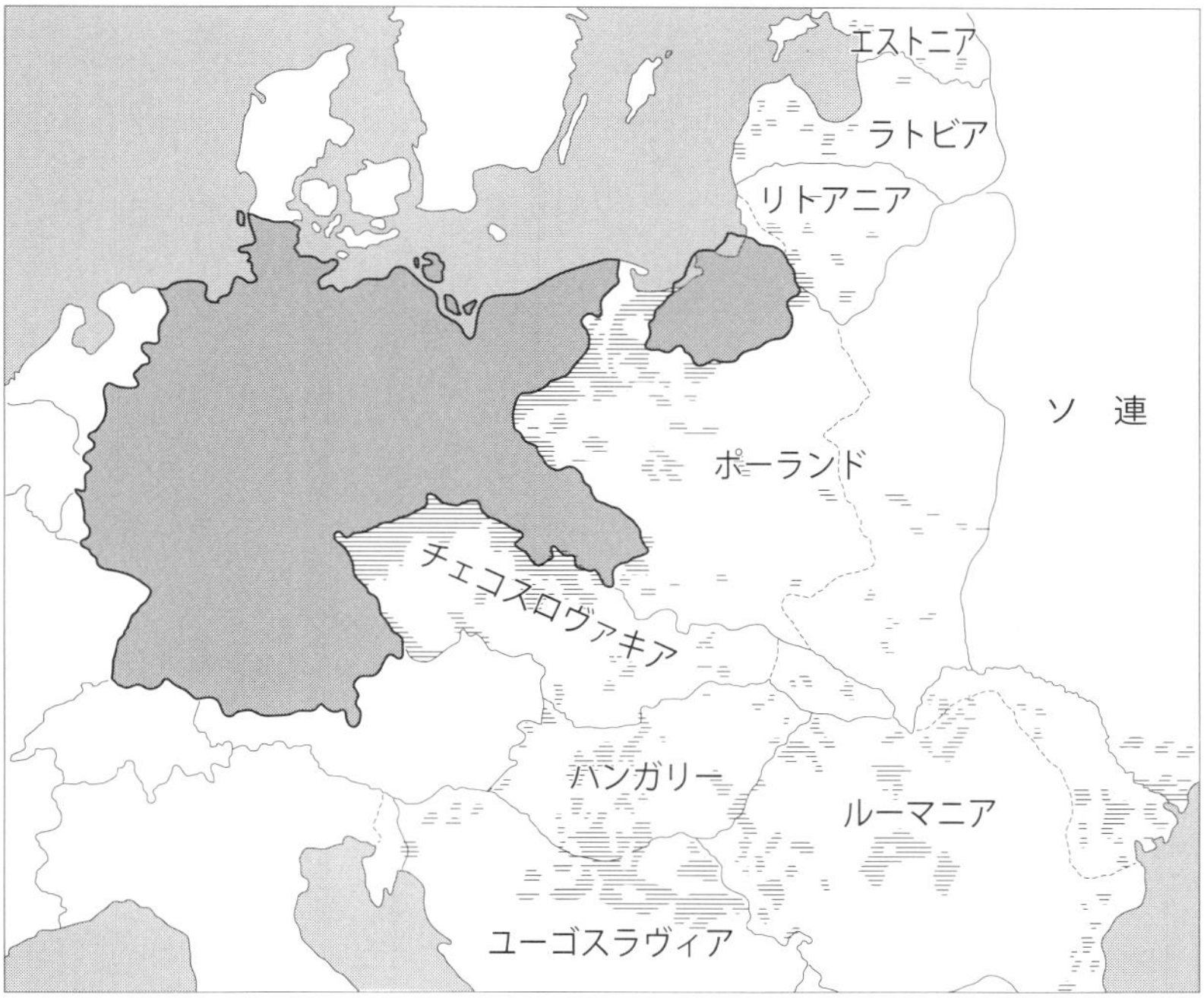

中東欧におけるドイツ系マイノリティの居住地域
出典：Frantzioch, Marion, Die Vertriebenen, Berlin 1986.

ドイツ人が移住した先はヨーロッパ大陸内だけではない。19世紀から20世紀前半にかけては、ヨーロッパから新大陸（とくに北米）に向けて大規模な労働力の移動があった。ドイツやオーストリア＝ハンガリーは、この時期の労働力の重要な供給元の一つだった。また、19世紀後半以降に植民地獲得が本格化すると、アフリカ、南洋諸島などに獲得した植民地にもドイツ人が渡った。第一次世界大戦の敗戦による植民地の喪失後に植民者の多くは引き揚げたが、その名残で、今もナミビアには3万人ほどのドイツ語話者が暮らす。

国民国家形成とその影――ドイツ系の人々のドイツへの還流

第一次世界大戦後になると、今度は、ドイツ系の人々のドイツへの還流が生じた。この動きは、国民国家の理念が影響力を強める時期にあって、ドイツでは「政治的境界と民族的境界の不一致」（R・ブルーベイカー）が顕著だったことと強く関係している。すなわち、ドイツの名を冠する政治的領域の外にドイツ語話者が多く居住する一方、領域内にはポーランド語話者、デンマーク語話者などの非ドイツ系マイノリティが居住していたということである。第二帝政の時期からすでに生じていたこの状況は、第一次世界大戦の敗戦に伴う領土縮小によってさらに先鋭化し、それが、ナチ体制下の民族秩序再編計画につながることになった。すなわち、国外のドイツ系住民を包摂すべく対外的に膨張しつつ、国内ではドイツ人以外の人々を排除しようとする試みである。

ナチ・ドイツは、東欧の一部地域を併合し、そこに主として東欧の「民族ドイツ人」（国外でマイノリティとして生活するドイツ系住民を指す当時の用語）を移住させようとした。同時に、彼らを迎え入れる土地を確保するため、受け入れ先となる地域に居住するドイツ人以外の住民を「移住」の名の下に追放することも計画した。この措置は第二次世界大戦の開戦以降に本格化し、ドイツ人ではないと見なされた人々、なかでもユダヤ人の排除は、最終的に「ホロコースト」（第32章参照）へと急進化していくことになった。

ただし、民族的マイノリティを排除することで国民の民族構成を単一化しようとする発想は、ナチ特有のものではなかった。マイノリティの移住を通じて国民国家を創出することが地域の安定につながるという考え方は、20世紀前半のヨーロッパでは広く共有されていた。第二次世界大戦の戦後処理では、この思想に立ち、東欧各地で多くの民族集団の移住が行われた。そのうち最大規模のものがドイツ系住民の強制移住だった。ドイツ旧東部領をはじめとする東欧一帯、およびソ連で行われた強制移住により、戦後ドイツの領域内に移住したドイツ系住民の数は1200万人にのぼる。人口の20％近くを占めるこれらの人々の統合は、建国初期の東西ドイツのいずれにとっても、内政上の大きな課題となった。

戦後初期の移住が一段落した後も、東欧社会主義圏からのドイツ系住民の出国の波は続いた。西ドイツで「帰還移住者（Aussiedler）」と呼ばれた彼らは、緩い要件でドイツ国籍の取得が可能だった。当初は多くても年間3万人程度だった帰還移住者の数は、70年代後半から上昇を始め、90年代に急増する。20世紀をかけて行われたこうしたさまざまな移住により、東欧のドイツ系マイノリティの規模は大幅に縮小した。

なお、東西ドイツ間にも大きな人の流れがあった。東ドイツから西ドイツへの大量出国である。東ドイツは、無許可での出国に罰則を設けたりもしたが、西側への流出は止まらず、50年代の出国者は年平均20万人を超えた。そのうち、少なからぬ割合が、東欧から強制移住させられ、いったんは東ドイツに迎え入れられたドイツ系住民だったと言われる。人口減は国力の低下につながるため、ドイツ社会主義統一党は壁の建設に向かい、61年のベルリンの壁建設により、この人の流れは押し止められた。

移民受入国への変貌――ドイツへの移民・難民の流入

第二次世界大戦の終結以降、ドイツでは外国人の受け入れが増加し、今日ではドイツは自他ともに認める移民受入国になった。この間の人の流れに見られる特徴の一つは、労働移民の拡大である。そもそもドイツへの労働移民の始まりは、近代ドイツの産業化のなかで、その中心地となったルール地方の炭鉱などに19世紀末頃からポーランド人の出稼ぎ労働者が見られるようになった時期に遡る。外国人労働者の受け入れはナチ時代にも行われたが、「経済の奇跡」と呼ばれた戦後復興期の好況のなか、１９５０年代半ばから60年代にかけての西ドイツでは、安価な労働力を確保するために、イタリア、ギリシア、トルコ、ユーゴスラヴィアなどの各国と外国人労働者（ガストアルバイター）の受け入れのための協定が結ばれた。外国人労働者の募集は石油危機後の経済低成長期に停止され、西ドイツ政府は母国への帰国を奨励するが、家族の呼び寄せなどにより、募集停止後も外国人人口は増え続けた。

第二次世界大戦後にドイツに流入した外国人としては、「庇護申請者」も重要である。西ドイツでは、ナチ時代の経験に立脚し、政治信条等のために祖国で迫害を受ける人々を政治難民として受け入れ、庇護を与えるとの規定を基本法に設けた（第16条）。庇護申請者数は、70年代半ばまでは年間１万人を超えることはほぼなかったが、80年代に目に見えて増加し始め、90年代初頭にはついに年間40万人を超えるに至った。

東欧社会主義圏の体制変革を受けて、国外から流入する庇護申請者や帰還移住者の数が急増した90年代初頭に、ドイツでは排外主義が顕著に強まった。外国人に対する暴行事件、極右勢力の活発化が

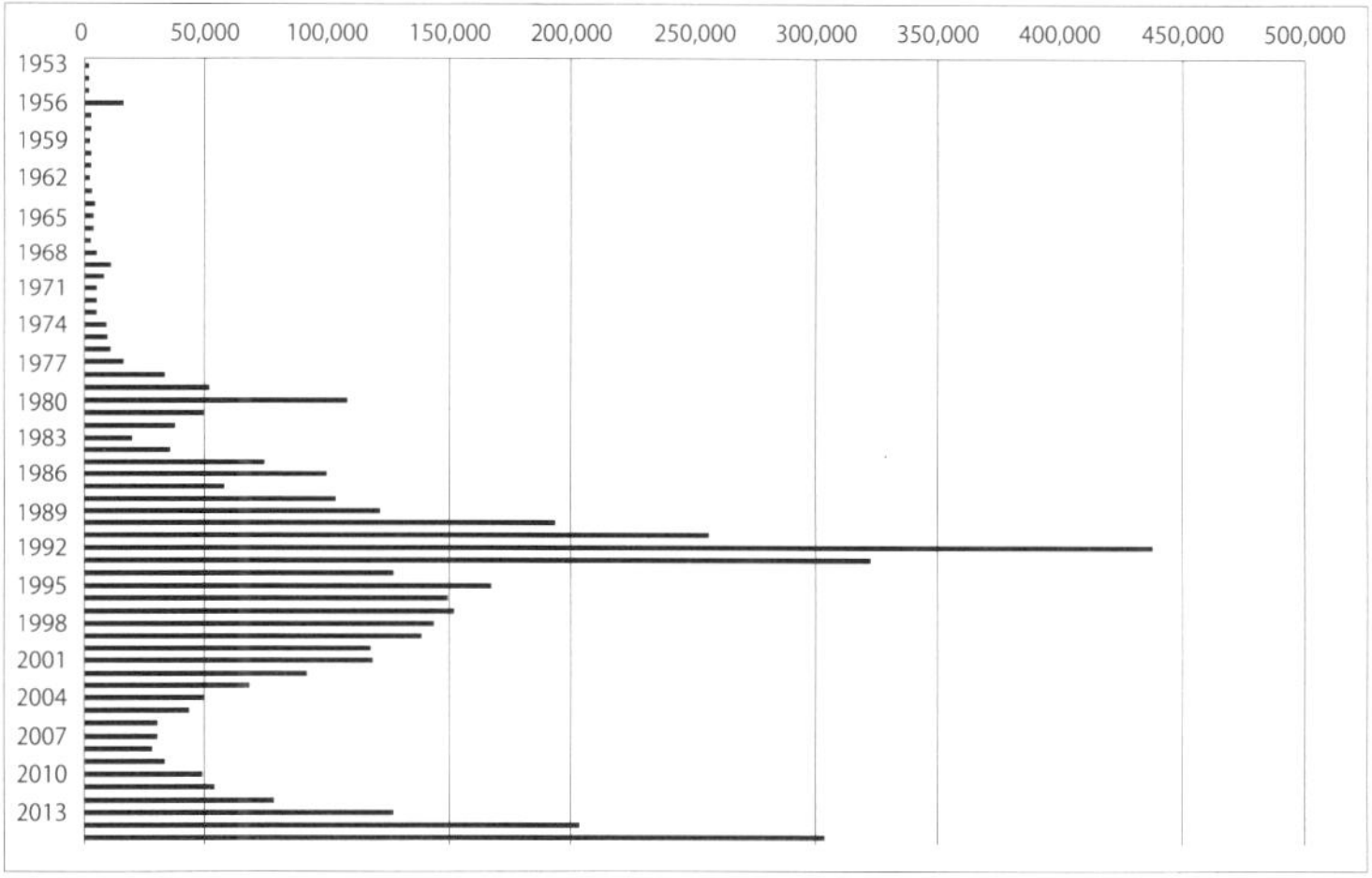

図表1：庇護申請者数の変化
Bundesamt für Migration und Flüchtlinge, Aktuelle Zahlen zu Asyl, Ausgabe: September 2015より作成

国内に衝撃を与えるなか、ドイツは、帰還移住者の受入れ制限（93年）、庇護申請者の受入れ制限（94年）などによって流入者の抑制に向かい、その後、改正国籍法（2000年）、移住法（05年）などを通じて、高度技能を持つ移民の優遇と、受け入れた移民の統合を進める姿勢を明確にした。現実には、「移民の背景を持つ人々」（移民一世、移民の子弟、ドイツ生まれの外国人など）の統合には困難も多く、国内には移民排斥の動きも根強くあるが、極右に対抗し、移民を支援するための活動が、連邦・州レベルでも市民レベルでも積極的に展開されている。

今日、ドイツに流入する外国人の内訳は、EU加盟国からの移民が75％と圧倒的多数を占める。そのうち目立つのは04年以降にEUに加盟した東欧、南東欧諸国からの移民である。ユーロ危機に見舞われた財政難の南欧諸国からの移民も多い。ドイツの「外国人問題」と言えば、

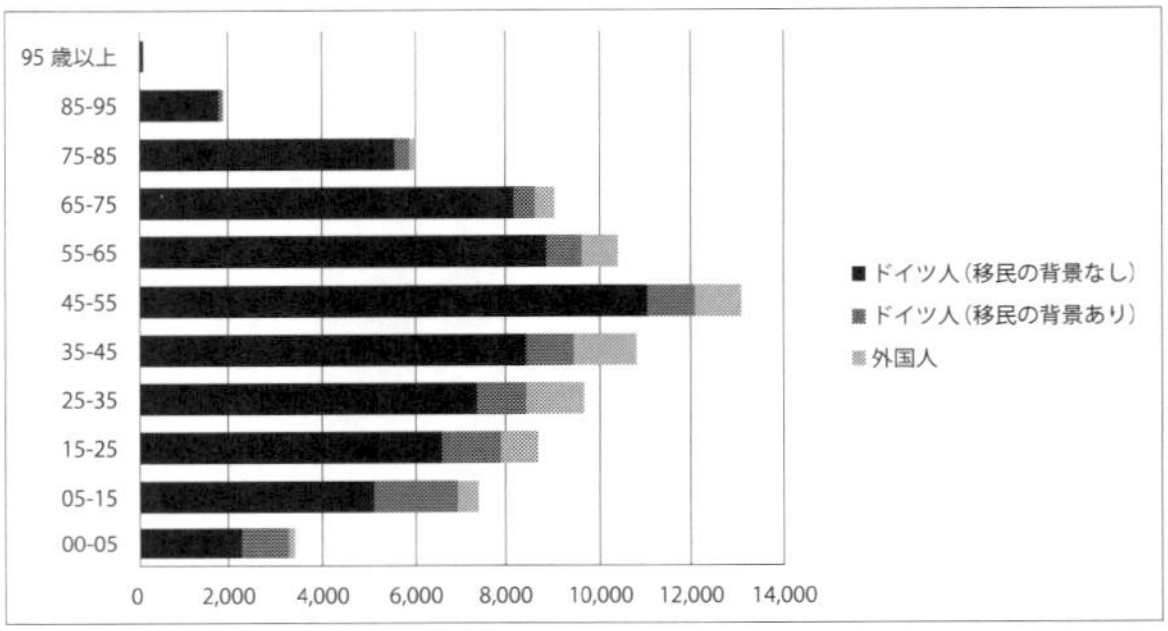

図表2：移民の背景をもつ人々

Statistisches Bundesamt, Bevölkerung und Erwerbstätigkeit. Bevölkerung mit Migrationshintergrund. Ergebnisse des Mikrozensus 2012, Wiesbaden 2015より作成

従来は、外国人労働者とその家族、なかでも外国人人口の約四分の一を占めるイスラーム系トルコ人のことだった。しかし近年は、トルコ系移民の定着が進む一方、南東欧諸国からの移民（とくにロマ系）を「歓迎されざる」経済移民と見なす傾向が強まり、移民のイメージにも変化が生じつつある。

また、規定改正によっていったんは減少した庇護申請だが、世界情勢の不安定化とともに、2000年代後半から申請数が再び伸びだした。現在、難民のおもな出身国はシリア、イラク、アフガニスタンなどである。継続的に生活支援を受けている難民の数は、10年以来、増加の一途を辿っている。とくに15年夏後半に難民の流入が1990年代初頭のピーク時を上回る勢いを見せて以来、こうした難民の増加にどこまで対応できるか、国内でも危機感が強い。

（川喜田敦子）

7 ドイツ語の成り立ちと多様性
――ドイツ語の成立とドイツ語史の成立

ゲルマン語とドイツ語

第二次大戦後にドイツに関心を持つ者は誰でも、語族とか民族といった言葉に敏感にならざるを得ないし、ならねばならない。とくに言語を直接相手にする場合、その資料は無限に遡って手に入るわけではない。たとえば紀元前後に拡張するローマと接触が盛んになり始めたゲルマン諸部族だが、4世紀のいわゆるゲルマン民族の大移動までの時期は、タキトゥスの「ゲルマニア」などに比べゲルマン側の言語資料は乏しい。「開かずの章」と呼ぶドイツ語史家がいるほどだ。歴史学や考古学と境を接しながら、歴史言語学という分野ではさまざまな資料獲得の努力がなされてきた。

このような状況に対して、インド・ヨーロッパ諸語の比較検討からゲルマン祖語、インド・ヨーロッパ祖語といった仮定上の言語を同定（「再構」）していこうという比較言語学と呼ばれる歴史言語学の一分野が19世紀のドイツで発達した。このように多様な言語の（系譜的）共通性への関心は、一方で世界の多様な言語文化の急速な流入に対する関心の表れであり、他方、自らの母語のルーツへの関心でもあったのだろう。ドイツ語圏で後者は、ドイツ語の起源の問題だったはずである。

グリム童話で知られるグリム兄弟だが、兄のヤーコブはドイツ語の成立過程にある子音推移を、と

DEUTSCHES
WÖRTERBUCH
JACOB GRIMM UND WILHELM GRIMM.
ERSTER BAND.
LEIPZIG
VERLAG VON S. HIRZEL
1854.

グリム兄弟『ドイツ語辞典』(1854年)

きに「グリムの法則」と呼ばれる形で定式化し、ゲルマン語派をインド・ヨーロッパ語族の他の語派から区別するゲルマン語子音推移（第一次子音推移）が、全体として緊密に関連し合う変化であったことの理解に大きな手がかりを与えた。比較言語学の枠組では、北、東、西ゲルマン語はゲルマン祖語、共通ゲルマン語の分化した姿を示していると見なし得る。古高ドイツ語成立以前のゲルマン語文献資料としてよく指摘されるものに、北欧を中心に点在するルーネ文字碑文やゴート人司教ヴルフィラのゴート語聖書訳がある。後者は銀字聖書として今日に伝えられている。もちろんヨーロッパの各言語についても、同様の歴史的背景から起源の問題が関心を惹いたことは想像に難くない。実際、「グリムの法則」が公表されるより数年前に、デンマークの言語学者ラスクによってアイスランド語などを題材にして同様の観察が公表されている。

　言語の歴史変化を論じる際には、常に内的要因と外的要因の双方が問題となるが、両者は複雑に絡み合っており、決定的な時代区分というものはない。しかも、区分する視点自体が時代的制約を受ける。現存する書記資料によって制限されてもいる。最近では、おおよそ３００年を単位とする以下のような区分が定着している。

古高ドイツ語（Althochdeutsch）：７５０～１０５０年
中高ドイツ語（Mittelhochdeutsch）：１０５０～１３５０年

初期新高ドイツ語（Frühneuhochdeutsch）：1350～1650年
新高ドイツ語（Neuhochdeutsch）：1650年～19世紀
現代ドイツ語（Gegenwartsdeutsch）：現代

ドイツ語の形成と「ドイツ語」の拡がり

このように書くと、ドイツ語の歴史は高地ドイツ語の歴史のように受け取られかねないが、英語にずっと近い低地ドイツ語（Niederdeutsch）も、現代でも方言として存在する。地理的に見ても、スイスのようにそのドイツ語圏は高地ドイツ語に属しながらも国語意識の高まりがある国、ルクセンブルク語のように方言と見る学者もいる一方で最近になって国語、公用語としての地位を確立した言語とさまざまである。オランダ語の場合は、西ゲルマン語のなかでオランダ、ベルギーの歴史とともに（ベルギーのフラマン語も含めて）言語として独自の言語史を築いている。ここでは、現在「ドイツ語」として定着している言語の遡及的な歴史を紐解いているに過ぎない。

類似の音韻上の法則性が部分的に当てはまる例は、ゲルマン語から低地ドイツ語と分かれて高地ドイツ語が成立する際にも見出される。これが高地ドイツ語子音推移（第二次子音推移）と呼ばれるものである。この高地ドイツ語子音推移によって他の西ゲルマン語から区別されるのが古高ドイツ語であるが、単一の言語というより諸方言の緩やかな集合体として考えるのが適切である。ドイツで一応の標準語が成立するまでには、まだ長い歴史を経なければならない。

また、とくにライン川沿岸地域では、第二次子音推移がどの程度浸透しているかについて地理的に漸次的な推移が見られ、いわゆる方言地理学の成果としての等語線が幾重にも横断しているさまが見てとれる。これを称して「ラインの扇」と呼ぶのだが、デュッセルドルフ郊外の地名に因んだベンラート線などが低地ドイツ語と中部ドイツ語方言を分けており、これより北には、第二次子音推移は及ばなかった。ライン川を遡ってマンハイムより南のシュパイアー、ゲルマースハイムに至れば、第二次子音推移がほぼ貫徹した上部ドイツ語方言地域となる。この間に存在するのが中部ドイツ語方言であり、中部と上部のドイツ語方言を併せて、高地ドイツ語の地域が形成される。

中高ドイツ語の時代になると、資料量が爆発的に増大し始める。同時に、古高ドイツ語の書記が修道院の筆写室を中心に展開したのに比べ、宮廷という政治的中心で書記の活発な生産が見られるようになる。宮廷叙事詩、騎士文学が盛んとなり、英雄叙事詩「ニーベルンゲンの歌」もこの時代の作品である。この宮廷詩人語を中世における超地域的な共通語の成立と見る向きもあるが、これは19世紀における規格化された中高ドイツ語を用いた中世文学の受容とも密接に関係があり、中高ドイツ語期にも引き続き見られる、方言をはじめとするさまざまな言語変異に学界の視点は移ってきている。

マネッセ写本（http://digi.ub.uni-heiderber.de/diglit/cpg848/0055）

これとともに中高ドイツ語期からの重要な「外的要因」に挙げられるのは東方植民である。この人口移動にはさまざまな出身の移民が参加しており、方言の「コイネー化」とも呼ばれる平準化を引き起こした。東中部ドイツ語方言の成立にも大きく関与しており、初期新高ドイツ語における近代的なドイツ語の出現に大きな影響を与えている。

その初期新高ドイツ語期には、書記資料がさらに世俗化、多様化していくなかで、共通語が芽生え始める。ラテン語に代わってドイツ語諸方言が公用に広く用いられ始めた時期でもある。その際重要視されたのが、領邦の宮廷や都市の官房で用いられたいわゆる官庁語で、なかでもプラハ、ウィーンの皇帝宮廷を中心に発達したとされる「共通ドイツ語」は東上部ドイツ語文章語と位置づけられる。また俗にマイセン官房とも呼ばれるザクセン公国官房を中心に東中部ドイツ語文章語が形成された。両者とも当時の交易路の上で発展し、さらにマイセン官庁語は、ハンザ同盟による通商上、言語上の結合が衰えかけた低地ドイツ語地域にも受け入れられていった。

ちょうどこのような時期に宗教改革が起こる。この宗教改革期とその後の信教、政治的対立のなかで、グーテンベルクの発明による活版印刷が大いに利用されて多くの印刷物が生まれた。またすでにこの時代には、とくに都市において学校教育が実施され、正書法のマニュアルなどが作成された。領邦国家だったがゆえの識字率の高さも、今日まで続く学校システム自体の持つ階層性も見逃すことができない。したがって伝統的なドイツ語史ではルターこそが聖書訳などその執筆を通じて近代的なドイツ語を生み出したと言われたが、最近はさまざまな要因の複合から東中部方言が優先されるようになったと考えられている。ルター自身が高地・低地ドイツ語のバイリンガルだったというのも興味深い。

ドイツ語の標準化とドイツ語史の成立

三十年戦争を経た新高ドイツ語の時代になると、書記の生産、受容に関わる階層の拡大が著しくなる。また、領邦国家の分立のなかで文化言語としてドイツ語の地位を確保しようとする試みに作家詩人、学識者だけでなく文法家が明示的な役割を果たした。17世紀には「結実協会」など多くの母語協会が結成されるなかで、ショッテル（ショテリウス）などによってドイツ語でドイツ語文法が書かれるようになった。このような言語浄化運動や18世紀に続く規範文法の盛んな出版は、外来語（とくにフランス語）に対する保護という意味以外に、ヨーロッパにおける学識者の伝統的共通語としてのラテン語に対する母語の育成と標準化という意味もあったことになる。18世紀になるとゴットシェート、アーデルングをはじめとする文法学者によって多くのいわゆるドイツ語規範文法がまとめられたが、その「規範性」は一様ではない。独独辞書編纂が始まり、文学でゲーテ、シラーが活躍し始めるのもほぼ同時期である。これらの動きが19世紀になり、冒頭に言及したグリム兄弟の「ドイツ語文法」、「ドイツ語辞典」につながっていく。近代的なドイツ語の標準化が一定の均衡にたどり着くのも現代ドイツ語の成立に向けたこの時代であったと言ってよいのかもしれない。

ザンクト・ガレン修道院のバロック様式の図書館（https://de.wikipedia.org/wiki/Stiftsbibliothek_St._Gallen, Transferred from de.wikipedia to Commons.）

（森　芳樹）

8 ドイツ学校制度の200年
――社会における変化の結節点としての学校

学校とはすべての人間にとってもっとも身近で、切っても切れない存在である。そして同時に学校とは、社会の諸要求が集中する結節点でもある。つまり、学校とは、社会のすべてが関与する場所であり、社会の変化が映し出され、ドイツの変遷が見て取れる場所である。その歴史的変遷を代表的なキーワードで挙げるのならば、「複線化」「総合化」「大学」「欧州化・国際化」「多文化」ということになろう。では、これらキーワードを用いながら、ドイツにおける学校の歴史＝社会の歴史の変遷を概観してみよう。

能力と学校の関係

16世紀、ルターの宗教改革により、社会においてドイツ語の持つ意味に変化が生じた。つまり、聖書主義を唱える福音派が誕生したことにより、一部聖職者の特権的な言語であったラテン語と、より広い一般大衆のためのドイツ語という構図がここに成立したのである。聖書の普及、そして文語としてドイツ語が確立していく背景には、活版印刷術を発明したヨハネス・グーテンベルクの存在があったことは言うまでもない。ここに「ラテン語」（エリート）と「ドイツ語」（非エリート）によって社会が分節していく端緒を見て取ることができる。

その後、時代が近代へ移行するに伴い、社会の構成原理がそれまでの血統的・相続的なものに基づくものから、次第に「能力」に基づくものへと変わっていく。18世紀の終わり頃には、この「能力」は、それを持つ者に兵役の免除が認められる、というかたちで特権と結びつき、親の職業を成功裏に受け継ぐ者、または近代国家の成立とともに重要性を増してきた官僚や上級教師になった者に与えられた。この後者にこそ、近代における社会変化の徴候がある。伝統的な社会と新しい社会。前者は流動性に乏しく、「相続」（＋相続したものをうまく運用する）という「能力」を基本とし、後者は学歴と、それによって獲得された知識という「能力」によって、親の職業から自由になり、社会的流動性の高い集団を生み出したものたちである。

社会の変化と学校の分節化

だが、18世紀の終わり頃は、まだ新しい社会（そして新しい学校制度）の揺籃期である。この頃、誰が（＝どの学校が）この特権を得る権利があるのか、国家による整理が始まる（まだ統一的な国家の存在しないこの時代、例になるのはプロイセン王国である）。つまり、ドイツ（プロイセン）において能力原理が浸透していくと同時に、学校制度に対する国家の影響力が増大していく、という傾向を見ることができる。国家は学校に、①官僚を育成する、②国家の商業や実業の担い手を育成する、③軍務のために農民に教育を施す、という役割を与えた。こうして、ドイツの学校は国家の事業に密接にかかわることとなったのである。これは上級教師が教え官僚を養成する学校、都市を中心として、手工業者に必要とされた読み書きを教授した学校の後継、農民が実質上農閑期に通学をする村落の学校の後継、に大別される。

この三つの区分に、さらにラテン語かドイツ語か、という区分が重複する。ただし、ラテン語を学ぶ場合にも、18世紀にはまだ国家による学校の標準化が始まったばかりで、各学校にはさまざまな生徒が混在した状態であった。ここから生徒の進路に応じた学校形態の分化へと進んでいくのが19世紀前半の経過である。ここで大きな影響を与えたのが、ナポレオンのヨーロッパ支配である。ドイツの近代史は「はじめにナポレオンありき」（ニッパーダイ）とさえ言われるが、この衝撃はプロイセンを改革の方向へと突き動かす。教育の世界ではベルリン大学の開学（1810年）、ヴィルヘルム・フォン・フンボルトが提唱した新人文主義という新しい原理の導入がその結果である。この段階で、古典語の学習を主軸にした「フンボルト体制」が定着し始め、ギリシア語・ラテン語によって大学進学者が選別される制度の礎石が置かれる。

古典語の教授を中心とするギムナジウムという学校形態が大学進学権を独占するまでにはそれからあと30年ほどの時間を必要としたのではあるが、19世紀半ばにはエリート教育における「ギムナジウム体制」とも呼ぶべき制度が一応の整備を見た。ここに「複線化＝三分岐制度」のグランドデザイン

1810年に開学したベルリン大学は、19世紀末には世界に名をとどろかせる名門大学となった。第二次世界大戦後、大学周辺はソ連が占領する地区となり、東ドイツの成立とともに「フンボルト大学」と改称されたが、1990年の東西ドイツ統一後も存続し続けている。

が完成したのである。また、19世紀後半、急激な科学の勃興により、研究の世界で「世界に冠たるドイツ」と誇るべき状況が生まれてくる。それは第一回のノーベル賞で化学、物理学、医学生理学各部門の受賞者が、すべてドイツ人及びドイツで教鞭を執っていたオランダ人、ということからもうかがわれる。この原因は、「フンボルト型」＝研究型大学の成功、と考えられ、長い間支配的な意見であったが、近年はこれに疑義を呈する研究者もいる。

第一次世界大戦後から第二次世界大戦が終了するまでのドイツ（１９１８～１９４５年）は、先進的な民主制を持つヴァイマル共和国、そしてナチの支配という両極端に社会が振れた時期である。ヴァイマルの学校制度は「民主主義における多元主義」という性格であらわすことができ、ナチの時代は、ナチ的な理念に基づく「統一」「画一化」された教育が目指されることとなった。

第二次世界大戦後、１９４９年に東西ドイツが成立したことを受け、西ドイツでは学校制度がほぼナチ以前の体制に復帰し、ギムナジウム、実科学校、基幹学校という現在見られる三分岐型制度となった。東ドイツは社会主義体制の下、全く新しい学校制度が構築され、全児童を対象とする10年制の普通教育総合技術上級学校が設けられた。１９９０年に東西ドイツが再統一し、教育制度が旧西ドイツのものに統一されたことを受け、本章ではこの時代について、旧西ドイツを中心に見ることとする。

東西ドイツ・ドイツ統一・ヨーロッパ統合と学校

戦後の西ドイツにおける学校制度の変遷を手短に扱うのは難しい。ここでは１９６０年代末からの社会民主＝自由主義連立政権により推進された改革を代表的なものとして見てみよう。１９６９年に西ドイツ首相に就任したヴィリー・ブラント（社会民主党（ＳＰＤ））は、「もっと民主主義を！」のスローガンのもと、社会における不平等の是正に乗り出した。この流れで生まれてきたのが「総合制学校」と大学の授業料無償化、そして連邦による奨学金の充実化である。総合制学校の設置は、学校種別の格差が社会での格差に結びついているという考えを前提とし、学校の分岐をなくすことで格差の解消を目指す試みである。この考えは１９５９年ころにはすでに議論され、ドイツ教員連盟が検討をしてきたものである。１９７０年、「統合型総合学校」が37校設置され、その数は２０１４年現在で約１８００校にまで増加はしてきている。だが、この新しい学校形態が成功したのかどうか、生徒の進路に大きな影響力を持ってきたのかどうかについては議論が分かれるところであろう。大学の授業料無償化と奨学金の充実化は、同様に経済的格差による進学の不利益を解消し、若者の間に格差を生み出す前提条件を是正することを目的としていた。しかし、財政上の理由もあり大学の授業料は２００５年ころから各州で復活し始めている（その後再び廃止された州もあり、旧東ドイツの各大学は一貫して授業料無償である）。

そして１９８０年代後半以後、ドイツの学校は「欧州化」「国際化」というキーワードで見るのがもっとも妥当であろう。ヨーロッパ統合が進展するに伴い、ヨーロッパ内で大学生の交流促進を目指す「エラスムス・プログラム」が１９８７年より実施された。初年度はわずか３２００名あまりの参加者であったこのプログラムだが、２０１２年までに総計２５０万人以上が参加した。このように大学生の流動化が進むと同時に、大学自体も比較と国際化の波にさらされていく。１９９０年には

『シュピーゲル』誌の特集号でドイツ大学ランキングが扱われ、それまでドイツの大学間に格差はない、という大前提に立っていた教育界に激震が走った。さらに、2000年には経済協力開発機構(OECD)が実施する学力テスト(「OECD生徒の学習到達度調査」、いわゆる「PISAテスト」)で、ドイツの中等学校生徒の成績がすべての調査項目で全調査国の20位以下に位置しているという事実が判明し、「学問立国」「文化の国」ドイツという幻想が打ち砕かれることになった。

1999年には、「大学の欧州統合」ともいうべき「ボローニャ協定」が結ばれ、それまで自らの大学史を誇りにしてきたドイツに、さらなる変化の波が押し寄せることとなる。この協定に加盟した諸国の大学は、単位の標準化、教育課程の共通化など大きな改革が求められる。さらには2010年に始まった「タイムズ・ハイアー・エデュケーション」に代表される「大学ランキング」が発表され始め、いまや世界のすべての大学がこのランキングに一喜一憂している、というのは広く知られている事実である。

さらに、1950年代から西ドイツで導入された外国人労働者の第二、第三世代、あるいは旧ソ連や東欧に居住するドイツ系住民のうち、ドイツで国籍を取得した「帰還移住者(Aussiedler)」の教育をどうするか、ということも、現在のドイツでは大きな課題である。これら移民を社会にどう「統合」していくのか、という政策の大きな柱が教育であるが、1980年代までは、外国人労働者の子弟に関する教育は、周縁的なテーマであり続けた。1990年代に入り、ドイツで「移民の背景を有する者」が多数を占める学校で現場での荒廃などが顕在化するに従い、さまざまな試みが模索されている。

(進藤修一)

コラム 1

ヨーロッパ統合とドイツの学校

シェンゲン協定によって、ヨーロッパ内の移動でパスポートチェックがなくなり、2000年にユーロが導入され旅行時に両替の必要がなくなったことは、日常生活のなかでヨーロッパ統合を実感させるできごとであった。著者がドイツで学生生活を始めた1990年は、エラスムス計画開始後まだ3年であったが、大学には結構な数のエラスムス交換留学生がおり、同じ交換留学生でも天と地ほどもある待遇の違いを、うらやましく指をくわえてながめていたのも、今となっては懐かしい思い出ではある。教育の分野でも着々とヨーロッパ統合は進んでいたのである。

しかし、ドイツ人は自らの教育の伝統に異常とも言えるくらいのプライドを持っており、日本人の私に対しても「何しにきた」という態度がありありであった。在籍していたヨハネス・グーテンベルク大学（マインツ）は、そのころ西ドイツでもっとも留学生率が高いことを大いに自慢をしていたが、おぼろげな記憶によればその数字は6％程度であった。実際にはドイツの大学の国際化もその程度であったのだ。そして、ドイツ人自身がそれを望んでいなかったのではないかとすら思う。ところがここ数年、ドイツ人も大学ランキングを異常に気にし始めた。知り合いの研究者に会うと「そっちのランキングは何位だ？」「XX国の○○大学を知ってるか？　あそこは大幅なランクアップを狙って相当力を入れているらしい」「こっちに留学生を送ってくれないか」という話で持ちきりである。国際化もランキングの有力な指標の一つであるためか、「おたくの大学と是非提携を」と持ちかけられることが増え、そのなかにはかつて相手にもしてもらえなかったような名門大学もある。ある同僚は「時代は変わった。自分の若いころが信じられない」とやや嘆きながらつぶやいていた。

そんなドイツの大学であるが、ボローニャプロセス（ボローニャ協定に基づくヨーロッパの大学教育課程の共通化）には否定的な意見が多いようである。これにより、それまでにドイツでは存在しなかった「学士（Bachelor）」の学位がつくられた。かつては30歳までなら若い学生、「永遠の学生」という言葉もあったくらいだが、ボローニャプロセスは、そんなドイツに就学期間の短縮を強制している。その結果、中等教育段階もそれまで大学進学に必要だった九年制（大学進学者を輩出するギムナジウムの頭文字をとってG９と呼ばれた）から八年制（G８）に変更され、親の間では中等教育が一年短くなったことに対する不満と不安が渦巻いている。

もっとも、親の不満は、このような改革のみに対して向けられているではない。お昼には授業が終わる伝統的なドイツの学校のスタイルに現在の教育制度の問題点がある、と考える親も少なくない。少しずつ全日制学校も増えてきてはいるが、給食を調理する設備がない、という信じられないような理由で全日制に移行できない学校もある。

ある日長距離列車のなかで乗り合わせたアーヘン在住（ベルギー・オランダと国境を接する町）の夫人が私に語った。「ドイツの学校はまったく生徒の面倒を見ない。うちの子どもはベルギーの学校にやっている。夕方まで面倒を見てくれるし、課題の指導などもしてくれる。ドイツの学校にやらなくてよかった」。これは、ＥＵ統合の時代ならではの現象なのであろうが、こうして、ドイツの学校も内外からのチャレンジにさらされているのである。

（進藤修一）

9 日独関係の展開
——国際システムのなかの二国間関係

日本とドイツは歴史的に見るとよく似ていると言われることが多い。19世紀後半に近代国家として国際政治の舞台に登場し、国民国家形成を行った。とりわけ第二次世界大戦とその敗戦、戦後の経済的繁栄は共通項として象徴的である。しかし両国の歴史をしっかりと観察すれば、むしろその違いの方が目につくようになるはずである。両国の関係も、時代によってその性格が大きく異なっている。

日独関係のはじまり

2011年に日独は修好条約締結150周年を祝った。プロイセン（普）のオイレンブルク使節団が訪日し、1861年1月24日に国交を樹立したことを根拠とするものであった。ドイツの統一は1871年なので、当時大国であったプロイセンがまず日本と国交を樹立した。この条約は徳川幕府が締結した一連の不平等条約の一つであり、長年にわたってヨーロッパ国際政治において大国であったプロイセンと、長年にわたる鎖国を経て国際社会にようやく登場した日本の違いを示すものであった。

この条約以前の日独関係は公的なものではなかった。それは鎖国のために日独の接触も出島のオランダ経由であったためである。このため日独関係は独仏関係や日中関係のような長く包括的な歴史的蓄積は存在しない。初期は点と点がオランダという線によって繋がれるような関係であったと言えよう。

17世紀にオランダ使節の医師として来日したケンペル（Engelbert Kaempfer: ドイツ語読みはケンプファー）による『日本誌』は当時のヨーロッパの日本認識に大きな影響を与えた。同様に医師として19世紀の出島に来日したシーボルト（Philipp Franz von Siebold: ドイツ語よみはジーボルト）は日本人との交友関係も広く、極めて多くの博物学的収集も行い、幅広い日本学の祖と見なされている。このため日独の相互理解と学術交流に貢献のあった日本人研究者に独フンボルト財団から授与される賞はシーボルト賞と称されている。

日本の開国後、１８６１年の日普修好条約調印により国交が成立した前後から、日独関係はその結びつきを急速に強めるようになる。幕府の使節団がドイツを最初に訪問したのは１８６２年で、のちに池田使節団も送られ、不平等条約の改正交渉とヨーロッパからのさまざまな知見を持ち帰った。しかしなんと言ってもその後の日本に大きな影響を与えたのは明治政府が１８７１年から73年にかけて派遣した岩倉使節団である。近代化のモデルとしてドイツからも軍制、産業技術、法体系をはじめ、さまざまなものが導入されることとなった。とりわけ明治憲法の体制はプロイセン憲法と国家運営のあり方から強い影響を受けた。その後は大学制度が構築され西欧型の学術を発展させるためにお雇い外国人が活躍した。そのなかにはベルツ（Erwin von Bälz）のようなドイツ人も多かった。細菌学の北里《きたさと》柴三郎《しばさぶろう》や医師で文学者の森鷗外《もりおうがい》のように、日本からドイツに留学しその後の社会や文化に影響を与えたものも多かった。近代化の過程で設置された旧制高等学校では外国語の英仏独語の教育が重視され

医学教育の発展に貢献したベルツ（左）とスクリバ（右）（東京大学本郷キャンパス）

たが、ドイツ語を履修するものも多かった。明治維新から第一次世界大戦に至るまでは、ドイツは日本の目指すべき多くのモデルを提供し、日本がドイツから学ぶ過程でその関係性も強まっていった。もっとも、英仏米など他の欧米諸国からの影響も大きく、日独関係のみを特別な関係として見なすことには注意が必要である。

19世紀末から20世紀の初めにかけて、帝国主義的な拡張を西欧諸国が続けるなかで、日本も次第に大陸に進出するようになり、ドイツとも利害の衝突が起きるようになった。日清戦争後の露仏独の三国干渉により日本は清から獲得した遼東半島を放棄したが、ドイツはのちに膠州湾を租借した。第一次世界大戦では日本はドイツを敵として戦い、中国大陸で衝突した。この時の捕虜の一部は徳島県の板東捕虜収容所に送られたが、ベルサイユ条約締結後に自由になると、日本に残ってドイツ菓子・ケーキなど今日まで続く企業を興したものもあった。２００６年公開の映画「バルトの楽園（Ode an die Freude）」はこの捕虜収容所を描いたものであるが、日本で最初にベートーベンの第九交響曲が演奏された経緯が紹介されている。

日本は第一次世界大戦で勝者となったものの、その後の国際秩序への不満から、次第にドイツに接近した。ナチ政権が誕生するとソ連と対抗するために防共協定を締結し、関係は緊密化した。しかし、日独の思惑はそれぞれに異なっており、国際政治における軍事的な意味を超えて両国の関係性がとくに強まったわけではなかった。第二次世界大戦の開戦後、日独伊三国同盟へ軍事同盟は拡大し、日独は同盟国として第二次世界大戦を米英を中心とする連合国と戦った。

戦後日独関係の展開

連合国に敗れた日独はそれぞれの環境の下で戦後復興を目指すこととなったが、置かれた環境は大きく異なっていた。また、戦争に対する戦後社会の認識も大きく異なっていた。ドイツは分割占領され、その結果1949年に東西に分断されたかたちで新しくドイツ連邦共和国（西ドイツ）とドイツ民主共和国（東ドイツ）が成立した。日本は西側陣営の一員として外交主権を回復すると、1955年に連邦共和国と国交を結んだ。西ドイツは正統性をめぐる体制間競争によって原則として東ドイツと国交を結ぶ国と外交関係も持たない政策を採っていた。このため日本が社会主義国である東ドイツと国交を結んだのは、西ドイツが東方外交によって自ら東ドイツとの関係を正常化した後の1973年であった。その後日本と東ドイツは経済や社会交流において比較的良好な関係を維持した。

戦後の日本と西ドイツは、それぞれに急速な経済復興をとげ、国家戦略のなかで貿易が重要な役割を果たしており、同時に敗戦国であり戦争への反省から軍事力の行使にはきわめて厳しい制約を課していたという点において、国際的な立ち位置が類似していた。しかし同じ西側に属しアメリカとの同盟関係が外交・安全保障政策で中心的な意味を有するとしても、ヨーロッパのなかの一員であり統合の枠組みもあり、フランスをはじめとする隣国との和解が進展した西ドイツと、社会主義の中国や当初は開発独裁を採っていた韓国などにかこまれた日本では条件も大きく異なっていた。そして日独関係はもっぱら経済関係が中心であった。日独はともに輸出競争力の高い産業を有し、工業製品の自由貿易を支持していたこともあって、他のヨーロッパ諸国との間で日本が貿易摩擦問題で非難されている間も、ドイツとは貿易摩擦が極端に深刻化することは無かった。もっとも、貿易関係は欧州共同体（EC、のちにEU）により規定されるので、対日関税はEC関税同盟内ではドイツが決められるわけではないため、日本からの輸出には関税がかけられるなどしたため、直接投資により欧州EC域内での工場の建設、現地での生産も増加した。

日独は1975年に設立された先進国首脳会議（サミット、のちのG7／G8）のメンバーとなった。国際通貨制度の変動為替相場制への移行と石油危機による国際経済の混乱の時期に、経済的に大きな影響力を有する日独は、自国の経済運営のみならず国際経済全体への責務も有するという認識が次第に広まっていき、政策の国際協調の必要性が認識されるようになっていった。

1985年には中曽根《なかそね》康弘《やすひろ》首相とヘルムート・コール首相のイニシアティブによって日独両国が出資するかたちでベルリン日独センターが設置された。ナチ時代に建設されたベルリン中心部に位置する大使館の建物は戦時中の空爆により破壊され利用されていなかったが、この建物がベルリン日独センターとして改修され利用されることとなった。このセンターは日独間の文化・学術などの交流拠点として運営されている。1990年のドイツ統一後、ベルリンが首都となると旧大使館の建物は再度改修・増築され、旧首都ボンから移転してきた日本大使館が再度置かれることとなった。このため日独センターはダーレム地区に移転した。

ＥＵ成立後の日独関係は、日ＥＵ関係と日独関係という複層的な視点から捉えられなければならない。とりわけ経済領域においてはＥＵの存在が大きく日独経済関係も日ＥＵの制度的な枠組みにより強く規定される。政治領域ではＥＵの共通外交安全保障政策（ＣＦＳＰ）の枠組みもあるが、なお日独の二国間協力の可能性も大きい。しかしいずれにしても日独政治関係はグローバルな秩序のなかでの二国間関係として理解されるべきである。両国は国際社会において単独主義的な行動をとるよりも多角主義的な枠組み、国際機関のなかでの行動と親和性の高い外交を展開しており、貿易依存率の高い両国は平和で安定した国際秩序の構築を重視している。

日独間の学術・科学技術分野での交流はつねに活発であり、同時に市民レベルの民間交流も、多数の様々なタイプの団体や姉妹都市協定などにより活発である。しかしグローバル化の影響もあって、歴史的に形成された日独二国間の結びつきが相対化されることにどのように対応するかが課題であろう。

（森井裕一）

第Ⅰ部 多様なドイツ史の基層

10 ドイツ民族成立以前の前史
――民族移動からヴェルダン条約まで

「ゲルマン人」と「ゲルマーニア」

「ドイツ人」という呼び名が初めて記録に登場するのは、10世紀の半ば頃、それを用いたのはイタリア人である。ところが、「ドイツ人」と呼ばれた人々の側では、互いにライヴァル関係にある下位の四つの民族（フランク人、ザクセン人、アレマン〔シュヴァーベン〕人、バイエルン人）のいずれかに帰属しているとの意識しか持っていなかった。四民族が、相互の間を横断的に貫く仲間意識を強め、自らを指して「ドイツ人」という総称を用い始めたのは、約半世紀後の1000年頃のことである。今からちょうど千年ほど前のことである。やや意外かもしれないが、ドイツ人は歴史的に見ると、ヨーロッパの諸民族のなかでは比較的新しい部類に属するのである。本章では、まだ「ドイツ人」が形成される以前の「前史」について、カール大帝の孫たちの時代までを概観してみよう。

ライン河を挟んで東を「ゲルマーニア」、西を「ガリア」と呼ぶ語法が定着したのは、カエサルの『ガリア戦記』以降である。「ドイツ」の英語表記 Germany は、ラテン語の「ゲルマーニア Germania」に由来するものの、ドイツの国土は、ライン河以西にも及んでおり、両者は空間的には一致していない（隣国のフランスも「ガリア」とは一致しない）。伝聞情報を基に古ゲルマン社会に関する貴重な記録を残したタキトゥスによれば、当時のゲルマン人はまだ国王を頂点とするピラミッド型の社会構成を知らない、素朴な森の民であった。『ゲルマーニア』に挙げられた多数の小規模な集団は、その後375年に始まった大移動の波に洗われる過程で合従連衡を繰り返し、より大規模な民族へと成長していった。最終的に今日のドイツの地に定住することになったのは、フランク人、ザクセン人、アレマン（シュヴァーベン）人、そしてバイエルン人の四大民族である。これ以外にも小さいながら、テューリンゲン人と、海の民フリース人を加えることができる。ただし、エルベ川以東の地は、10世紀までなお異教のスラヴ世界に属しており、今日の首都ベルリンはまだ存在しない。いずれの民族も、言語的にはゲルマン語系の俗語を話したが、地域による方言差は著しく、〝ドイツ語〟と呼べるような統一的な共通言語はまだ確立されてはいなかった。そもそも「ゲルマン人」という名前も、ローマ人による命名であって、それを構成する諸民族の間では、言語・宗教・習俗などの共通性を通じた一体感、すなわちゲルマン人としての「共属意識」はまだ未成であった。

大フランク帝国の成立

476年に滅亡した西ローマ帝国の地に王国を樹立したゲルマン系諸民族のうち、最も強大な勢力に伸張したのは、フランク人である。国王クローヴィスは、相次ぐ戦役で西ゴート人他を破ってガリアの大半を征服し、メロヴィング朝フランク王国を樹立した。さらに498年頃、いち早くキリスト教正統信仰を受け入れ、ローマ・カトリック教会と結び付く端緒を作った。彼の後継者たちは、テューリンゲンやブルグントを征服して領土を大きく拡張した。フランク人は、ライン河中流・マイン川流域の平野部に進出して植民し、同地方はその後フランケンと呼ばれることになる。今日のドイツの空の玄関口であるフランクフルトの名も、もともとは「フランク人の渡河点《フルト》」を語源とする。

しかし、分割相続による混乱が繰り返されるなかで、メロヴィング王権の求心力はしだいに低下し、七世紀後半以降、統治の実権を掌握したのは、王国東部の分国アウストラシアの宮宰職を保持したカロリング家であった。同家のピピン三世は、アレマン人を支配下に編入し、長らく名目的存在と化していたメロヴィング国王を正式に廃し、ローマ教皇の後押しも得てカロリング朝を樹立した（751年）。その見返りに北イタリアのランゴバルト人を討伐し、ラヴェンナ地方を教皇に寄進したことは、ローマ・カトリック教会との結び付きを強化しただけではなく、アルプスを挟む南北間の政治的・経済的・文化的交流を促進する引き金ともなった。

768年に即位したピピンの息子カール（大帝、768～814）は、半世紀近い統治を通じて、王国の領土を西ヨーロッパのほぼ全域にまで拡大することに成功した。相次ぐ軍事遠征は、北はザクセン、東はパンノニア（アヴァール人）、西はヒスパニアの辺境地帯、南はイタリア（ランゴバルト人）にまで及び、バイエルン人も政治的圧力に屈して王権の直接的支配に服することになった。剣による戦いの後には、キリスト教の伝道が続いた。最北端のザクセン人は、アルプス以北では文明化＝キリスト教化の最も遅れた民族であったが、30年にわたる抵抗ののち、ついにローマ＝フランクの高度な文明と改宗を受け入れた。こうした西ヨーロッパを舞台とする「キリスト教帝国」の樹立という偉業は、800年のクリスマスに、カールがローマのサン・ピエトロ教会でローマ教皇により皇帝に戴冠されたことで、その完成を飾ることになった。新皇帝の誕生は、政治的・歴史的伝統に照らすならば、かつての西ローマ帝国の復興を意味する。「ローマ」、「ゲルマン」、「キリスト教」の三大要素が融合し、世俗的権力と宗教的権威のそれぞれ頂点に君臨する皇帝と教皇を両輪の軸とする、歴史的世界としての「ヨーロッパ」がここに形成されたのである。

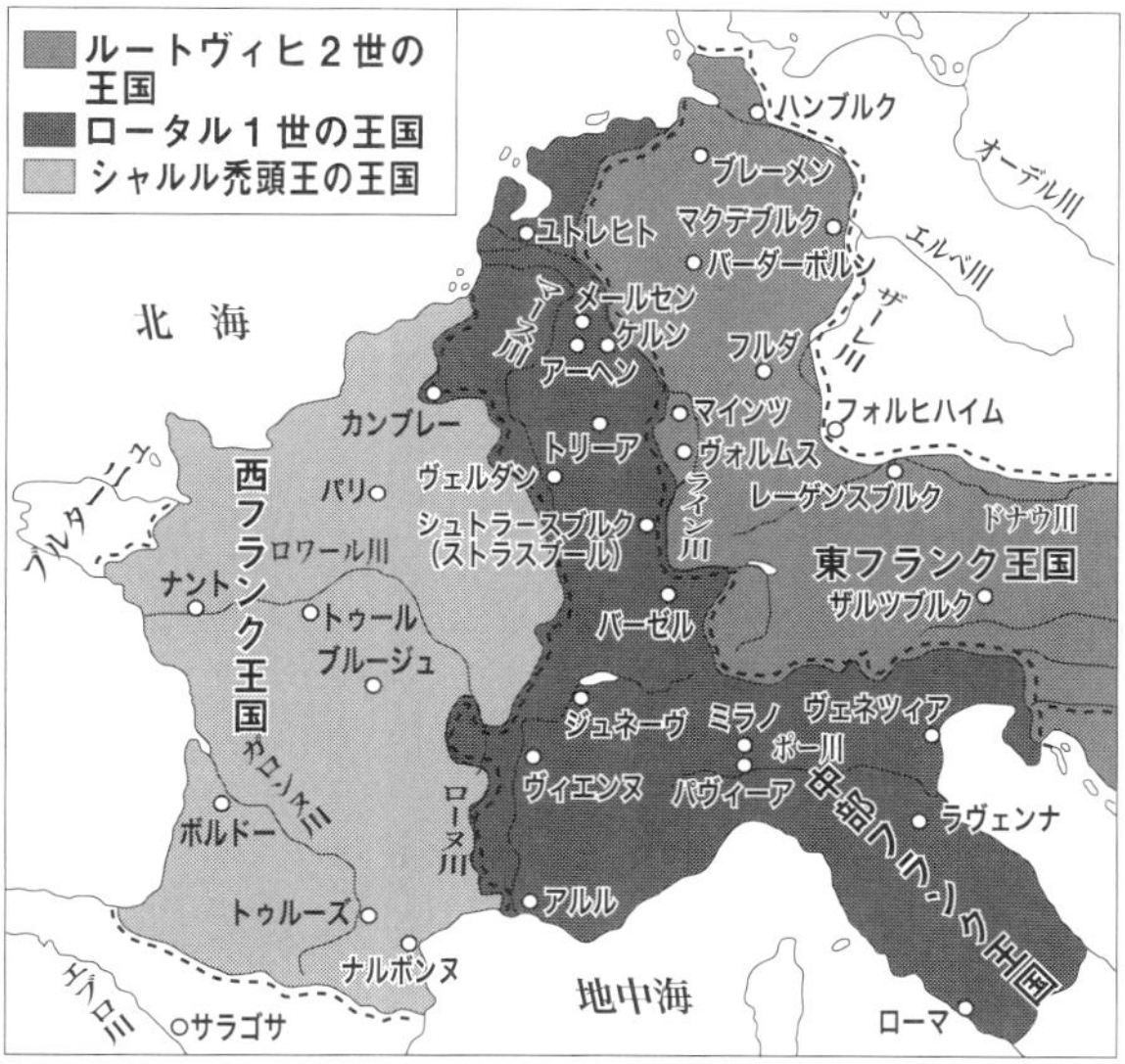

ヴェルダン条約（843年）後の大フランク

「ドイツ」の起源

「ドイツ」という言葉の起源も、じつはカールの時代にまで遡る。deutsch の最古の語形 *diutisk* が羊皮紙に初めて書き留められたのは、1000年頃のことであるが、それに対応するラテン語 *theodiscus* は、200年以上も前の786年に現れていた。ただし、この形容詞は、ほとんどもっぱら「言語 *lingua*」との組み合わせで使用され、*lingua theodisca* は、「フォルク（＝民族／民衆）の言葉」という普通名詞を意味した。しかも、それが指す言語は、フランク王国内のゲルマン語系の人々が話す俗語（古高ドイツ語、古ザクセン語）に限定されてはいなかった。他にも、王国外のゴート人、イングランドのアングロ＝サクソン人、イタリアのランゴバルト人、そして北方のノルマン人（ヴァイキング）の言葉、すなわちゲルマン語系の諸民族全般が話すさまざまな俗語を指していたのである。

もっとも、カール大帝の孫たちの時代になると、のちの「ドイツ」の、少なくとも空間的枠組みが初めて輪郭を見せるようになる。８４３年に締結されたヴェルダン条約で、ルートヴィヒ二世が得た東フランク王国がそれである。大フランク帝国の分割相続をめぐって三人の兄弟が激しく争い、均等に三分割することで最終的に合意した結果であった。末弟のシャルル二世（〝禿頭〟）は、西フランク王国の領有を認められた。長兄の皇帝ロータル一世が継承した南北に細長い中部フランク王国は、彼の死後、ロートリンゲン（ロレーヌ）、ブルグント（ブルゴーニュ）、そしてイタリアの三つに再分割された（８５５年）。その後の歴史の経過において、「東」はロートリンゲンを併合して〝ドイツ〟、「西」は〝フランス〟の母胎になっていくであろう。

ただ、この事件をもって、「ドイツ王国」の成立を画するのはまだ早すぎる。カロリング王家内の事情に基づく分割相続は、その領域を画定するに際して王国の住民たちの言語的・民族的帰属を考慮してはいなかった。そもそも、ヴェルダン条約自体、あくまでも暫定的性格の妥協の産物であって、さらなる分割、あるいは逆に再統合の可能性を内に秘めていた。三つの部分王国の将来は、なお全くオープンな状況にあったのである。

最後に、東フランク国王ルートヴィヒ二世（８４３〜８７６年）は、「ドイツ人王」という渾名で呼ばれることが多い。これは、18世紀の歴史家が「ゲルマン」＝「ドイツ」という（今日でもしばしば見られる）誤った解釈を前提として与えた所産である。同時代人が彼に与えた渾名は、「ゲルマーニアの国王」であって、「ドイツ人」という概念はこの頃まだ存在しなかったのである。


（三佐川亮宏）

11 中世ローマ帝国とドイツ人
――「帝国」と「王国」の狭間で

大フランク帝国の分裂

カール大帝の曾孫の世代になると、各部分王国では国王たちの死が相次いだ。その結果、東フランク国王ルートヴィヒの三男で、唯一人生き残ったカロリング家の正嫡カール三世は、東フランク国王、ローマ皇帝位に加え、西フランク国王の地位も獲得した（885年）。こうして、カール大帝の大フランク帝国は再び蘇ることになった。しかし、自身の実力ではなく、王家内の偶発的事情によって王位を手にしたカールは、政治的資質と後継ぎを欠く皇帝であった。2年後、甥のアルヌルフは、ノルマン人（ヴァイキング）の侵攻に有効な対策を打てないカールを見限り、クーデターで彼を廃位した。

887年の皇帝失脚事件の結果、大フランク帝国は再度分裂した。今回は五つの部分王国にである――東・西フランク、ブルグントとプロヴァンス、そしてイタリア。しかも、各部分王国の新国王は、「東」を除きもはやカロリング家の出ではない。「西」では、対ノルマン人防衛戦で名声を得たパリ伯ウード（987年にフランスのカペー朝を開くユーグ・カペーの祖父の兄）が王位に就いた。部分王国のなかで一番最後にこの道を踏み出したのは「東」である。911年にアルヌルフの息子ルートヴィヒ四世（〝幼童王〟）が18歳で早世し、東カロリング家の血統がついに断絶したからである。

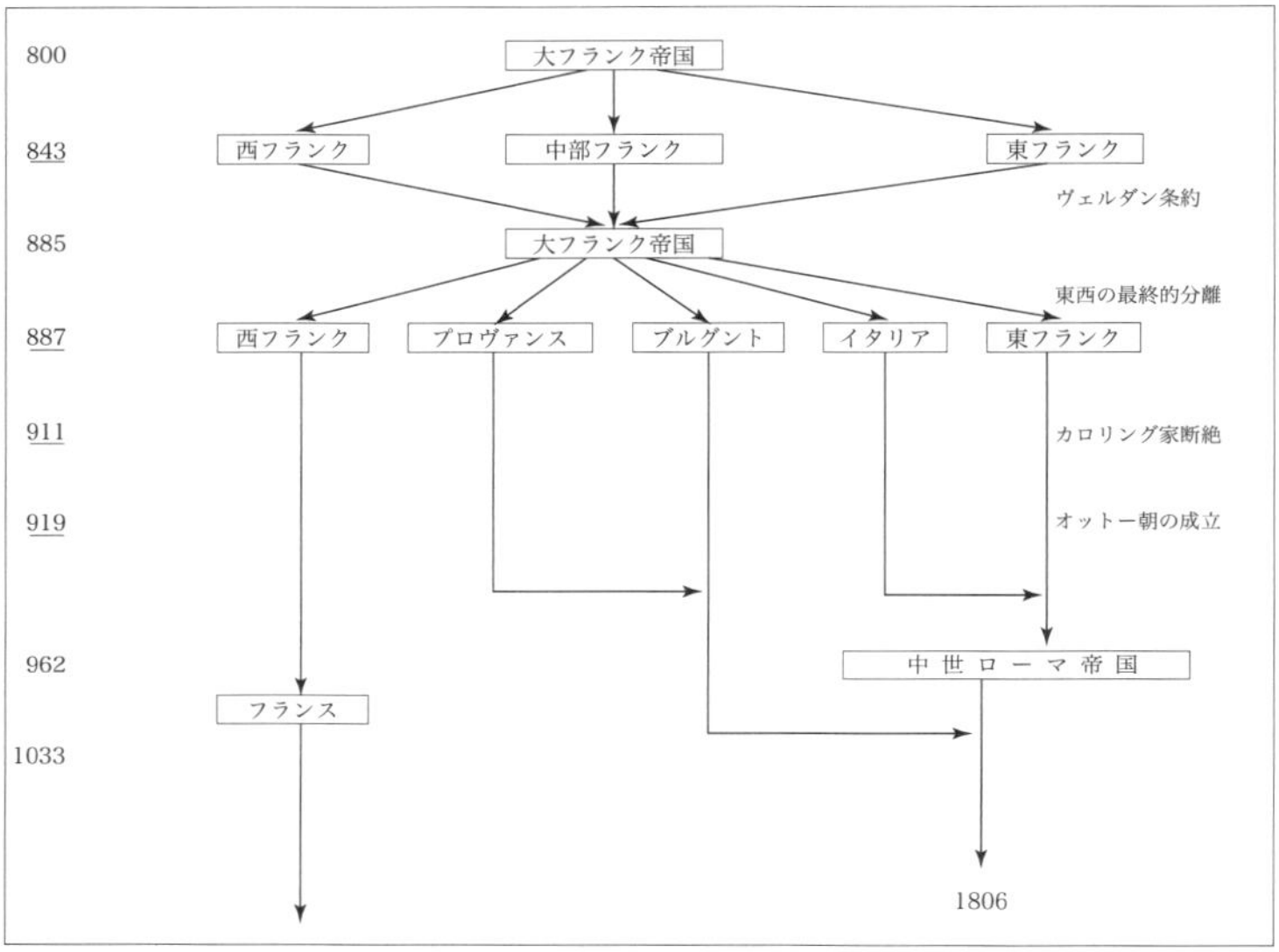

大フランク帝国の分裂と再統合

当時、東フランク王国は、五つの「分国」から構成されていた。フランケン、ロートリンゲン、ザクセン、バイエルン、シュヴァーベンがそれである。以上の名は、すでに中世初期に民族名として登場していた（第10章を参照）。これらの諸民族は、その後フランク人の支配下に相次いで統合されていく過程で、行政上の単位である分国、すなわち、のちの大公領を枠組みに再編成され、新たな政治的・民族的集団に生まれ変わっていた。現代のドイツを特徴づける地域的な「多元性」と「対等性」の調和的な共生関係、たとえば、地方分権的連邦体制の基礎は、この時期に由来する。

「中世ローマ帝国」の成立

その〝ドイツ〟へと向かう大きな一歩が踏み出されたのは、919年である。これまでのフランク人王権に代わり、ザクセン人のハインリヒ一世がオットー（ザクセン）朝を開いたのである。新国王は、フランク人の有力貴族と提携しつつ、東フランク王国の分裂・解体の危機を克服したのみならず、ノルマン人に代わる新たな脅威となった東方の遊牧民族、ハンガリー人（マジャール人）にも勝利を収めた。さらに、長男オットー（一世、大帝、936〜973年）の結婚に際して、次男以下を将来の王位継承候補から外し、長子のみによる王位単独相続を定めた。内紛・分裂の原因であった分割相続に終止符を打つことによって、王国の安定性と連続性が確保されることになったのである。

即位当初、オットー一世は、相続から排除された兄弟や各地の大公の叛乱に悩まされた。しかし、その鎮圧後、アウクスブルク近郊でハンガリー人を決定的に破り、西ヨーロッパ世界における覇権的地位とキリスト教世界の防衛者としての権威を確立した（955年）。その締め括りとなったのが、イタリア平定後の962年にローマで挙行された皇帝戴冠式である。この時に樹立され、じつに1806年まで存続した帝国は、13世紀半ば以降「神聖ローマ帝国」と呼ばれるようになるが、当時は単に「帝国」あるいは「ローマ帝国」と呼ばれた。皇帝として「ローマ教会の守護者」となったオットーは、東方辺境のエルベ川以東にまで進出してマクデブルクに大司教座を置き、異教徒のスラヴ人に向けた伝道組織を確立した。オーデル川の向こうにポーランドが誕生したのも、この頃である。

皇帝の強大な軍事力と行政機構を支えたのは、大公らの世俗貴族と並ぶもう一つの柱、帝国教会である。司教、修道院長の重要ポストには、皇帝の有能な側近聖職者が任命され（叙任）、帝国教会は、人的・物的の両面において保護・育成された。その見返りとして高位聖職者は、「首都なき王国」を巡幸する宮廷の給養や軍役奉仕を義務づけられた。戴冠式の塗油儀礼を通じて聖性を帯びた皇帝は、「聖」と「俗」が一体化した「教会帝国」の頂点に君臨する、現世における「神の代理人」に他ならなかったのである。こうした神権的君主《テオクラシー》観念という政治的イデオロギーは、孫のオットー三世（９８３〜１００２年）とオットー朝最後のハインリヒ二世（１００２〜１０２４年）の時代に頂点に達した。

とくに「紀元千年の皇帝」オットー三世は、支配の中心をアルプス以北からローマに移し、古代帝国の伝統を復活させ、ローマ教皇との提携により普遍的・キリスト教的皇帝権を樹立するという壮大な統治プログラムを構想した（「ローマ帝国の改新」）。９９８年に始まる斬新なさまざまの試みは、アルプスを挟む南北世界の融合を促し、東欧のポーランド、ハンガリーに初の大司教座を設置することに成功した。しかし、「改新」は、皇帝が22歳の若さで夭折したことによって中断の憂き目にあう。ただし、それは同時に、思わぬ遺産を後世に残すこととなった。「ドイツ人」の登場である。

「ドイツ人」と「ドイツ王国」の誕生

オットー朝は、ザクセン人とフランク人のみにより担われた弱体な王権としてスタートした。このため、南ドイツのシュヴァーベンとバイエルンの両大公領の統治は、国王に次ぐ存在である大公の手に委ねられていた。しかし、オットー三代による他に類を見ない集中的なイタリア政策（９６２〜１００２年）は、南ドイツの両大公領を含めた王国内の諸民族を、大規模かつ継続的な軍事遠征へと動員した。彼らは、対外活動を共同で担い、かつ高度なイタリアの文明世界との接触という体験を通じて、一個の「運命共同体」へと変貌し、従来の民族間の競合関係を超越した、より高次の共属意識を育んでいった。一方、イタリア人の側では、アルプス以北の東フランク王国から到来するゲルマン語系の諸民族を、一括りにして「ドイツ語 *lingua theodisca / lingua teutonica* を話す人々」として認識していた。この言語が実際には多種多様な方言であることは、ロマンス語を話すイタリア人にはあまり重要ではなかった。この言語集団の名前は、10世紀半ば頃、東フランク王国の住民の総称、「ドイツ人 *Theodisci / Teutonici*」へと拡大された。そして１０００年頃、この他者命名の民族名は、イタリアの地においてオットー三世とその側近たちによって自称として受容されたのである。こうして個々の民族の対等性を前提として、その上位に新たに形成された大民族こそ、「ドイツ人」に他ならない。

皇帝オットー三世。『オットー三世の福音書』、在ミュンヘン、バイエルン州立図書館蔵（Clm 4453）、998～1001年頃、ライヒェナウ修道院で制作。fol.23v-24r：天蓋下で玉座に坐し、聖俗諸侯に囲まれた皇帝
出　典：http://daten.digitale-sammlungen.de/~db/0009/bsb00096593/images/index.html?fip=193.174.98.30&seite=20&pdfseitex=

それでは、「ドイツ王国」という名称は、いつ出現したのだろうか。じつはこれもイタリア人による命名である。１０２４年に始まったザーリアー朝は、１０３３年にブルグント王国を編入した。「アルプス以北の王国」、ブルグント、イタリアの〝三位一体〟から構成される多民族国家としての中世ローマ帝国の形がここに出来上がった。新王朝はまた、オットー朝の帝国教会政策を継承・

発展させたが、教皇グレゴリウス七世（1073〜1085年）が「叙任権闘争」を開始した時、教皇権と真正面から衝突する結果となった。この闘争の本質は「聖俗分離革命」、すなわち皇帝による高位聖職者の叙任の是非という問題を超えた、「聖」と「俗」の区分の明確化にあったからである。

１０７６年、グレゴリウスは国王ハインリヒ四世を破門に処することで、その聖性を剝ぎ取った。翌年のカノッサ事件でハインリヒが屈服したことは、現世における「神の代理人」たる地位を事実上放棄することを意味した。加えて、教皇は、「ローマ帝国を担うドイツ人」という王権側の主張さえも否認した。グレゴリウスは、ローマで皇帝に戴冠される以前の国王、すなわち「ドイツ人の国王」の統治権が妥当する領域を、本来の権力基盤であるアルプス以北の王国、すなわち「ドイツ人の王国」に限定しようと試みたのである。このアンチテーゼとしての「ドイツ王国・国王」という名称は、以後教皇書簡を通じて広く普及・定着することになった。長年の闘争に終止符を打ったのは、１１２２年に締結されたヴォルムス協約である。その教皇側の文書は、国王による高位聖職者の叙任手続きに関して、まさに「ドイツ王国」と「帝国とその他の領域」を峻別した。あくまでも「ローマ帝国」を志向する皇帝権と、それを「ドイツ王国」に限定しようとする教皇権。両者の狭間に位置する「ドイツ人」の複雑に捻れたアイデンティティ問題は、中世盛期・後期の政治史を規定する基本モチーフになっていく。

（三佐川亮宏）

12 神聖ローマ帝国
——近代以前のヨーロッパを理解する鍵

「神聖ローマ帝国」とは何か

神聖ローマ帝国。世界史の教科書には、962年に東フランク王オットー大帝（一世）がローマ教皇に戴冠されたことに始まり、1806年に最後の皇帝フランツ二世が皇帝冠を下ろすことで滅亡したとある。ヴォルテールの言、「この国は、『神聖』でも、『ローマ的』でもなければ、ましてや『帝国』でもない」を覚えていらっしゃる方も多いだろう。現代日本に生きる我々にとっても、ローマのないドイツが神聖ローマ帝国というのは不思議に思える。

神聖ローマ帝国はドイツだったのか。たしかに、現在のドイツ連邦共和国の領域は帝国の中核地域だったが、さらにオーストリア、スイス、ベルギー、オランダ、チェコを含み、イタリア北部、フランス東部、クロアティアやスロヴァキア、スロベニア、ポーランドにまで広がっていた。住民が話していた言語もドイツ語のほか、デンマーク語やオランダ語などのゲルマン系、ゾルブ語やチェコ語などのスラヴ系、イタリア語やフランス語などのロマンス系があった。つまり、帝国は超「国家」的で超「民族」的な政治共同体だったのである。

逆説的ではあるが、近代以前のヨーロッパにおいては、この政治共同体が「神聖」で「ローマ」的で「帝国」でなくてはならなかった。4世紀ごろから18世紀までヨーロッパの世界認識を決定づけていたラテン＝キリスト教世界観に基づけば、天地創造から最後の審判に至るまでの神の救済計画において、四番目にして最後の世界帝国であるローマ帝国の滅亡は最後の審判の兆候だった。その兆候がないなら、神に嘉《よみ》されたローマ帝国が存続しているはずである。ヴォルテールの言は、彼が理性だけで世界と人間を理解しようとした18世紀の思想的急進派、啓蒙主義の指導的立場にあったからこそ可能だったとも言える。

中世に誕生した西の「ローマ帝国」は、東にあった「正統なローマ帝国」（東ローマ帝国／ビザンツ帝国）に対し、「帝権移転論」というロジックでその正統性を主張した。すなわち、最後の世界帝国はローマ人から一旦コンスタンティノープルの「ギリシア人」を経由し、８００年に神によってただしローマ教皇の手を通じ、カール大帝に移された、と。それゆえ、神聖ローマ帝国はカール大帝の国の後継国家でもあった。このことを裏書きするのは、おそらくオットー大帝の戴冠時に用いられ、歴代の皇帝が戴冠式などの重要な儀礼の際に用い続けていた皇帝冠が「カール大帝の皇帝冠」と称されていたことである（写真）。

「神聖な」という形容詞は当初なく、11世紀後半から教皇との確執のなかで皇帝側から両者が同等であるという主張が込められて用いられ始めた。それゆえ、世界史の教科書でも注意深く、「９６２年、『のちに』神聖ローマ帝国と呼ばれる国が成立」と書かれているだろう。15世紀からはさらに「ドイツ国民の神聖ローマ帝国」と呼ばれてドイツ性が強調され、最終的にはフランツ二世の退位の際に

ウィーン・宝物博物館にある、いわゆる「カール大帝の皇帝冠」（10世紀中ごろの作成）

フランクフルト大聖堂博物館にある、いわゆる「カール大帝の皇帝冠」の複製品

「ドイツ帝国」と呼ばれた。千年近く存在し続けたこの国の国号の変遷自体、同時代の世界認識の、そしてこの国を担っていた人々のアイデンティティの変化を示しているのである。

「皇帝とライヒ」

神聖ローマ帝国の国のありようを示すのに便利な言葉として、「皇帝とライヒ Kaiser und Reich」がある（Reichは帝国を意味するが、ここでは混乱を避けるためこう書く）。当初「ライヒ」は「皇帝」の単なる同語反復であったが、14世紀から16世紀にかけての政治変動のなかで、帝国議会に議席と投票権を持つ者たちである帝国等族（帝国諸身分）の総体として「皇帝」に対置する二元主義的理解が一般的となった。こうした二元主義的な「皇帝とライヒ」は、「皇帝」が「ライヒ」による審議そのものから排除されていた帝国議会、そして二つの帝国最高裁判所（帝国宮内法院［皇帝］と帝国最高法院［ライヒ］）などの種々の帝国の制度に現れている。それ以前の中世にあっては皇帝の宮廷がほとんど唯一の制度的中心であり、それもその都度必要に応じて機能していた状態だった。

「皇帝」は帝国をまとめ上げる君主であった。封建制の上では最高封主であり、裁判権の上では最高裁判官であり、平和と法の最高の擁護者であった。帝国に由来するすべての権利は、最終的に皇帝の承認にかかっていたのである。しかし、皇帝が旧くからの秩序を恣意的に変更することは許されていなかった。合意があってこそ初めて変更され得るという法というものの伝統的な理解に基づき、つねに封建制における臣下の義務に由来する関係者の助言と合意に依拠せざるを得なかった。

東フランク王の皇帝戴冠に由来する歴史的経緯にも表れているように、皇帝の内実はドイツ王である（第13章）。しかし、先に述べた帝国のキリスト教的位置づけから、単なる一国の君主ではなく、教皇と並ぶ全世界の（世俗の）頂点たるべき存在でもあった。この意味がいかんなく発揮されたのは、対オスマン防衛である。帝国外の（しかも皇帝家ハプスブルクの家領にすぎない）ハンガリーを前線とした防衛に、帝国等族からの援助が投入され続けたのは、イスラームからキリスト教世界を守るという大義があればこそだった。さらに、皇帝は宗教改革の結果であるカトリックとプロテスタントの分裂を超越することを期待された。皇帝がこの期待を裏切りカトリックのためだけに行動したとき、プロテスタントの帝国等族は反乱を起こすだろう。その最大の悲劇が三十年戦争（１６１８～１６４８年）である。

「ライヒ」は「皇帝」以外に主ではない所領を有し、かつ帝国議会に席次と投票権を有する帝国等族の総体を意味する。しかし、個々の帝国等族はあくまで「皇帝」との主従関係が重要だった。帝国等族には、選帝侯や諸侯をはじめとした個人としての貴族もいれば、共同体として全体が帝国等族である者（帝国都市や修道院）もいたし、俗人もいれば聖職者（聖界諸侯）もいた。その実力も、大規模な所領を複数有して自立的に支配した大諸侯からごくわずかな諸領しかない者まで、非常にバラエティに富み、帝国政治に及ぼす影響力も帝国への依存度合いもそれぞれだった。一般には弱小帝国等族こそ、大身の諸侯に統合されてしまわないためにも帝国に依存していたが、それでも時と場合によるのである。たとえば、スイスは当初ハプスブルク家との確執を帝国の力を借りて乗り切ろうとしたが、ハプスブルク家が代々皇帝となると帝国と距離を置くようになる。だれが帝国等族なのか必ずしも明確ではなかったとも言える。教科書にある「３００余りの領邦からなる」という微妙な言い回しを覚えている方も少なくないだろう。１６４８年のウェストファリア条約におけるスイスやオランダが典型だが、帝国に属することに利益を見出さなければ離脱さえあり得た。しかし、スイスの独立が「帝国からのほぼ完全な自由を有する」（傍点筆者）という微妙な言い回しになっているのには、注目したい。

さらに、「皇帝とライヒ」だけが帝国のなかにいた人々ではなかった。「ライヒ」を構成する帝国等族は、自身の所領（領邦）に支配権を行使していた君主だった。「皇帝」も同じで、しかも通常は帝国内最大の領邦君主であった。帝国等族が皇帝に対するのと同様に、領邦においては君主に対して他の支配の担い手が領邦等族としてたち現れ、自らの公課を果たし領邦議会で参画の権利を行使した。他方、領邦等族は領邦等族でまた、君主に認められたその所領に対し支配権を行使していた。それゆえ、最下層から見れば、帝国は皇帝まで幾重にも支配者がいる重層的な構造をしていた。他方、皇帝から見れば、「臣の臣は臣ならず」の原則に基づき帝国等族にしか自身の直接の影響力は及ばず、その下はそれぞれ自律的な支配者に基本的に委ねられる構造にあったのである。

皇帝がこのような旧くからの秩序を勝手に変えられないことは、ポジティブに評価すれば、より大きな支配はより小さな支配の存在を保証し、より小さな支配はより大きな支配の行き届かないところを埋めていくことを意味する。アルトゥジウスという17世紀の人物はこれを補完性原理と名づけたが、神聖ローマ帝国に含まれていた地域に成立した国家の多くが、補完性原理を基本とする連邦制を採用しているのも故なきことではない。21世紀の超国家的政治共同体ＥＵもこの補完性原理を採用しており、この観点から現在神聖ローマ帝国に注目する向きもある。しかし、帝国はキリスト教的世界観や身分制といった我々とは異なる価値観の下に成立していたことを忘れるべきではない。この国では皇帝の権力ではなく構成員の合意が秩序を変えた。新たな合意を生み出していくのは人々の意識の変化である。神聖ローマ帝国の滅亡は、近代以降の我々の常識となった価値観がまさに現実のものとなりつつあるなかでのことであった。

（横川大輔）

13 選挙王制
――金印勅書と選「帝」侯

選挙で君主を選ぶ

自らに戴く君主を臣下が選ぶ。非常に近代的にさえ思えるが、現代日本の我々は歴史的に天皇や将軍の地位の血統原理による継承、つまり世襲に慣れており、なおさらそうかもしれない。しかし、君主の子は君主になれると無条件に言えるだろうか。そもそも支配というものは、支配する側だけではなくされる側もそれを受け入れていなければ成立しない。代替わりの際、支配を受ける側に次の君主が支配することを納得させる必要がある。そのために一連の登位の手続があるが、君主と被支配者の力が拮抗すればするほど、被支配者の承認がものを言う形になるだろう。

中世の始まりにおいて、西ヨーロッパにはゲルマン民族と総称される諸部族の王国が乱立した。各王国は小規模の部族の連合体であり、王は「同輩中の第一人者 primus inter pares」に過ぎなかった。たしかに、恵みをもたらす超自然的な力は血に備わるとされ、その意味で血統原理から候補者は限定された。他方、誰も候補者がいない、つまり断絶したとき、被支配者は次の王を合議して決めるようになる。被支配者の承認が君主の支配を生み出すのである。選挙王制の所以である。

神聖ローマ帝国の選挙王制への道

同じカロリング家から始まり、その断絶後はカペーの血が続いた西フランク王国（フランス）では選挙原理が消えたが、東フランクそして神聖ローマ帝国ではさらに断絶が続いた結果、選挙原理と血統原理が併存することとなった。転機は、12～13世紀のシュタウフェン家の王たちの下で訪れる。ハインリヒ六世は1194年自身に子が生まれた際、事実上世襲させるため、その子フリードリヒをすぐに共同王に選出させようとした。共同王選出はしばしばあったし、ハインリヒ六世自身も四歳にして共同王になっていたが、フリードリヒの共同王選出は諸侯の猛反発で失敗した。そこで、ハインリヒは大幅な特権と引き換えに王位の世襲を認めさせようとしたのである。この「世襲帝国計画」は失敗に終わったが、ハインリヒがもし長命であればもしかすると神聖ローマ帝国は世襲制になっていたかもしれない。しかし、ハインリヒは1196年フリードリヒを共同王に選出させたものの（フリードリヒ二世）、自身は翌年急死してしまい、二歳の国王が残されてしまった。王家派と反王家派の確執がまだくすぶるなかで、君主の選出は仕切り直しが図られたが、双方が別の君主を選出して混乱の時代を迎える（二重選挙）。その極致が、シュタウフェン家の断絶後に生じた選挙で二人同時に選ばれ、そのどちらも帝国内にいない「大空位」と呼ばれる事態である。これを解決するためにも、1273年ハプスブルクのルードルフが君主に選出された。

この「大空位」までの13世紀前半の混乱のなかで七人の大諸侯が君主を選ぶ、という観念が定着してくる。1230年代に成立した『ザクセン・シュピーゲル』という、ザクセン地域の法慣習を集め体系的に解説した法書にも、すでにマインツ、ケルン、トリーアの三大司教、ライン＝プファルツ伯、ザクセン公とブランデンブルク辺境伯にベーメン王といった、のちに金印勅書（1356年）でも定められる国王選挙権を持った七人が挙げられている。それ以前にはさまざまな諸侯が君主の選出に参加していたのに、最終的になぜこの七人だけになったのかは、長らく研究者が探究しても結局よくわかっていない。しかし歴史的事実として、この後君主になるには、この七人からフランクフルトで選ばれなくてはならなくなったのである。

選ばれるのは皇帝か

前章でも記したが、神聖ローマ帝国は、962年に東フランクの「王」オットーが、ローマ教皇により皇帝の冠を授けられて始まった。ここからも明らかなように、東フランク――のちにはドイツと呼ばれる――の国王が、その国王として（戴冠式も経て）登位したのちに、教皇によって改めて皇帝に戴冠されることで、初めて皇帝の称号を名乗ることができたのである。その皇帝とは世俗のヒエラルキーの頂点にいて、全キリスト教徒を、とりわけ教皇と教会を剣でもって守護する存在である。ただし、「国王は自分の王国内では皇帝である」という13世紀初めの慣用句が示しているように、名誉や権威の点では異なるとはいえ、統治権の行使に関しては皇帝と他の国王の間に原理的に差はないと理解されていた。また教皇の戴冠が決定的だったので、帝国の君主にもかかわらず皇帝ではない者は、中世を通じてそれほど珍しくない（先のハプスブルクのルードルフも皇帝にはなっていない）。

では、教皇はドイツ王以外の、たとえばフランス王を皇帝に戴冠し得たか。可能だとする議論も、とくに混乱の13世紀にはあった。しかし、我々が簡単に「ドイツ王」と呼ぶ存在の称号は、同時代には「ローマ人の王」とか「ローマ王」であり、皇帝位に就任することができる権利、つまり独占的な期待権を有していた。この権利は選ばれた「ローマ王」だけではなく選ぶ側にも共有されており、「大空位」の解決の大きな目的はこの期待権の維持でもあった。教皇側もこれを認めた。ただし、今度は選ばれた人物が本当に皇帝にふさわしいかどうかを審査する権利を主張したのである。

金印勅書と選「帝」侯

選帝侯（Kurfürst）が選んだ君主はあくまで国王でしかない（その意味で、Kurfürst も厳密には選「帝」侯ではない）。しかし、選ばれた国王はこの世で皇帝位に対し期待権を持つ唯一の存在である。もし仮に教皇によって不適格とされたならば、その人物は国王としても不適格だろうか。不適格な人物を選ぶ危険性があるなら、選帝侯には国王を選ぶ力があると言えるのだろうか。「大空位」以後、教皇による適格性審査の主張の結果、選帝侯の国王選挙権の意義は動揺し、教皇によって国王が選ばれる可能性すら現れた。悪いことに国王選挙の手続も厳密ではなかったため、現実に教皇の介入を招いた。この状況を解決するため１３５６年に皇帝カール四世は、のちに金印勅書と呼ばれる皇帝立法を制定した。

手続は以下のとおりに定められた。前皇帝（ないし国王）が崩御したなら、マインツ大司教は他の六人をフランクフルトに召集する。選挙には本人が来ても使節を派遣してもよかったが、二重選挙を排除するため、どちらもしなかった場合と途中で立ち去った場合は、その回に限って投票権を失う。集合した翌朝、聖バルトロメウス教会での聖霊の加護を乞うミサから選挙は始まる。つまり、選挙は神意を示すものだった。投票は、マインツ大司教がトリーア、ケルン、ベーメン、プファルツ、ザクセン、ブランデンブルクの順番で意思を問い、最後に六人がマインツにその意思を問う。評決は、七人全員の一致か、四人以上の絶対多数でもよく、そのために世俗選帝侯の自己投票の規定がある。長期の空位を避けるために、マインツ大司教の不作為により召集がなければ他の選帝侯は3か月以内に自らフランクフルトに赴かねばならず、選挙に30日以上かかった際には教皇選挙と同様に以後パンと水だけの生活で早期の決着を図らなければならなかった。

金印勅書はまた、暗黙裡に教皇の適格性審査権を拒絶した。選ばれるのは「世界とキリスト教徒の世俗の頭、すなわち皇帝になるべきローマ人の王」と明言され、選ぶ七人の諸侯も「選『帝』侯」と呼ぶべき存在となった。この論理的帰結は、教皇による皇帝戴冠が意味を失うということである。一世紀半のうちにこのプロセスは進行し、１５０８年マクシミリアン一世は皇帝戴冠をあきらめ、「選ばれしローマ皇帝」の称号を名乗る。続くカール五世は１５３０年にボローニャで教皇から皇帝に戴冠されたが、これが最後の事例である。以後、帝国の君主は自動的に「選ばれしローマ皇帝」を名乗った。

金印勅書のケルン写本（制定当初に作成された5写本の一つ）
Matthias Puhle u. Claus-Peter Hasse (Hgg.), *Heiliges Römisches Reich Deutscher Nation : 962 bis 1806; von Otto dem Großen bis zum Ausgang des Mittelalters*, Dresden: Sandstein, 2006, S. 425より。

選「帝」侯は、帝国の土台かつ支柱と見な

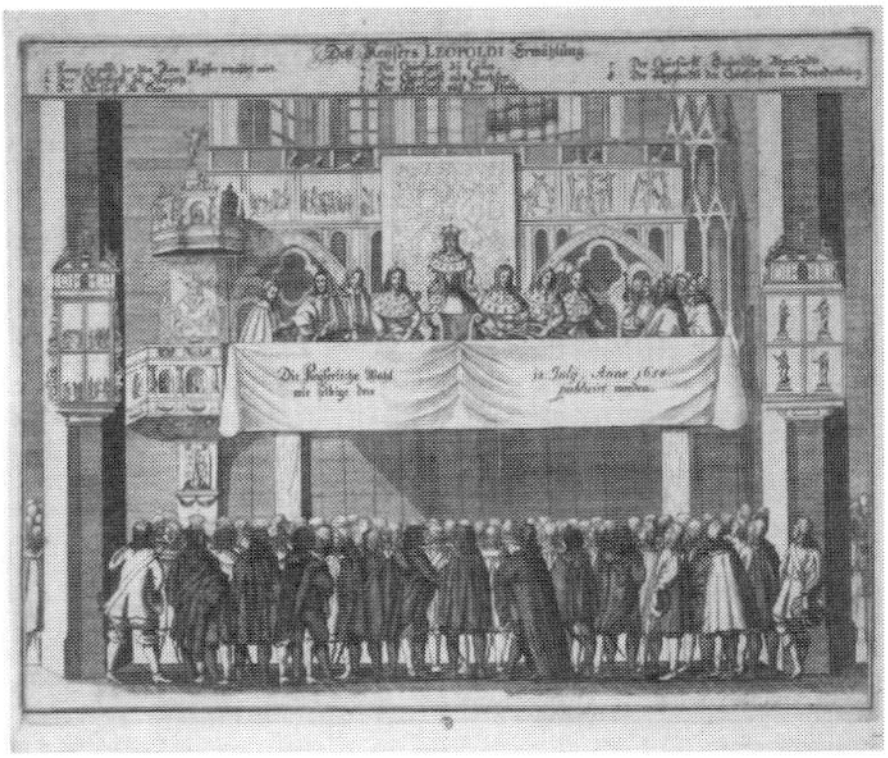

フランクフルト大聖堂における皇帝レオポルト一世の選挙宣言（1658年）

Evelyn Brockhoff, Jan Gerchow, Raphael Grpss. August Heuser (Hgg.), *Die Kaisermacher. Frankfurt am Main und die Goldene Bulle*, Frankfurt am Main: Societäts Verlag, 2006, S. 161より。

され、それにふさわしく他の帝国構成員から優遇された。帝国議会で独自の部会を形成したほか、新皇帝が統治にあたって取り結ぶ選挙協約は選帝侯が作成を独占した。また、国王と見紛うような特権を与えられたが、それにより他国の国王と同等と見なされ姻戚関係を結んだだけでなく、実際に他国の国王となることすらあったのである。

　１３５６年の金印勅書は七人の選帝侯を確定したが、のちに変更もあった。三十年戦争の結果プファルツの選帝侯位がバイエルン公に与えられ、プファルツには第八選帝侯位が新規に作り出された（のちにバイエルンの断絶で廃止）。１６９２年には九人目としてハノーファー選帝侯位が作り出された。１８０３年帝国の世俗化が取り決められた際に三つの聖界選帝侯位は廃止されて四つ創出され、ザクセン、ブランデンブルク、ハノーファー、バーデン、ヴュルテンベルクそしてヘッセン＝カッセル、ベーメン、バイエルン、レーゲンスブルク-アシャッフェンブルク、ザルツブルク／ヴュルツブルクの全部で10人が選帝侯となった。しかし、ただの一度も皇帝を選ぶことなくその地位を１８０６年に失ったのである。

（横川大輔）

14 いわゆる「東方植民」

――新天地を求めて

「ヨーロッパ」の東への拡大

11世紀以降、ラテン＝ヨーロッパは外部に向かう三つの大きな移住運動を経験した。このうち二つは、イベリア半島と東地中海のイスラーム世界に対するものであり、それぞれレコンキスタ、十字軍と呼ばれる。そしていま一つは、神聖ローマ帝国外の、東側に向かって進んでいく動きである。この現象は通常、ドイツ語で現在〝Ostsiedlung〟（直訳すれば「東方移住」）と称されるが、日本語では「ドイツ東方植民」と呼ばれる。

この拡大の原因として、アルプス以北の西欧で農業技術の革新が急速に普及したことがある。その革新とは、鉄製農具の使用、馬を農具につなぐ方法の革新、重量有輪犂、開放耕地制と三年輪作の組み合わされた三圃制への移行、水車・風車利用などを伴ったものである。1100〜1340年の間に、フランスからエルベ川より西のドイツにかけての地方では人口が三倍にも膨れ上がった。この急激に増加していく人口圧により、森林や沼沢地を切り拓く大規模な開墾、そして牧草地の穀物耕作地への転用を伴った「内部の耕地化」が生じた。このなかで植民についての法が徐々に形成されるなどのちに農民の向上につながる社会の変容もあったが、この結果として自然のバランスが崩れることに

新しい村の創設についての挿絵：特許状をもらい、人を募る帽子をかぶった植民者
（『ザクセンシュピーゲル』のハイデルベルク図書館所蔵　写本Cod. Pal. germ. 164、Folio 26v挿絵）
http://digi.ub.uni-heidelberg.de/diglit/cpg164/0066?sid=308d07d205df269929ef1cb3a20dafd7

もつながり、14世紀の初めに西欧世界は明らかに人口過剰の状態に陥り、社会的危機に向かい始めた。この解消は、二つのかたちでなされる。一つはペスト（黒死病）の流行に伴う人口の自然減であり、いま一つが土地開発の豊かな経験を持つ人々による未開発の新天地を求めた移動である。

東方へ移住していったのは、主として広い意味でドイツ語を話す人々であった。しかし、近代的な国語ないし標準語があるわけでもない中世にあって、ヴェストファーレン地方の低地ドイツ語とフラマン語の間に、北方の方言とデンマーク語の間にどれだけの違いがあっただろうか。また、神聖ローマ帝国の、南西部にはロマンス語系の言語を話す人々もいたが、彼らのなかにも東方へ移住した人々が少なからずいる。移住していった先に住んでいた人々が、西からやってきた人々を「ドイツ人」と呼んだとき、我々が「ドイツ人」といってイメージする人々とは、だいぶ様相が異なるということを念頭に置いておく必要がある。

「十字軍」のお墨付きを与えられたドイツ騎士団などの修道騎士団による暴力を伴った征服活動（北方十字軍）が先行し、そこにあとから入植するということもあったが、地域によっては支配者が新たな技術導入による領土の効率的経営を目的として、西方より政策的に植民者を招致するということもあった。その場合も、植民請負人に任せたり、シトー会をはじめとする修道会が担い手になったりした。植民者招致にあっては、ドイツの植民についての法関係（ドイツ法）が参考にされた。場合によってはドイツ法に則った開墾事業の担い手が、スラヴ人農民であったことさえあったのである。開墾を伴った農業開発が主軸であったが、手工業者や商人も移住していった。その結果、ヨーロッパの西と東で技術文化・生活文化、法や言語、宗教の共通性が広がった。それはたとえば麦の栽培であり、たとえばカトリックの信仰と典礼である。商業ネットワークも西と接続された。現在、ドイツのいくつかの都市の博物館で、商業路がおどろくほど東方に伸びていた展示を見ることができる。

どのぐらいの人が移住したのかは、当時は統計データが整備されていたわけでもなく、また在地の住民の参加もあって推定値でさえよくわからないのが実情である。その移住先は、北はバルト三国の一国エストニアの首都タリンが面するフィンランド湾沿岸、南はバルカン半島を流れる大河サヴァ川から黒海沿岸にかけて、東は現ウクライナやロシア領に至るまで広がっている。空間的には、ドイツ語を話す領域がそれまでよりも三分の一以上増えたと言われる。とはいっても、面ではなく拠点ごとに点で広がったのであり、ドイツ本国に近いほどその点は密になり、遠くなればなるほど疎になっていく。巨視的に見れば、それはグラデーションのように見えることだろう。

「ドイツ民族の偉業」か「東方への衝動」か、「東方植民」か「東方移住」か

E・H・カーは「歴史とは現在と過去との間の絶え間ない対話《ダイアローグ》である」と述べたが、この東方への

移住現象を何と見るかという問題は、その時代その時代の特徴と結びついており、カーの言葉の典型例の一つと言っていいかもしれない。以下、参考文献に挙げた千葉敏之氏の論考に拠りながら概観していこう。

18世紀から19世紀に変わろうとするなか、近代歴史学がドイツで産声を上げたとき、この移住現象も研究テーマリストに場所を占める栄誉に浴した。その際、生み出されたばかりの「民族」という分析概念に基づき、二つの考えが出てくる。一方には、西ヨーロッパの先進文明を「ドイツ人」が東方に伝えた結果、「スラヴ人」がヨーロッパの文化国民の一角を占めるに至ったとする「文化の伝播者説」があり、この見方からすれば東方移住現象は「ドイツ民族の偉業」とされる。他方には「文化の破壊者説」があり、「スラヴ人」は本来人間存在にとって固有である「平和な農耕生活」をしていたのに、それを「好戦的なドイツ人」が破壊したとするものだが、この移住現象を「東方への衝動」と見なした。これらの背景には、中世に東方に移住する際に与えられた特権が淵源となって、ドイツ人がしばしばこれらの地域において社会的・経済的に支配層の地位にあったことがある。

ナショナリズム（「民族主義」）の興隆と、ブランデンブルク＝プロイセンを中核としたドイツ帝国の形成のなかで、近代ドイツの「東方への衝動」という同時代的な背景をもとに中世の東方移住現象を見る傾向が強まる。東方移住現象の舞台は「ドイツ東部」、そして「東部辺境諸邦」などと呼ばれるようになり、移住現象の外部も含めて領域的に総称する概念として「東欧」が生じてくる。こうした過去の捉え方から、「ドイツ人」は「東欧」において、過去から連綿と続く「偉業」を達成すべきという考えは容易に出てくることだろう。そこにあってはもはや「ドイツ人」は単なる「文化の伝播者」ではなく、東欧に支配を打ち立てる「偉業」の担い手である。1920年代から東方移住現象の研究は、さらに大きな「東方研究」の一員、それも主要部門としてこのイデオロギーに資するべく、かつてない活況を呈するようになった。ナチズム期におけるフォルク史学の時代である。

第二次世界大戦の敗戦により、ドイツの拡大を正当化するフォルク史学は終焉を迎えた。体制に寄り添うかたちで形成された東方への移住現象に対する見方も、そのままではいられなかった。「偉業」は「西欧先進文明の伝播」に代わり、〝Kolonisation〟（「植民」）は〝Ostsiedlung〟（「東方移住」）や〝Ostbewegung〟（「東漸運動」）と言い換えられた。より価値中立的な概念に置き換えが図られた結果であるが、実際は研究の担い手とともに歴史観そのものにも大きな変化があったわけではない。その結果であろうか、いまだわが国にあってもこのOstsiedlungという言葉に「（ドイツ）東方植民」という訳語を当てることが通例である。

1970〜72年に開かれたコンスタンツ中世史研究会を契機として、東方移住現象の歴史評価が大きく変わった。これは、東西ドイツのみならず、ポーランド、チェコ、ハンガリー、スロヴェニアから研究者が参加した、東方移住現象についての最初の国際研究集会であった。ここで、この移住現象が「東中欧Ostmitteleuropa」という、歴史と文化を共有する一つの広域的歴史空間ないし文化地域で展開したこと、そして西欧の先進文化がこの地に「伝播」したのではなく、外来者と在地の者との間で異文化が接触したことによる文化変容があったこと、全体としての文化の共通性は増したが緊張もあったこと、などが強調された。この結果、東方移住現象は「民族」の枠組みを超えた現象である（むしろ新たなエトノスを形成した）こと、この章の冒頭でも述べたように同時代にあったヨーロッパの類似現象（レコンキスタなど）と比較可能であることが意識されるようになった。

現在、中世における東方移住現象は、その前後に進行したヨーロッパ形成の無視できない大きな一コマとさえとらえられるようになっている。英米圏の研究者が出したこのような俯瞰的歴史観に、たとえば共産圏からの脱却とヨーロッパへの復帰を目指すポーランドの歴史学者たちはどちらかと言えば親和的である。しかし、それはもしかすると、ヨーロッパというものが他者とは本質的に異なるなんらかの文化的共通性を持つもの、と認識させることにつながるかもしれない。他方、ドイツにあっては、「東方にいたドイツ人」への関心が強まってきており、かつての「東方への衝動」の再来かと警戒されている。東方移住現象を何と見るのかは、現実に推移する政治の展開とも切り離しえない問題なのである。

（横川大輔）

コラム 2

ハンザ

ヨーロッパの北方、北海・バルト海地方を中心とした地域を舞台に、ドイツ商人と都市の一大勢力が、中世の長きにわたり活動していた。ハンザと呼ばれるこの組織は、14世紀中頃には東はロシア、西は低地地方やイングランドにまたがる広大な商業圏に、支配的な影響力を及ぼしていた。

ハンザの商人が取引した商品は多様である。東方や北方に生息・産出する動植物や鉱物は、西方の人々の奢侈品あるいは生活必需品となった。ロシアの黒テンやリスの毛皮、ドイツ騎士団領で採られる琥珀が、貴族や富裕市民の装身具として珍重された。蠟燭として用いられる蜜蠟は、とりわけ教会で必要とされた。魚類は貴重なタンパク源であり、とくに肉食が禁じられる復活祭前の断食期間には欠かせなかった。スカンディナヴィア半島南部で獲られ塩漬けにされたニシンや、ノルウェーの干しタラが、ヨーロッパ中で消費された。人口密度が高く工業の発達した西ヨーロッパでは、バルト海地方の農産物や工業原料への需要が高かった。たとえばライムギ、船や樽の資材に利用される木材、船舶補強材のタールやピッチ、ロープや帆布となるアサ、亜麻などが挙げられる。さらにいくつかのハンザ都市ではビールが盛んに醸造され、特産品として出荷された。

反対に西方から東方へ輸出されたのは、毛織物を中心とした工業製品である。それに加え地中海からは香辛料や干し果物が、ハンザ諸都市に到達した。このように、東西交易を主軸としながら南北にわたっても繰り広げられるハンザの商品取引が、中世ヨーロッパ商業世界の一翼を担っていたのである。

それでは、ハンザとはどのような組織だったのか。一般には「ハンザ同盟」という言葉が知られているが、多くの専門家はこの表現を好まない。ハンザは特定の政治的目的のもとに結成されたものではなく、同盟全体を恒常的に包括する規約や条約の類も存在しないからである。

　ハンザという言葉の本来の語義は「団体」であり、とくに決まった目的地に向けて商業旅行を営む遠隔地商人の仲間団体を指した。イングランド渡航者団、ゴットランド渡航者団、フランドル渡航者団などがそれである。中世初期の商旅には多くの危険が伴い、各地の支配者の保護はあまり期待できなかったので、このような仲間団体の結成が促されたのである。

　やがて各地で商取引が定着し、都市が成立・発展すると、商人は冒険的な遍歴をやめ、都市に定

ハンザ商人と商品の再現：ハンザ商人に扮した人物が線を引いた布の上の金属片で計算をしている。両脇には典型的ハンザ商品である毛皮，塩樽，胡椒袋，蜜蠟の蠟燭などが置かれている。

ハンザ商品の再現：毛皮や塩は典型的なハンザ商品であった。

住し始める。そのなかで、旅する商人の仲間団体（商人ハンザ）が、都市間で互いに商業上の利害・権利を確保する組織へと変貌する（都市ハンザ）。この過程は、13世紀から14世紀にかけてゆっくりと進んでいき、固有名詞としての「ハンザ」が確立する。

この都市連合は、ときに強力な政治力を発揮し、

ハンザの盟主リューベックのホルステン門（右）と塩倉庫。

イングランドやデンマークといった国とも対等以上に渡り合うことすらあった。かつての研究では、この側面がドイツ人の輝かしい歴史の一幕として賞揚されることがあった。今日では、より社会経済的な機能に注目してハンザを理解しようとしている。つまり、商人や諸都市が緊密に結びつき、相互関係を深めることで、遠隔地間でも商慣習が共有され、取引当事者間の信頼が醸成され、詐欺行為が抑制される。このことが、商業活動の円滑化につながった。

近世に国家が貿易活動を掌握するようになると、ハンザは経済上の意義を失い、17世紀にその歴史上の役目を終えた。しかしハンザの名は現在でも至る所で見られる。たとえばハンブルクやブレーメンは正式名称に「ハンザ都市」を冠し、ドイツの航空会社ルフトハンザのように社名にハンザを用いる会社は多い。ハンザがドイツ人にとって特別な存在である証拠と言えよう。

（菊池雄太）

15 中世の都市
――封建社会の一部として

ローマの遺産――古代から中世への移行期の都市

現在ヨーロッパにある都市のすべては、中世にはすでに集落として存在していたと言われているが、ドイツの重要な都市のなかにはさらに遡り、ローマの植民都市に起源を持つ都市もある。たとえば、ケルン、トリーア、アウクスブルク、レーゲンスブルク、シュトラースブルク（現フランスのストラスブール）などがそうである。ローマ人に替わりゲルマン人が支配者となった時、これらの都市の多くはいったん荒廃した。しかし6世紀頃から都市の復興が始まり、その時中心的な役割を果たしたのがキリスト教会、とくに司教座教会であった。その典型的な例として、ここではモーゼル河畔に造られたトリーアを挙げよう。

トリーアはBC15年頃にアウクストゥス帝により建設された都市である。3世紀にはベルギガ州の首都となり、4世紀には人口6～7万人というアルプス以北では最大のローマ都市となったが、その後ローマ帝国の衰退とともに急激に衰退し、都市の中心地だったフォールムも荒れ果て、人口は3千人にまで減少した。しかしかつては市の周縁部に位置した司教座教会を中心にわずかな範囲を囲城で取り囲むことにより都市は生き延び、11～12世紀にはその司教座聖堂を核として再形成されたのだった（地図を参照）。

ではなぜ司教座教会が新たな中心となったのだろうか？　ローマ帝国の行政や司法制度が解体されていく過程で、教会は都市の行政や司法機能を代行するようになり、とくに住民間で紛争が生じた場合に仲裁役を求められたのが司教たちであった。また司教たちは――現在の感覚で言えば――公的な行政機関が担う社会福祉や、橋や道路などの公共建築の建設や維持においても指導的な役割を果たした。このように教会が信徒の宗教生活を導くだけでなく、都市の行政機関としての役割も担ったことは、中世都市における教会の重要性や中心性の根元となったであろう。中世都市では、貧民救済などの社会福祉や、シュピタールやホスピタル――通常は病院と訳されるが中世都市史では施療院と訳す――などの施療院の運営もキリスト教の団体が行っていた。欧米社会の基層にキリスト教文化が根強く存在するのは、このようなところにも理由があるのかもしれない。

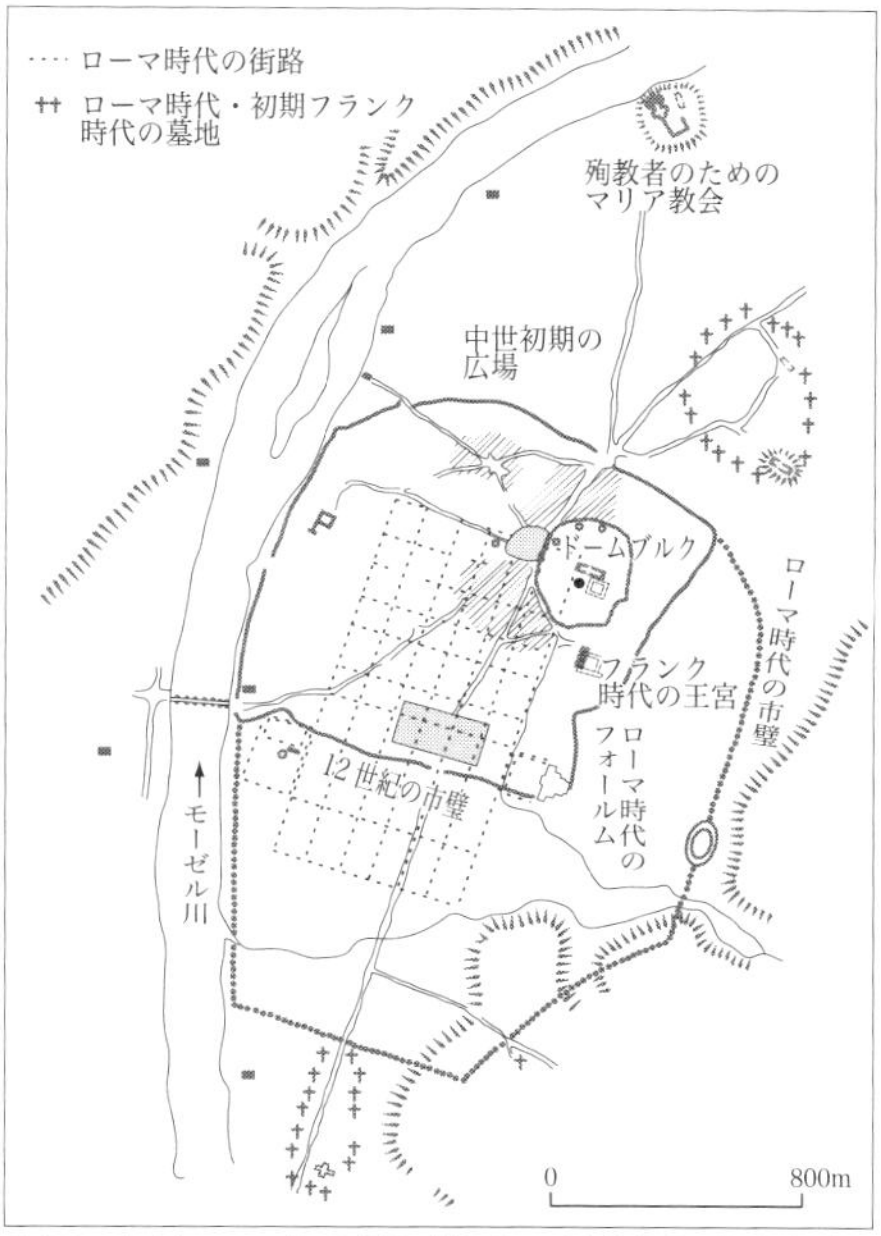

地図　トリーア（河原温『都市の創造力』岩波書店、2009年、12頁）

コミューン運動とは？――12世紀における中世都市の生成

12世紀からのコミューン運動がきっかけで中世都市が誕生したというのが、19世紀末から20世紀にかけて誕生した古典的学説であった。しかし現在では、封建時代の西ヨーロッパの農村では領主の支配は住民代表との協議によって行われ、中世初期の都市的集落でもこの慣習法に基づいた領主の統治が行われていたと推測されており、それが11～12世紀に「都市法文書」や「都市慣習法特許状」として明文化されたと考えられている。したがって中世都市は、長い時間をかけて徐々に形成されていったと見るべきであろう。

「都市法文書」や「都市慣習法特許状」に書かれている内容は、都市内の平和維持と都市領主の恣意性の排除であった。都市内の平和について、市内での武器の携帯の禁止などが該当するが、むしろ主要な目的は市場を中心とした都市の日常生活における共通ルールの定着にあった。他方、都市領主の恣意性の排除については、領主の権威を認めつつも、「都市法文書」や「都市慣習法特許状」にない行動を領主が行わぬよう制限する内容となっている。このように見ていくと、都市の自治がいつも領主と住民の対立、抗争を契機に確立したのではないことが分かる。確かにライン地方の都市では、11世紀後半～12世紀前半、集落住民が誓約を結んで共同体（コミューン）を結成し、領主との激しい対立抗争の末、ようやく都市共同体として認知された。しかしコミューンの構成員は都市の全住民を含むものではなく、一部の有力市民たちのみであったことを忘れてはならない。そしてこの現象は例外的であった。ほとんどの都市共同体の公認と慣習法の成文化は、司教や世俗領主が都市共同体を懐柔する過程で行われたものであり、ドイツの多くの都市では深刻な闘争を経験することなく、都市の自治機関の設置が認められている。

かつては中世都市の成立は遠隔地商業の復活の結果であり、中世都市成立時に果たした遠隔地商人の役割の重要性が強調されていた。とくに遠隔地商人たちが宣誓して加入したギルドを中心に、封建的な都市領主に対抗し、市民たちが自治を勝ち取っていくという図式をハンス・プラーニッツらは展開した。これはマックス・ヴェーバーの中世都市から近代的な自由と自治が誕生したという理論に基づいたイメージでもある。しかし今日ではこの学説は修正され、中世都市の支配者層の出自はミニステリアーレン（家人団）や大土地所有者層であったことが判明している。また中世都市誕生の背景も、周辺領域に対して中心地機能を持つ集落が都市に発展し、その結果、都市に遠隔地交易の場が誕生したとの見解が支持されている。ミニステリアーレンとは領主階層に仕えていた集団のことで、ドイツ中世史では元々は不自由民だったが、領主に仕えているうちに自由民になったと考えられている。彼らは軍事力よりむしろ代官職や貨幣鋳造など役人的な職務を果たすことで、徐々に力を蓄えていった。ドイツのライン地方を含む西北ヨーロッパの司教や修道院の家人のなかには、特定の聖人に託身することで教会から特別の保護と特権を享受した「聖人衆サントワール」や「教会祭壇民ケンスアレス」と呼ばれる人たちも現われた。彼らは身分的には不自由民であったが、免税特権などを利用して商業活動に従事し、富を蓄積していった。これら家人層は裕福になると都市の内外に土地を所有するようになり、やがて地主層とともに都市の支配階層へと成長し、政治的には寡頭体制を敷いていく。遠隔地貿易で莫大な富を得た商人たちも都市の支配者層へ参入したが、初期の都市貴族の多くはミニステリアーレンや土地所有者など、むしろ封建的社会層の出自の者が多かったのだ。

「聖なる共同体」としての中世都市——中世後期の都市

ドイツにおいて多くの都市が発展したのは14世紀以降の中世後期のことであった。宗教改革史研究者として著名なドイツのベルント・メラーは『帝国都市と宗教改革』で、中世後期の都市を「聖なる共同体」と見なす概念を提唱したが、２０００年以降この概念がドイツ中世都市史研究者の間で注目されるようになっている。発表当初、とくに英米の研究者たちから「聖なる共同体」とはあまりにロマンチックな表現であり、階層社会であった中世都市の現実とはあまりに乖離した言葉だとの激しい批判を浴びせられたが、本来メラーが言うところの「聖なる共同体」とは、中世後期の都市では市民的共同体と宗教的共同体は一体であり、市民の生活に責任を負う市参事会は、当時は市民の宗教生活にも責任を負っていたという、聖俗不可分の状態を表わしている。したがって、市参事会と教会との争いも世俗化の流れと見るのではなく、逆に宗教的気運の高まった結果だと見ている。またこの著作のなかでメラーは次のようにも述べている。「中世末期のドイツ都市は自らを小規模な『コルプス・クリスティアーヌム（キリスト教共同体）』と見なす傾向が強かった。」

中世都市の市民や住民たちが自分たちの都市を聖なる共同体と見なす傾向があったことの根拠の一つとして、都市の守護聖人が挙げられよう。とくに聖母マリアは、天昇したため地上に遺骨などの聖遺物がなく、そのためすべての人々の保護者となり得たことにより、多くの都市で都市全体の守護聖人として崇敬されるようになった。たとえばシュトラースブルクでは、13世紀半ばに司教と市民の間で戦争が生じ、市民側が勝利した。その結果、司教は都市を追放され、自分の司教座教会に市外から「通勤する」ことになる（ケルンも同様の都市として有名である）。市民たちの間ではこの司教からの解放

ローテンブルク（提供：ドイツ観光局@GNTB/Cowin, Andrew）

の努力とマリア信仰が密接に結びつけられた。彼らは司教との戦いの勝利で聖母マリアに感謝を捧げ、「もし神とマリアが市民を助けなかったなら、司教は市民から権利と自由を奪っただろう。」という記述が残っていることから、その記憶は15世紀になっても残っていたことが分かる。また聖母マリアはペストに汚染された空気を浄化してくれるとも信じられていた。たとえば１４８３年にニュルンベルクでペストが流行したとき、市参事会は都市の聖職者に対し、「ペストが猛威をふるっているので、毎日晩課の後、天上の女王マリアを賞賛するため、聖母マリア賛歌サルヴェ・レジーナを歌うこと」を依頼した。このように中世都市の市民たちは都市共同体を都市の守護聖人あるいは聖母マリアが保護してくれると信じており、この文脈においては、確かに彼らは自分たちの都市を「聖なる共同体」と見なしていたと言えよう。

（原田晶子）

コラム 3

「都市の空気は自由にする」

「都市の空気は自由にする」。ドイツ語で Stadtluft《シュタットルフト》 macht《マハト》 frei《フライ》。この慣用句は理念的なもので、中世都市における自由や自治を享受する雰囲気が、近代の民主主義や自由主義の礎になったという比喩的な意味を表わすものとの解釈が広く流布していよう。しかしながらこの慣用句の元来は法諺《ほうげん》であり、中世において実際に各地で公布されていた法に対する諺である。

19～20世紀に形成された古典的学説では、中世都市形成の原動力となったのは11世紀以降の遠隔地商業の復活で、主要な都市は遠隔地貿易商人層の主導の下に発展し、封建領主に対し、遠隔地貿易商人のギルドを中心とした宣誓共同体によるコミューン運動を展開し、封建領主から自由と自治を獲得し、そして法的な自治制度を備えた共同体として成長したとされてきた。中世都市は、周辺の領主制の封建社会とは際だった対照を見せた存在で、封建貴族と敵対し、自由と自治を享受していた、つまりは近代の民主的な共同体の先駆と見なされていたのである。そのような都市の性格を代表する慣用句と思われているのが「都市の空気は自由にする」という法諺だ。この表現自体が初めて確認されるのは18世紀後半のことであり、好んで用いていたのは、中世都市の自由と自治に近代市民社会の理想を求めた19世紀の自由主義者たちであった。

ここで「自由」と記されていることばは、正確には農奴や隷属民の対義語としての「自由民」を意味している。本来は、直訳すれば「都市の空間が自由民をつくる」となる。そしてこの法諺には続きがある。「都市の空間が自由民をつくる、1年と1日後に。」というのが全文である。すなわち封建領主の法的支配下に置かれていた農奴や隷

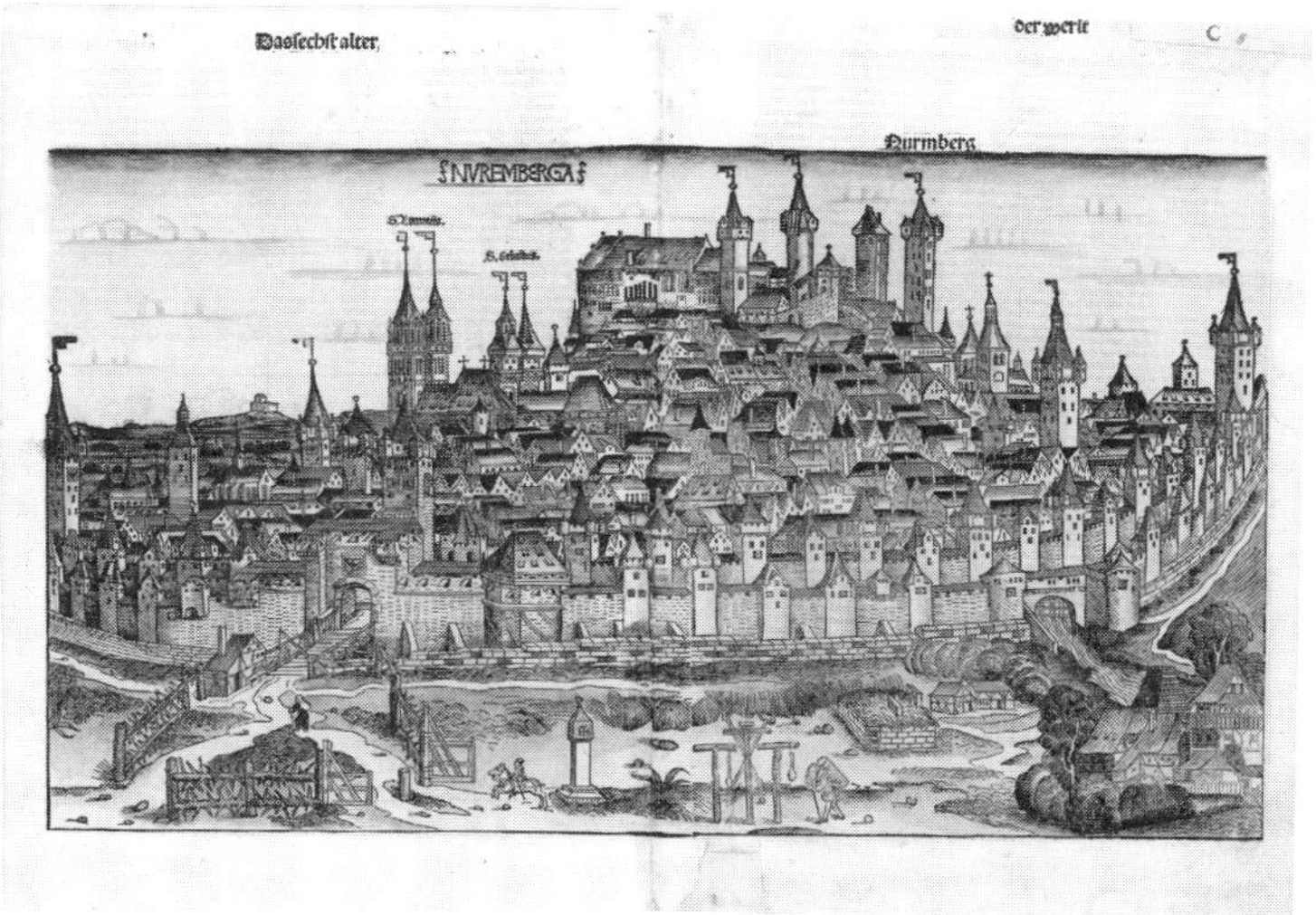

15世紀のニュルンベルクの都市景観図（提供：ニュルンベルク市立文書館／StadtAN, A 4/VIII Nr. 188）

属身分の者が都市へ逃れ、さらに都市に対して領主による引戻し要求がされなかった場合、「1年と1日」ののち、法的に自由身分が得られることを意味している。「1年と1日」とは完全に1年以上であることを意味するのだが、この表現はまさに法諺ゆえであった。実際の法では1年であったり、40日であったり、6週間であったり、最短では3日というのもある。期間は地域によりさまざまであった。本来、領主の下からの逃亡は違法行為に当るが、11世紀以降、都市が成長してくると、領主の下からこの新しい集落へ逃亡するものが数多く現われた。一旦、都市のような大集落に逃げ込まれると——当時のドイツの都市の八割が人口2千人以下だったとも言われるが——、領主側が都市内で逃亡者を見つけ出すのは不可能だったようである。こうして都市の市壁の門は、まさに自由への門となった。

ただしここで留意しなければならないのは、

現代では「市民」と言えば都市の全住民を指すが、中世都市の「市民」は住民の一部に過ぎなかったという事実である。市民になるには、いわば市民権を購入しなければならず、市民となったあとも兵役や公共奉仕のようなさまざまな義務を果たさなければならなかった。これは財力にそれだけの余力がないと市民にはなれないことを意味している。したがって「都市の空気は自由にする」と言っても、近代社会が意味するような人としての普遍的自由を得ることができるのではなく、不自由民から自由民になれるという法的意味を持つに過ぎないことは理解しておけなければならない。市壁内の空気は、決して平等に人々を自由にしたわけではなかったのだ。

（原田晶子）

16 宗教改革
――「95か条の論題」から「アウクスブルクの宗教平和」まで

マルティン・ルターの宗教改革

1517年10月31日、アウグスティヌス修道会の修道士にしてヴィッテンベルク大学の神学教授であったマルティン・ルターは、「95か条の論題」を発表し、ローマ・カトリック教会による贖宥状の販売を批判した。この年、聖ピエトロ大聖堂の改築資金を必要としたローマ教皇レオ十世がドイツでの贖宥状の販売を承認すると、修道士ヨハン・テッツェルが贖宥状の販売を始めた。彼は「献金箱に入った貨幣が音を立てるや否や、魂は煉獄から天国に飛び上がっていく」と説いた。これに対しルターは、「私たちの主であり師であるイエス・キリストが『悔い改めなさい』と言われたとき、彼は信者の全生涯が悔い改めであることをお望みになったのである」(「95か条の論題」第1条)と述べ、悔悛なしに救いが金で買えるかのようなテッツェルの宣伝文句を批判した。ルターによれば、「真に悔い改めたキリスト者はだれでも、贖宥の文書がなくても、彼の負わされた罰と罪過からの完全な赦免を持っている」(同第36条)から、贖宥状は無意味であり有害でさえある。「真の痛悔は罰を求め、また愛する。しかしながら贖宥の気前の良さは罰を憎むようにさせる。少なくともその機会を与える」(同第40条)からである。

ルターの贖宥状批判は彼の信仰義認論に基づいている。新約聖書の「ローマ信徒への手紙」で使徒パウロは、「福音には、神の義が啓示されていますが、それは、初めから終わりまで信仰を通して実現されるのです。『正しい者は信仰によって生きる』と書いてあるとおりです」（第1章17節）とし、「人が義とされるのは律法によるのではなく、信仰によると考える」（第3章28節）とも述べている。ルターはこの「神の義」について熟考し、これが人間を罪人として裁く神の権限ではなく、自らにおいては罪人である他ない人間を義人とする神の恩寵であること、人間が神の恩寵を得るために必要なのは信仰のみであり、空しい善行や功徳、いわんや贖宥状の購入などではないことを認識したのである。「95か条の論題」の批判は、贖宥状だけでなく、カトリック教会の悔悛の秘蹟、さらには教会制度の根幹にかかわったから、ルターは激しい論争に直面した。とくに1519年6月のライプツィヒでの神学者ヨハン・エックとの討論では、相手の挑発に乗り、教皇の権威を否定した。これを受けて1520年6月に教皇が勅書『主よ、立ちて』を公布し、ルターに破門をもって自説の撤回を要求すると、ルターは12月10日にこの勅書を焼却してこれに応えた。

マルティン・ルター像：友人の画家ルーカス・クラーナハの工房で制作された50歳頃の肖像画（国立西洋美術館『ベルリン国立美術館展　学べるヨーロッパ美術の400年』国立西洋美術館／ＴＢＳテレビ、2012年、107頁）

　またこの年ルターは、のちに「宗教改革三大論文」と呼ばれることになる、『キリスト者の自由について』、『教会

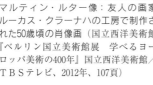

のバビロン捕囚について』、『キリスト教界の改善に関してドイツのキリスト教貴族に与える書』を相次いで出版し、義認論をはじめとする自らの神学を論じ、カトリック教会の信仰実践や制度を批判した。とくに最後の書物において彼は、聖職者身分を否定する万人祭司主義を唱えるとともに、キリスト教的真理を「聖書」のみに求めるべきことを主張した。これらの主張は、彼が教皇と公会議の権威を否定した必然的な結果である。またルターは——後に自ら結婚に踏み切って模範を示したように——聖職者の独身誓願を否定した。

1521年1月にローマ教皇庁が正式にルターを破門すると、神聖ローマ皇帝カール五世は4月、ヴォルムスの帝国議会にルターを呼び出し、自説の撤回を求めた。これに対しルターは、次のように返答した。

「聖書の証言か明白な根拠をもって服せしめられないならば、私は私が挙げた聖句に服し続けます。私の良心は神のことばにとらえられています。なぜなら私は教皇も公会議も信じないからです。それらがしばしば誤ったし、互いに矛盾していることは明白だからです。私は取り消すことは出来ませんし、取り消すつもりもありません。良心に反したことをするのは、確実なことでも得策なことでもないからです。神よ、私を助けたまえ。アーメン。」

宗教改革と民衆

宗教改革は当初、市民や農民などの民衆に支持された。彼らに宗教改革の思想を伝えたのは、小冊子やビラなどの安価な印刷物である。そこには彼らの理解を助けるために木版画の挿絵が付されてい

「神の水車」：キリスト、エラスムス、ルターらがパン＝聖書を生産している（森田安一『ルターの首引き猫　木版画で読む宗教改革』山川出版社、39頁）

た。たとえば、１５２１年にチューリヒで出版されたビラ「神の水車」では、パンの製造過程に擬えて、聖書の宗教的意義が解説されている。パンの製造は農民に馴染みの仕事である。また、聖書をパンに喩えることは、教会がキリストの最後の晩餐を受け継いで行っている聖餐を人々に連想させる。そしてその起源は聖書であって、聖書の教えこそが人を養い、生かすのだと主張している。

しかし、民衆は彼らが学んだ宗教改革の思想を社会的・政治的要求と結びつけるようになった。市民たちは、都市政府に宗教改革の導入と共和主義的な政治改革を求めて騒擾を引き起こした。また１５２４年には、「ドイツ農民戦争」と呼ばれる大農民一揆が勃発した。農民たちは、領主支配の不当性を宗教改革の理念によって根拠づけた。たとえば「シュヴァーベン農民の12か条」と呼ばれる農民の苦情書には、以下のように記されている。

「私たちが農奴と見なされるのが、これまでの慣習であったが、キリストが、私たちすべてを、羊飼いも最高者も同様に、何人の例外もなく、その高価な血を流して救済され、贖われたことを考えれば、これは悲しいことだ。それゆえ、私たちが自由であり、また自由であろうと望むのは、聖書に基づくことなのである。」

しかし当のルターはこの「12か条」に反論し、諸侯たちに「農民の殺人、強盗団」を殺すように要求した。フリードリヒ・エンゲルスを筆頭に、農民に対するルターの「裏切り」を批判する者は数多い。しかし、ルターが擁護した領主の「所有権」は近代市民社会の基本的原則の一つであり、彼の反応は「封建的」ではなく、「近代的」であったと論じる学者もいる。また近年では、晩年のルターがフルトリヒ・ツヴィングリやジャン・カルヴァンの弟子テオドール・ベーズなどと同様に、臣民の君主に対する抵抗権を擁護していたことが注目されており、ルターを保守的な「中世人」と見なすことには慎重でなければならない。

プロテスタントの誕生

ヴォルムスからの帰路の途中、ルターは覆面の騎士の一団に誘拐されたが、これはザクセン選帝侯フリードリヒが彼を保護するために取った策略であり、この後約1年間、ルターは彼のヴァルトブルク城に匿われた。ここで彼は、ギリシア語原典とラテン語訳（ウルガータ聖書）に基づく新約聖書のドイツ語訳を行った。

１５２６年のシュパイエル帝国議会は皇帝の臨席なしで開催され、ザクセン選帝侯ヨハンとヘッセン方伯フィリップに率いられたルター支持派の主導の下、ルターの追放などを命じたヴォルムス勅令（１５２１年）の履行は保留され、諸侯は「各人が神と皇帝陛下に対し責任が取れると判断し、確信するように、自らの判断で生活し、統治し、振る舞うべき」ことと決定された。１５２９年のシュパイエル帝国議会で皇帝がこの暫定措置を取り消すと、これに反対する5人の諸侯と14の帝国都市の代表者が「プロテスタティオ」、すなわち抗議書を提出した。これが「プロテスタント」の呼称の起源である。

こうしてドイツの一修道士によって開始され、民衆の共感を呼んだ宗教改革は、諸侯に担われることとなった。1530年のアウクスブルク帝国議会で、フィリップ・メランヒトンが起草したルター派の信条書、「アウクスブルク信仰告白」が提出、朗読された。しかし、皇帝がエックらカトリック神学者の反論を支持すると、問題の政治的解決の道は閉ざされ、武力衝突の危険が高まった。プロテスタント諸侯・都市はシュマルカルデン同盟を結成し、皇帝を相手とする戦争が1546年に勃発した。なおこの年は、ルターが死去した年でもある。戦争は皇帝の勝利に終わるが、この結果アウクスブルク帝国議会で結ばれた「仮信条協定」（カトリックの教義を保つ条件でプロテスタント式の聖餐と聖職者の妻帯をルター派に許すもの）がプロテスタント陣営の反発を招き、1552年に再度の戦争を引き起こした。この戦争に敗北した皇帝は、後事を弟のフェルディナント一世に託してスペインへと去った。

1555年にフェルディナントはアウクスブルクに帝国議会を招集し、「アウクスブルク宗教平和」が締結された。これによって、「一人の支配者のいるところ、一つの宗教」の原則に基づく、諸侯の宗教改革権が確立された。ルター派が公認され、諸侯はカトリックかルター派を選択する権利を与えられた。臣民は支配者の宗派に従うこととされたが、移住は認められた。また、独立した自治都市である帝国都市には、両宗派の併存が認められた。一方、ツヴィングリ派、カルヴァン派、再洗礼派など、ルター派以外の宗派は公認されなかった。

宗教改革の歴史的意義

アウクスブルク宗教平和が公会議ではなく帝国議会で締結されたことは、宗教問題についてドイツの自立性が高まったことを意味する。しかし同時に、宗教平和は帝国の宗派的分裂を確定した。このことが近代ドイツの国家統一の遅れをもたらした事実は否めない。しかし、1817年の宗教改革三百年祭、ドイツの自由と統一を呼びかけて500名の学生がヴァルトブルク城に集結した。このブルシェンシャフトの運動は、良くも悪くも、宗教改革の時代とドイツ近代の歴史の連続性を示している。また宗教改革は、ドイツ史のみならず世界史上の重大事件である。かつては宗教改革を近代化と関連づけて論ずるマックス・ヴェーバーのような研究が主流を占めていたが、現在では、宗教改革を、12世紀から18世紀に至るヨーロッパ世界の「キリスト教化」、つまり、思想・制度の確立にとどまらない、信徒の日常生活へのキリスト教の定着に向かう長期的な変化の一部として把握する研究も盛んである。ルターの「95か条の論題」の発表から500年、宗教改革の歴史的意義をめぐる議論はまだまだ尽きない。

（高津秀之）

コラム4

魔女裁判

魔女迫害は15世紀後半から18世紀にかけて生じた現象で、とくに16世紀後半から17世紀中盤にピークを迎えた。ヨーロッパ全体で4万人以上が犠牲となったが、その半分以上が現在のドイツ語圏の住民だったという。なぜドイツ語圏、神聖ローマ帝国が魔女迫害の中心地となったのだろうか。

意外なことかもしれないが、魔女とされた人々は迷信深い人々の私刑《リンチ》によって殺されたわけではなく、法律にのっとって処刑された。１５３２年に定められ、ドイツ初の近代刑事法と呼ばれる「カール五世刑事裁判令（カロリナ）」には、「何者かが魔術を用いて害をなした場合は火によって処刑する」と定められている。悪魔との契約、魔女集会、箒に乗った夜間飛行などはここでは触れられていない。「魔女」はあくまでも実際に害をもたらす刑事犯罪人だったのだ。

カロリナでは二人以上の目撃証人による一致した証言か、被疑者本人による自白が有罪判決のために必要な証拠とされた。しかし魔女のように目撃者があり得ない犯罪では、自白のみが有効な証拠となる。その自白を得るための手段として拷問が用いられることになったのだ。カロリナでは当時問題となっていた拷問の乱用を抑えるため、根拠のない拷問や、拷問の繰り返しなどが禁じられ、被告に対する誘導尋問の禁止、裁判関係者の守秘義務なども定められた。これに厳密に従うなら、魔女裁判で有罪を証明するのは極めて困難になっただろう。

カロリナがありながら、なぜ魔女裁判による膨大な犠牲者が生まれたのか。それは、カロリナが強制力を持たなかったことと、カロリナを運用する側の問題にあった。

カロリナは帝国法として成立したが、その前文には慣習法を尊重する旨明記されている。つまり、地域の裁判慣習を根本的に変える性格のものではなかったのだ。しかし、バイエルン、ザクセン、ファルツといった有力領邦では魔女迫害は小規模にとどまっている。地方で魔女迫害を行おうという機運が高まっても、中央当局が逮捕・拷問使用許可、判決の決定権を握っていたからだ。当局は厳密な法手続きを要求し、不十分な証拠による逮捕・拷問を許さなかった。

他方、中小領邦では16世紀に至っても村や都市共同体の自生的な裁判機構が裁判を担っていた。ここでは住民たちの魔女への不安がそのまま裁判の結果に反映された。戦争や飢饉など絶え間ない危機にさらされていた人々は、魔女さえいなくなれば状況が好転すると信じた。役人も参審人も、魔女を排除するためには多少強引な拷問も辞さなかったのだ。政治的不統一と中心的な政治権力の不在、その結果として法規範の不徹底が、無軌道な魔女裁判を許したと言える。

フリードリヒ・シュペーの像（2015年9月）
イエズス会士であったフリードリヒ・シュペーはトリーア市のイエズス会教会に眠る。著書『犯罪に対する警告』を手に、魔女の処刑の象徴であった薪の山を踏みつけ、不当な裁判を糾弾するかのような毅然としたまなざしを向けている。

逆に言えば、魔女裁判そのものはその規範が守られている限りでは正当なものと見なされていた。魔女犯罪について定めた法律が各国から姿を消すのは、イングランドで1736年、オーストリアで1787年、フランスで1791年というように、ようやく18世紀半ばを過ぎてからである。魔女、ひいては悪魔の存在はキリスト教の教義全体に関わることであるために、否定することは困難だった。1631年に魔女裁判の不当性を弾劾したフリードリヒ・シュペーの『犯罪に対する警告』も、裁判手続きの不正を非難したのであって、魔女そのものの実在には疑問を差し挟んではいない。手続き上の問題に的を絞るこの戦略は正しかった。世俗的問題として裁判手続きの適正化を要求するこの書物は広く読まれ、魔女裁判全体に対する懐疑的態度を醸成するのに大きく貢献したのである。

（小林繁子）

17 北方ルネサンスの展開
――印刷術とアルブレヒト・デューラー

ルネサンスと印刷術

15世紀末のマインツで、ヨハネス・グーテンベルクが、鉛鋳造の可動活字、油性印刷インキ、木製の平圧式印刷機といった一連の新技術からなる活版印刷術を考案した。彼と共同経営者たちはこの画期的な技術を独占しようとしたが、最初の印刷職人たちがマインツを離れるのに伴って、活版印刷術は都市外に普及していく。彼らの多くは言語的・習慣的に生活しやすいドイツのなかに新天地を求めたから、印刷文化の黎明期にドイツがヨーロッパの出版業の先進地域となるのは当然であった。１４８０年には、ケルン、アウクスブルクやニュルンベルクをはじめとする約30都市に印刷所がつくられ、15世紀末には52都市に増加した。

これより少し前、１４００年前後から、ドイツを含むヨーロッパの広範囲な地域で木版画の制作が始まった。さらに１４３０年頃になると、ライン川流域で銅版画が制作されるようになる。一枚刷りのビラや小冊子から聖書のような分厚い本まで、印刷書籍には挿絵が付き物であるから、印刷術の普及は版画生産を活性化させた。１５００年以降には鑑賞目的の一枚刷り版画も盛んに生産されるようになり、オリジナルの、あるいは名画の複製版画が部屋の壁を飾った。当時の印刷技術では、一枚の版から木版画なら500枚から1000枚、銅版画でも数百枚を刷ることができた。

同一の文書や画像を繰り返し、正確に、安価にかつ大量に生産・流通することを可能にする印刷術は、15世紀末にフィレンツェを中心とするイタリア都市で起こったルネサンスという文化運動を、ヨーロッパ全体に拡大させた。ドイツの「北方ルネサンス」をその一部とするルネサンスは、特定の地域や身分、さらには時代の枠さえ越えた、人々の活発な交流によって推し進められたが、印刷物の普及以前には、こうした交流の基盤となるメディアは存在しなかった。印刷術なくして北方ルネサンスはあり得なかったであろう。

デューラーとイタリア

アルブレヒト・デューラーは、1471年にニュルンベルクの金細工師の息子として生まれた。当時ニュルンベルクはドイツの印刷業の中心地であり、彼の代父はこの都市の印刷業者アントン・コーベルガーであった。こうした環境のためか、彼は早くから印刷術の可能性を認識し、やがては彼の版画作品によって、ドイツのみならずヨーロッパ中に名声を轟かすことになる。

14歳で地元の親方に弟子入りしたデューラーは、マルティン・ショーンガウアーなど、ネーデルラントの絵画的伝統に属する画家の影響を受けていた。しかし、1494年にライン地方での遍歴修行を終えて故郷に帰還した彼は、結婚したばかりの妻を残し、すぐにイタリアに旅立つ。彼をイタリアへと駆り立てたのは、故郷で手にした版画であった。イタリア・ルネサンスの巨匠たちの作品は、印刷術を通じて、アルプスを越えてドイツにも伝えられた。故郷でデューラーが模写した作品は、ギリシア・ローマの古典を主題としており、運動する登場人物の躍動感が表現されている。こうしたネーデルラント絵画にはないイタリア絵画の特徴に、彼は惹かれたのであろう。

銅版画『岐路に立つヘラクレス』（１４９８年）は、若きデューラーがいかに複製版イタリア絵画の恩恵を蒙っていたかを示している。画中の５人の人物像は、全てアントニオ・ポッライウォーロやアンドレア・マンテーニャなど、イタリア画家の作品からの借用——要するに「ぱくり」——である。デューラーは、イタリア人画家の版画から人物像を切り取り、随意に組み合わせて作品を制作していた。もっとも、背景の木々は、イタリア絵画にはない写実性を備えている。デューラーはウサギや蟹、菩提樹などの動植物を精密に描いた習作を残しているが、自然に対する強い関心は、北方ルネサンスの特徴である。やがてデューラーと同時代の画家アルブレヒト・アルトドルファーが人物像に従属しない自然像、あるいはむしろ、人物像を従属させる自然像を描きだし、「風景画」という新しいジャンルの可能性を切り拓くことになる。

デューラーの自画像：1500年制作。ここで作者は自らをキリストに擬えている（越宏一『ヨーロッパ美術史講義　デューラーの芸術』岩波書店、2012年、241頁）

デューラーの版画集『黙示録』（１４９８年）は、これまで文章の付属物であった挿絵を芸術にまで高めたとされる作品である。印刷された『黙示録』はイタリアにも伝えられ、同地におけるデューラーの名声を決定づけた。彼は１５０５年から１５０７年まで再びイタリアに滞在したが、ボローニャではローマ教皇ユリウス二世からローマへの招待を受け、フィレンツェではイタリア・ルネサンスの巨匠ラファエッロ・サンツィオに迎えられた。また彼は、ヴェネツィアから親友の人文主義者ヴィリバルト・ピルクハイマーに「私は当ヴェネツィアではもう紳士になったのですよ」と書き送っている。

しかし、名声には代償が付き物である。かつてデューラーはイタリア人の版画を模倣したが、今度は彼がイタリア人に版画を模倣される番であった。彼は親友宛の別の手紙のなかで、イタリア人「の多くは私の仇敵といってよく、手に入れることさえできれば、聖堂であれどこであれ、私の版画を模写するのです」と批判した。デューラーは、1505年に聖母の生涯を描いた連作版画を剽窃《ひょうせつ》したマルカントニオ・ライモンディを、ヴェネツィア政府に告訴した。世界最初の著作権訴訟である。また彼は、剽窃された作品を含む版画集『聖母伝』（1511年）の最終頁に、複製を禁止する注意書きを記した。なお、ライモンディは後にローマでラファエッロの作品の複製版画を手掛けた。ラファエッロは自らの芸術を広く普及させる目的で、ライモンディの仕事に協力した。デューラーとラファエッロの態度は正反対であるが、彼らはともに、彼らの創造したイメージを広範囲かつ不特定多数の人々に発信できる印刷術の力を、高く評価していたのである。

デューラーと人文主義

印刷術を通じてデューラーが学んだのは、絵画イメージだけではない。ピルクハイマーを友とする彼は、当時の画家としては並々ならぬ人文主義的教養の持ち主であった。

彼の作品には、古典古代や同時代の書物の影響が読み取れる。銅版画『騎士と死と悪魔』（1513年）は、人文主義者デジデリウス・エラスムスの著作『キリスト教の兵士の提要』にインスピレーションを得た作品である。また、西洋版画史上の最高傑作とも評される『メレンコリアⅠ』（1514年）は謎に満ちた作品であるが、マルシリオ・フィチーノの『三重の生について』やコルネリウス・アグリッパの『隠秘哲学』、さらにはプラトンの対話編『ヒッピアス（大）』の影響が指摘されている。

さらにデューラーは28歳のとき、1500年に描いた自画像で、自分をイエス・キリストに模している。ルネサンス期に盛んに描かれた自画像は、「汝自身を知れ」という哲学者ソクラテスに由来するルネサンス的な自意識の所産であるが、キリストの模倣もこうした自意識の強さの表れかもしれない。もっとも、これは同時に、彼の敬虔な信仰心の発露でもある。キリストの生き様を模倣すべきことを説いたトマス・ア・ケンピスの『キリストのまねび』は、ニュルンベルクでも出版されていた。いずれにせよ、印刷書籍がもたらした知識なしに、デューラーの傑作が描かれることはなかったことになる。

木版画の凱旋門

デューラーは1515年から1519年にかけて、『皇帝マクシミリアン一世の凱旋門』と『皇帝マクシミリアン一世の凱旋行進』の制作に携わった。古代ローマ皇帝たちの凱旋式の伝統に依拠しながら、これを現実の世界ではなく、印刷物の世界で挙行しようとしたのである。実際の凱旋式は一度限りの見世物であり、居合わせる観客の数も限定的である。これに対し、印刷された凱旋式は、現実的な諸制約に縛られることなく想像力の赴くままに表現され、時を越えて世界中の人々に伝えられるであろう。正に印刷術の時代に相応しいこの一大イヴェントは、皇帝の死によって中途で放棄された。

『皇帝マクシミリアン1世の凱旋門』1515年制作。縦横約3メートルに及ぶ大きな紙製のモニュメントである（越宏一『ヨーロッパ美術史講義　デューラーの芸術』岩波書店、2012年、193頁）

しかし、制作された版画作品は後世に伝えられた。なかでも「凱旋門」は、49枚の木版画を貼り合せた縦横約３メートルに及ぶ壮大な紙製のモニュメントである。

宗教改革と北方ルネサンス

１５１７年にマルティン・ルターが「95か条の論題」を発表すると、デューラー、そしてルーカス・クラーナハやハンス・ホルバインなどの画家がルターを支持した。とくにクラーナハは、ルターと同じヴィッテンベルクで活動し、ルターの肖像画を描き、彼のドイツ語訳聖書に木版画の挿絵を付した。また、印刷術が宗教改革思想の伝播に果たした役割については、第16章「宗教改革」で論じた。

しかし、宗教改革者たちが教会に飾られた聖画像を偶像であると非難したため、礼拝やミサに利用されてきた彼らの絵画や彫刻が、教会から持ち出されて破壊され、焼却される事件が頻発した。いわゆる聖像破壊運動である。デューラーは、絵画表現の基礎となる数学や幾何学を論じた著作『測定法教則』（１５２５年）の献辞文で、「我々や我々の時代では、絵画芸術はあらゆる人々から非常に蔑視されて、偶像崇拝に使われているものとして排斥されている」と嘆いている。宗教改革を導入した都市で、政府が失職した聖画像の画家や彫刻家に生活の保護を与えたという事例もある。宗教改革によって、ドイツの北方ルネサンスは大きな転換点を迎えたのである。

（高津秀之）

コラム
5

ルドルフのプラハ
——ドイツとベーメン

　きっとどこかで一度は目にしたことがあるのではないだろうか、果物や野菜で構成された奇妙な人の顔を。奇想の画家アルチンボルドに公式依頼されたというこの肖像画の主の名は、ルドルフ。彼は神聖ローマ帝国の皇帝（１５７６～１６１２）であり、オーストリア・ハプスブルク家の家長であった。アルチンボルドのような画家だけではなく、天文学者ブラーエやケプラー、さらにはケリーやディーといったいささか怪しげな錬金術師もルドルフの宮廷に惹きよせられていたことは名高い。しかし、彼らの集った宮廷はハプスブルク家の本拠地ウィーンではなく、チェコ（ベーメン）王国の首都プラハであった。なぜか？

ジュゼッペ・アルチンボルド『ウェルトゥムヌスに扮するルドルフ二世』(1590～91)

　14世紀以降、ドイツの東側に位置するチェコ、ハンガリー、ポーランド、さらに東のリトアニアでは、ルクセンブルク家やヤギェウォ家の下に同君連合が立ち現われては解消し、そしてまた新たな組み合わせが模索された。１５２６年にモハーチの戦いでヤギェウォ家のラヨシュ二世／ルドヴィークが戦死したことを受け、義兄フェルディナンド一世が彼の地位を継承する。ここにハプスブルク家は本領オーストリアに加えて、ハンガリーとチェコも支配するようになった。ルドルフは祖父フェルディナンド、父マクシミリアン二世から両国の王位を受け継いでいたため、プラハに宮廷を持つこと自体は何の不思議もない。とはいえ、フェルディナンド一世もマクシミリアン二世も、ウィーンを離れてプラハに「恒常的な」宮廷

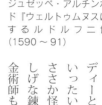

をかまえるようなことはしなかった。馬上で統治し、宮廷自体が巡回していた中世とは異なり、14世紀からドイツでも領邦レベルで首都の形成がすすめられていったが、ハプスブルク家は伝統的にウィーンの整備にこそ力を注いできたからである。

ルドルフが1583年にプラハへ遷都したのは、宗教改革に代表される帝国の政治的難題に向き合う気力と能力がなく、愛好する錬金術の世界に没頭したかったからだ、という政治的無能ゆえの引きこもり説がかつては主流だった。確かに、プラハでのルドルフは芸術家や科学者に取り巻かれていた。また、オーストリア諸邦のカトリック勢力と連携しながらルドルフの家父長権に挑んでくる、弟マティアスや従弟フェルディナンドとの不和に嫌気がさしていたことも事実であろう。しかし、1970年代から政治家ルドルフの再評価もすすみ、迫りくるオスマン・トルコの脅威やフス派の伝統を今なお残すチェコ領邦議会への対策といった、現実的な意義のあったことも指摘されている。チェコ王冠は選帝侯位とも結びついており、ハプスブルク家としては失うわけにはいかない重要なポストであった。

ルドルフの遷都により、プラハはカール四世時代以来、2世紀ぶりに帝国内での中心性を回復した。多種多様な人材を誘引したコスモポリタン的な性格とともに、宗教的な情熱も。そしてまた、帝国の分権主義を強めたことも、その当時と軌を一にしていたとは言えまいか。カリスマ性と柔軟性をもち一流の芸術家たちを魅了したカールの死後、遺された人々は妥協を知らない自己主張へと走り、フス派戦争へ至った。ルドルフの死後には三十年戦争が起こり、カトリック軍に完敗したチェコ領邦議会は、ハプスブルク家の膝下に組み込まれる。この後、プラハが帝国政治の中心舞台となることは二度となく、選帝侯たるチェコ王がチェコ独自の存在感を発揮することもなかった。チェコは20世紀に至るまで長らく、ハプスブルク家領における三番手に甘んじることになる。（**藤井真生**）

18 三十年戦争
――戦争の世紀のハイライト

17世紀は戦争の世紀である。宗教改革はヨーロッパ全体に激震をもたらし、ドイツは慢性的な戦争状態に陥った。とりわけ１６１８～１６４８年にはドイツを主戦場に、複数の戦争が断続的に行われた。いわゆる三十年戦争である。

ベーメン・ファルツ戦争（１６１８～１６２３年）

三十年戦争の口火はベーメンで切られた。１６１７年にベーメン王の座についたハプスブルク家のフェルディナントは、イエズス会の薫陶を受けた熱烈なカトリック教徒であった。彼はプロテスタントの教会建設を厳しく弾圧し、これに抗議したプロテスタント貴族のグループがプラハ城に押し入り二名の皇帝代官を窓から放り出す。１６１８年5月、有名な「プラハ窓外放擲事件」である。ベーメン貴族はフェルディナントのベーメン王廃位を宣言し、23歳の若きファルツ選帝侯フリードリヒを担ぎ出した。彼はイングランド国王ジェームズ一世の娘婿でありネーデルラントのオラニエ公やスウェーデン王家とも親戚関係にあったため、西欧のプロテスタント陣営がそろって彼の後ろ盾となることが期待されたのである。

しかしフリードリヒの予想に反して、オラニエ公を除きイングランド、スウェーデンはおろか、ドイツの新教諸侯さえもベーメン反乱に加担しなかった。一方、ベーメン王を罷免されたものの新皇帝に選出されたフェルディナント二世は、バイエルン公を中心としたカトリック連盟《リーガ》とスペインの後援を得て１６２０年11月、ベーメン貴族軍をプラハ郊外で粉砕した。さらに１６２１年の秋、カトリック連盟《リーガ》とスペイン軍はファルツ地方を占領し、１６２３年にはバイエルン公がファルツの領土ばかりか選帝侯位という国制上きわめて重要な地位を手に入れることになった。スペインは南ドイツからネーデルラントに向けた街道を確保、ベーメンは再カトリック化された。これはカトリック側の一方的な勝利であった。

ニーダーザクセン・デンマーク戦争（１６２５～１６２９年）

カトリック勢力の急激な伸長に危機感を抱いたのは、北ドイツ・ホルシュタインの領主でもあったデンマーク王クリスティアン四世であった。彼はプロテスタントの守護者を自任し、１６２５年に南に向かって進軍を開始する。その後ろ盾にはイングランドとネーデルラント、そして北ドイツ諸侯がいた。この同盟をお膳立てしたのは宿敵ハプスブルクの強大化を警戒するフランスの宰相リシュリューである。カトリックであるフランスがプロテスタントを支援する。このことは、これが宗教戦争ではなくヨーロッパの主導権を争う政治的な戦争であったことを如実に示している。

しかしこの進撃もカトリック陣営に阻まれる。１６２６年、ルッターの戦いで皇帝軍がデンマーク軍を撃破する一方、別個に北進した皇帝の傭兵隊長ヴァレンシュタインはユトランド半島に迫った。

1629年、ヴァレンシュタインはデンマークと講和条約を結び、ここに皇帝権力は絶頂を迎える。フェルディナント二世は同年「復旧勅令」を発し、帝国における反宗教改革を強引に推し進めた。これは、皇帝と帝国諸侯とのバランスの上に成り立っていた帝国の仕組みを、皇帝優位に一気に傾かせるものだった。

マクデブルク陥落を伝える銅版画（ダニエル・マナッサー作、1632年）
1631年のマクデブルク陥落は三十年戦争を通じて最も悲惨な出来事の一つであった。「マリアの都市」を意味するマクデブルクが傭兵たちによって蹂躙されたことを、当時の年代記は皮肉を込めて「マクデブルクの結婚式」と呼んだ。

スウェーデン戦争（1630～1635年）

この急激な皇帝の権力強化は、これまで皇帝側についていた帝国諸侯たちにも自らの地位が脅かされるという疑念を与え始めた。カトリック側内部の亀裂が深まるなか、スウェーデン国王グスタフ・アドルフが参戦する。彼が新教勢力の結集に奔走する間に、1631年5月、半年にわたる包囲の末、2万人以上の皇帝軍がルター派の中心的都市マクデブルクへとなだれ込んだ。街は殺戮と略奪の舞台となり、街路は死体で埋め尽くされ、3万人の住民のうち生き残ったのは5千人に過ぎなかったという。この凄惨なニュースは各地を駆け巡った。スウェーデンはこれを戦争に倦んでいたプロテスタント諸侯を糾合する機会と捉え、カトリック陣営への対抗を呼びかけた。ブランデンブルク・ザクセンの両選帝侯もここにスウェーデンとの協力・同盟を決意し、勢いに乗ったグスタフ・アドルフはブライテンフェルトの戦いでついに皇帝軍を破った。プロテスタント陣営にとって初の大勝利であった。

初めての大敗とスウェーデン軍の快進撃に追い詰められた皇帝は、一度隠遁させていたヴァレンシュタインを再び前線に呼び戻した。決定的な会戦のないまま冬を迎えようとしていた１６３２年11月、冬営に入ったヴァレンシュタイン軍を不意打ちする形でリュッツェンの戦いが始まった。混戦の中でグスタフ・アドルフは戦死するが、からくもスウェーデン軍が勝利する。ヴァレンシュタインはベーメンに引き上げ、翌１６３３年には軍事行動を全く起こしていない。そのことから再び皇帝や宮廷から裏切りの嫌疑を受け、ついには部下の手により暗殺される。他方で国王を失ったスウェーデン軍はドイツに駐留を続けていたが、１６３４年ネルトリンゲンで大敗を喫した。スウェーデンと結んでいたザクセン選帝侯は皇帝側と和平を結ぶに至る。

スウェーデン・フランス戦争（１６３５〜１６４８年）

もはやスウェーデン単独ではスペイン・皇帝連合軍には太刀打ちできなくなった。スウェーデンがドイツ南部から北部へと後退したことで、フランスの領土はハプスブルク勢力の前に開かれていた。１６３５年、フランスはついにスペインに国運を賭けて宣戦布告する。それはフランスが皇帝軍とも敵対関係に入ることを自ずと意味した。フランドル、プロヴァンス、ライン地方、アルプスやピレネー地方も戦場となった。１６３６年の８月にはスペイン軍がパリの北70キロメートルに迫ったが、フランス軍には多くの志願兵が集まり、スペイン・ハプスブルク皇帝軍をからくも撃退する。この後、戦線が分散し決定的な会戦は行われないまま戦争状態は漫然と続いた。リシュリューはポルトガルの独立運動やカタルーニャ反乱へ資金と武器を提供し、ドイツの戦争に参加するだけの余裕をスペインに与えなかった。しかし資金不足・人員不足・国土の壊滅的な荒廃に直面し、皇帝も戦争を遂行するだけの体力と求心力を失いつつあるにもかかわらず、決定的な契機がないまま、戦争の完全終結は1648年を待たねばならなかったのである。

三十年戦争の被害

三十年戦争の悲惨さを決定づけたのは傭兵による略奪行為だった。どの君主も、兵士たちに継続的に俸給と装備を与え、糧食を補給するほどの財源を持たなかったためである。ヴァレンシュタイン自身が傭兵たちを「武装した物乞い」と呼んだように、規則的な俸給も補給もなかった当時の軍隊は、略奪によって存立していたのである。敵地での略奪は相手の補給線に打撃を加える意味もある。「糧秣徴発といえば聞こえがいいが……周りの村に押しかけ、打穀したり粉挽をしたりパン焼きをしたり、手に触れるものを片端から失敬し奪い取り、百姓たちを痛めつけ、往生させ、女中や女房や娘を手込めにする」のであった（グリンメルスハウゼン『阿呆物語』）。さらに、傷病兵は軍からの保護はほとんど受けられず、軍隊から見放された彼らとその家族は徒党を組んで農村や軍隊から略奪・窃盗を行うことによって生き延びていた。こうして傭兵による過酷な略奪は日常になったのである。

一体この未曾有の戦争の被害は実際どのようなものだったのだろうか。30年の間ドイツ全土が一様に蹂躙され続けたわけではなく、地域的な差異は大きかった。たとえばハンブルクは戦争に参加していたほぼすべての勢力を相手に活発な商取引を行った。都市は堅牢に要塞化されていたし、ここを侵略によって荒廃させ、物資の供給元をむざむざ失うことはどの陣営にとっても上策ではなかった。この戦争中にハンブルクは着実に成長を遂げ、人口は5割ほど増加、資産に応じて課せられる税収は戦争初期に比べて倍増したという。またニーダーザクセンや講和会議の地に選ばれたヴェストファーレンでも、被害は比較的軽微であった。

しかし、全体に目を向けるとやはり悲惨な光景が見えてくる。ドイツの歴史家ゲオルグ・シュミットによれば、１６００年頃ドイツは少なくとも約１５００～１７００万人の人口を擁していた。それが、１６５０年には１０００～１３００万人と、20～45％減少している。西南ドイツのヴュルテンベルクのように人口の57％を失った地域もあった。最も被害が大きかったのは、当然のことながら軍隊が駐留した地域であった。大きな河川に面して戦略上重要な地域、また市壁で守られていない農村地域は傭兵たちの略奪の格好の餌食となった。直接略奪の被害を免れた都市も、戦火を逃れた人々や家を焼き払われた周辺農民を収容しなければならず、都市内の人口稠密は疫病も引き起こした。人や家畜が失われた土地は耕作されることもなく、慢性的な乳製品・穀物の不足を生むこととなり、上がり続ける税による圧迫、物流の阻害による経済の停滞、物価の上昇に苦しめられたという。人口減少は当然需要も引き下げ、価格上昇の停滞は農業復興を妨げた。戦争のあとの経済の復興が極めて緩やかだったことを鑑みても、戦争の代償は極めて大きなものとなったと言えるだろう。

（小林繁子）

19 ウェストファリア条約
――「帝国の死亡証明書」？

ヴェストファーレン地方のミュンスターは、現在人口30万人ほどの中規模都市である。この街を訪れる人は、そのゴシック様式の市庁舎とそのなかの「平和の間」にも足を運ぶことだろう。神聖ローマ皇帝フェルディナント三世、フランス王ルイ十四世、スペイン王フェリペ四世をはじめとして、講和条約の交渉に関わった君主やその使節たちの肖像が壁二面を埋め尽くしている。

ヴェストファーレン地方の二都市、ミュンスターとオスナブリュックで行われた講和会議によって、ヨーロッパ中を巻き込んだ戦争に終止符が打たれた。ヴェストファーレンの英語名から、通称「ウェストファリア条約」と呼ばれる。

和平への遠い道のり

三十年戦争の後半、フランスの参戦により事態は混迷していた。帝国の荒廃がますます深刻になった１６４１年のクリスマス、神聖ローマ皇帝もついに妥協を余儀なくされた。スウェーデン・フランスとの和平交渉を開始することがようやく決まったのである。カトリック陣営の使節とその従者、商人・楽師・道化・酌婦等、約１万人の来訪が予想される国際会議の舞台には、戦争被害を比較的免れ

ミュンスターの市庁舎「平和の間」（長谷川恵氏撮影、2015年10月）
ミュンスター市庁舎のホールは条約調印を記念して「平和の間」と名付けられた。シックな木製彫刻で飾られたホールの南と西側の壁に、39枚の肖像が掲げられている。

ていたカトリック都市ミュンスターが選ばれた。より小規模なプロテスタント陣営との会議は、新教都市オスナブリュックで開かれることになった。

しかし、そこにはまだ障壁が残されていた。交渉を行う条件として、すべての帝国議会への出席資格者（帝国等族）が交渉に加わることを新教側およびフランスが要求していたのに対し、皇帝は弱小帝国等族を招集することに難色を示していたのである。こと外国を相手にするに際しては、皇帝のみが帝国の利害を代表することにこだわった。そして皇帝の意に反してまで使節を両都市に送ろうとする者もまたいなかった。こうして交渉はさらに遠ざかり、3年余が経過する。

1645年、戦局はますますスウェーデン・フランスに有利に傾いていた。皇帝はついにすべての帝国等族を交渉のテーブルに招くことを決意する。皇帝側全権大使として、トラウトマンスドルフ伯マクシミリアンがミュンスターに到着したのはその年の11月末であった。4代にわたって皇帝に仕え、当時は枢密院の長を務めた老獪な人物である。トラウトマンスドルフ伯が到着早々に取り掛かったのは、スウェーデンとフランスとの合意形成である。もはや皇帝にとっては戦争が長引くほど状況は不利になる。可及的速やかな戦争終結こそが彼の任務であった。

ところが交渉は難航した。フランスはじめ諸国王の名代、イタリアやネーデルラントの諸共和国、都市、諸侯など148名の使節がそれぞれの従者団を伴ってミュンスターに滞在する。多くの利害が幾重にも錯綜するのだから、スムーズには行かないのはむしろ必然だっただろう。さらに、交渉使節は決定に際して君主の意向を確認する必要があったため、都度本国へ急使を飛ばすことになる。たとえば何かの決断を下すためにスペイン本国の意向を伺い、使節がその答えを持って返ってくるまで、少なくとも2か月を要した。同様に、オスナブリュックからストックホルムまでは片道20日、ミュンスターからパリまで10日ほどの距離がある。皇帝の全権を得たトラウトマンスドルフ伯が相当の譲歩の構えを見せていたにもかかわらず、ミュンスターとオスナブリュックで条約締結に至るまでに、さらに3年の月日が流れることになったのである。ミュンスターの祝砲が戦争の終結を知らせたのは、1648年10月24日のことであった。

欧州国際関係と神聖ローマ帝国

さて、紆余曲折の末に合意に達したウェストファリア条約の内容はいかなるものであったのか。そこには大きく二つの側面がある。一つは神聖ローマ帝国が皇帝を中心とする中央集権国家から決定的に遠ざかったということ、もう一つは結果的にヨーロッパの国際関係における勢力均衡をもたらしたということである。

領土の変更としては、ネーデルラントはスペインから、スイスは帝国からついに正式に分離した。フランスはメッツ・トゥール・ヴェルダンの三つの司教領に加え、アルザス地方をはじめとする領土を獲得する。ここはその後、近現代史を通じて続く独仏係争の地となった。一方、スウェーデンはオーデル河口地域などを得てバルト海を掌中に収め、北方の軍事大国として大陸への橋頭堡を築いた。その一方で、ブランデンブルク選帝侯はスウェーデンに豊かな西ポメルンを譲る代わりにマクデブルク大司教領・ミンデン司教領などを得て、やがてブランデンブルク＝プロイセンとして台頭するのである。

帝国の諸領邦は、独自に裁判を行い、関税を設定し、領域内で徴税を行うなど、これまで行使してきた諸権利を改めて認められた。さらに、帝国と皇帝に反しない限りで、相互に外国と同盟を結ぶ権利も承認された。一見すれば、帝国の領邦はいわゆる主権を備えた一国家としての自立を達成したかに思われる。しかし、実のところ事態はもう少し複雑なのである。イギリスの近世史家ウィルスンによれば、諸侯は「政治的二面性」を持っていたという。領邦内では君主として領内の支配を独占し中央集権を目指す一方で、領邦外においては皇帝による中央集権化に対抗し、帝国議会や帝国最高法院などの制度の維持・強化に努めた。領邦国家は帝国からの完全な分離・独立を目指すという発想を持たず、むしろ帝国という仕組みを維持することで、自らの領土を政治的に統合することができたのだ。神聖ローマ帝国内の３５５の諸領邦は他のヨーロッパ諸国とほとんど変わらない地位を獲得したが、これを現在の意味での主権国家と捉えるなら、神聖ローマ帝国と領邦国家の性格を誤解することになる。帝国と領邦との関係は対立関係と言うよりは相互補完関係にあったと言えるだろう。

同時に帝国を諸領邦分立の状態に保ちハプスブルクの勢力を抑制することは、フランスとスウェーデンにとっても望ましいことだった。帝国内の諸侯が皇帝に対して自立的であることは、自国にとって防波堤の役目を果たすことになる。こうして帝国内部の制度が国際的な協定と結びつき、周辺国の勢力均衡を保証することになったのである。

そもそも戦争の発端となった宗教問題も、ウェストファリア条約で決着を見るに至った。「領主の宗教がその土地の宗教を決める」というアウクスブルク宗教和議の決定はそのままに、カトリックとルター派に加えてカルヴァン派も公式な宗派として認められた。さらに１６２４年を基準の年として、それぞれの領域がいずれの宗派に属するのかが決まり、それ以降の宗教紛争が防止されることになった。画期的だったのは、帝国内で宗派同権が定められたことだろう。１６４８年以降も帝国議会では依然としてカトリックが多数派を占めた。そこで今後帝国議会で宗教問題を扱う際には、投票による多数決ではなくカトリック・プロテスタントがそれぞれ分かれて個別に協議し、最終的には両者の意見が一致するよう妥協点が探られるようになったのである。このシステムは帝国議会のみならず、のちに帝国最高法院にも導入された。１６４８年以降の帝国は、同意と妥協の上に成り立つ組織として平和維持を目指したのである。ローマ教皇はプロテスタントとカトリックの共存を決めた同条約に対し無効を宣言したが、各国は反応しなかった。政治的判断が宗教的価値観に優先されるようになったことも、一つの画期と言えるだろう。

ドイツ史におけるウェストファリア条約の意義

ウェストファリア条約の評価は多面的である。戦乱に倦んだ同時代人には平和をもたらす福音として歓迎されたし、17・18世紀には領邦の自立性と信仰の自由を大幅に認めるものとして高く評価されてきた。しかし一転して19世紀的な国民国家の観点からは、ドイツの分裂を決定づけた「国民的不幸」とされたのである。この見方は、基本的には20世紀まで引き継がれた。ウェストファリア条約に「帝国の死亡証明書」という有名な二つ名を与えたのも、1923年に出版された歴史概説書であるという。ナチ体制期には三十年戦争とウェストファリア条約はドイツ民族の受難の象徴であり、その「どん底」からプロイセンにより統一を回復し、ビスマルクを経てヒトラーにより頂点に達する、ドイツ国家の偉業の歴史のなかに位置づけられたのである。他方で国際法史では、この条約は主権国家の併存に基づく国際システムの誕生として、近代の出発点であると見なされてきた。

今日的な国民国家・主権国家とは異なる領邦国家と帝国のあり方を見れば、それを近代の出発点とすぐに結論づけることはできない。しかしそれが「帝国の死亡証明書」ではなかったことも明らかであろう。この条約は帝国の安定を実現させ、またその帝国の存続が欧州の安定にもつながったのである。

（小林繁子）

20 ハプスブルクのオーストリア
――「神の恩寵による」複合君主政国家

中世のハプスブルク家

ハプスブルク家と言えば、多くの人がオーストリアそしてウィーンとの関係を想起するだろう。しかし同家は、現在ドイツ、フランス、スイスの三国が国境を接する、ライン上流域の出身である。11世紀前半、彼らはチューリッヒ北西の丘陵地に支配の拠点となる堅牢な城郭を築いたが、この城の名は「ハビヒツブルク」から「ハプスブルク」へと変遷し、一族の名の由来となった。

13世紀後半、ハプスブルク家は、西南ドイツの雄として一目置かれる存在となっていた。いわゆる「大空位時代」に終止符を打つかたちで、時の当主ルードルフがドイツ王に選ばれたのは、この時期のことである（1273年）。皇帝に即位する夢こそ果たせなかったが、ルードルフはシュタウフェン朝の後継者という意識を強く持って王威の回復に努め、老練な政治手腕により難敵ボヘミア王オトカル二世を退けた。そして無主の地となっていたオーストリアを息子たちに授封し（1282年）、ハプスブルク家の「始祖」と見なされるにふさわしい功績を残した。

もっともオーストリアは976年以降、1246年に断絶するまでバーベンベルク家の支配下にあり、独自の歴史を築いていた。さらに、小なりとはいえ現在も「一国一城」の主であるリヒテンシュタイン家などの有力な在地勢力が、「諸身分（等族）」と呼ばれる政治集団を形成し、統治に参与する慣習を生み出しつつあった。このためハプスブルク家は、彼ら「諸身分」との共治体制を築きオーストリアで地歩を固めるまでに、一世紀以上を費やすこととなる。一方この時期、ハプスブルク家は（今日の）スイスにおいて在地勢力との協調に失敗してその離反を招き、ライン上流域の支配圏を多く失った。

15世紀半ば以降、ハプスブルク家は一時後退していた帝国政治の表舞台に返り咲いたばかりか、ヨーロッパの覇権を窺うまでの発展を遂げた。同家で初めて帝位に就いたフリードリヒ三世は、これまで凡愚とされてきたが、近年はあえて隠忍自重に徹したしたたかな人物として再評価されつつある。その息子のマクシミリアン一世（１４５９〜１５１９年）は行動力に富み、ブルゴーニュ公女との結婚を契機として西欧に進出すると、フランスと激しく争いつつ勢力を広げ、ハプスブルク家をヨーロッパ屈指の有力勢力に成長させた。

マクシミリアンが子どもたちを通じてスペイン、孫たちを通じてチェコ・ハンガリーとの間に築いた姻戚関係は、結果としてこれらの国々の支配権をハプスブルク家にもたらした。ここからハプスブルク家が「汝オーストリアよ、結婚せよ」という家訓を掲げ、婚姻政策により勢力拡大を図った、という俗説が生まれることとなる。しかし、これは端的に言って誤りである。ハプスブルク家の婚姻政策は、古今東西あまた実施されてきたものと異ならない。マクシミリアン期の成果は、相手方の（男系）断絶という偶然に始まり、内外の複雑な政情が絡み合うなかで生じた、一回性の出来事であった。

近世のハプスブルク家

マクシミリアンの孫にして後継者であるカール五世（1500〜1558年）の支配領域は、スペインと中東欧を中心として中南米から東南アジアにまで及び、「太陽の沈まない帝国」と形容された。この力を背景に、カールは世界の覇者という伝統的な皇帝理念を追求して精力的に活動した。彼がしばしば「最後の皇帝」と呼ばれる所以である。しかし、西でフランス、東でオスマン帝国と戦い、神聖ローマ帝国および支配下の諸国・諸地域では在地勢力との抗争に明け暮れ、さらには宗教改革の勃発によるキリスト教世界の分裂という事態に直面して、その世界帝国建設の夢は潰えた。

カールの退位後、スペインとその植民地は息子フェリペ、中東欧は弟フェルディナントが相続し、ハプスブルク君主国は二つに分かれた。この両系は微妙な対抗心を抱きつつも、「神の恩寵により」カトリック・キリスト教世界の護持に特別な責任を負っているという王権神授的な信仰心（「ピエタース・アウストリアカ」）を共有して連帯し、ハプスブルク家の覇権下に普遍主義的秩序を打ち立てようと、ヨーロッパ中で抗争を繰り広げた。

しかしこの夢は、三十年戦争（1618〜1648年）の結果、頓挫することとなる。「ハプスブルク家にはするべきことがあまりにも多すぎ、戦うべき敵が多すぎ、守るべき戦線が広すぎた」（ポール・ケネディ）のであった。しかしその一方、（オーストリア系）ハプスブルク家は、この戦争を通じて国内の敵対勢力を打倒し、政教両面でその基盤を固めた。

三十年戦争後、相互の尊重と不干渉を基調としてヨーロッパに徐々に生成し始めた主権国家体制の下、ハプスブルク君主国は列強の一角として再出発した。スペインはオランダの独立を許すなど、17

世紀を通じて低落した。その系統は近親婚を繰り返したことも一因となり、1700年に断絶するに至る。スペイン継承戦争（1701～1713年）の結果、王位はブルボン家に渡り、ハプスブルク家のスペイン支配は200年弱で幕を閉じた。

一方、中東欧におけるハプスブルク家の復権は著しかった。第二次ウィーン包囲（1683年）の危機を凌いだあとには、これまで歯が立たなかったオスマン帝国を相手に戦勝を重ね、17世紀末までにハンガリーの大半を支配下においた。さらにルイ十四世期のフランスとの抗争では、スペインの継承にこそ失敗したものの、ドイツ西部への再三の侵攻を撃退した。軍事上の必要から行財政を整備して「財政軍事国家」化を進めつつ、ハプスブルク君主国は名将プリンツ・オイゲンを擁して多くの戦果をあげ、三十年戦争で失墜した帝威の回復に成功した。

ただしこの国家は、君主が強大な権力を行使して集権的に統治する「絶対主義」国家ではなく、君主の主権下に従来の地域的・権力的多様性が半ば国制化して尊重される「複合君主政」国家であった。この特質が強く現れたカール六世（1685～1740年）の時代には、家領の永久不分割と男系断絶時の女子継承を骨子とする「国事詔書」が承認され、国の基礎が固まった。神の栄光とハプスブルク家への「王朝敬愛心」を一体化させたモチーフを内包するバロック文化が各地で華麗に花開くなか、ウィーンは音楽の都として発展し始めた。

啓蒙改革期

カール六世が男子なくして没すると、「国事詔書」は期待された効力を発揮できず、新興国プロイ

戯画「ヨーロッパ諸列強が大ドイツの間で催した祝典舞踏会」（1742年頃、作者不明）。中央のペアはマリア・テレジアとフリードリヒ二世、周囲の人物は列強の指導者たち。
出　典：Friedrich der Grosse, *Die Werke Friedrichs des Grossen in deutscher Übersetzung: 2. Geschichte meiner Zeit*. Hrsg. Gustav Berthold Volz (Berlin 1913).

センを初めとする列強の侵略によってオーストリア継承戦争（1740〜1748年）が勃発した（図）。しかし、新君主マリア・テレジア（1717〜1780年）は君主教育も統治経験も欠きながら、卓越した政治力と国内諸勢力との協働、そして英蘭の支援などにより、シレジア（シュレージエン）こそ失ったものの、この未曾有の国難を乗り切った。続く七年戦争（1756〜1763年）において、ハプスブルク君主国は長年の宿敵フランスと同盟するなどしてプロイセンの打倒を図ったが果たせず、列強の一角たる地位を占めるに至ったこの国と、以後一世紀余にわたってドイツの覇権をめぐり争うこととなる。

事実上の「女帝」となったマリア・テレジアは、「複合君主政」を是認し広量な姿勢で人心をつかむボトムアップ型の統治を展開して、有為の人材を集めると同時に育成し、国政を大きく刷新した。ただ一方、彼女の統治は依然として「ピエタース・アウストリアカ」に依拠した温情的権威主義《パターナリズム》を基調としており、自由・平等・民主といった近代市民社会の規範的理念には背を向けていた。「お上」による臣民の教化善導を当然視するその統治観は、「何事も人民のために、何事も人民によらず」という言葉によく表現されている。

この啓蒙改革路線は、ヨーゼフ二世の（単独）統治期（1780〜1790年）に、さらに強く推進された。しかし、専制を最良とするトップダウン型の統治者であったヨーゼフは、性急かつ高圧的に一元化・集権化を目指したため、結果として多くの敵と障害を作り出してしまい失敗した。後を継いだ弟のレーオポルト二世は、社会契約説を信奉する立憲主義者という異色の君主で、トスカーナの統治者として多くの功績を残したほか、兄帝ヨーゼフ没後の混乱を手際よく収拾して、卓抜な政治手腕を発揮した。しかし、このレーオポルトが在位2年にして早世した後、激動の時代に対応できる器量を備えた君主は、ハプスブルク家についに現れなかった。

近世と近代

レーオポルトの没後、ハプスブルク政府はその開明的な路線を継承せず、ヨーゼフ期までに形成された国家像、すなわち「ピエタース・アウストリアカ」と温情的権威主義《パターナリズム》に基づく官憲国家を追求し続けた。その際、マリア・テレジアとヨーゼフ二世は、異なる形でつねに範と仰がれた。

マリア・テレジアは、多様性と統合性を両立させた「国母」としてつねに称揚された。そのイメージは、ウィーンのマリア・テレジア広場に今日もそびえる記念像（1888年）のデザイン――多種多様な出自と才覚を有した人材が集った上に、笏《しゃく》と「国事詔書」を左脇に抱え右手を宙に差し伸べた「女帝」が慈愛をもって君臨する——に具現化されている。

一方ヨーゼフは、ハプスブルク君主国の近代国家化を推進した改革者とされ、自由主義者の賛美の対象となった。公共精神を旨とする官僚制に依拠する統治理念は「ヨーゼフ主義」と呼ばれ、様々な形で政治社会に影響を及ぼした。１８４８年革命の最中に即位した新帝の名に「ヨーゼフ」が付加され、「フランツ・ヨーゼフ一世」となったのは、こうした「ヨーゼフ主義者」からの支持を期待してのことであった。

こうした両者のイメージ、そして神権的君主理念と温情的権威主義《パターナリズム》に基づく官憲国家の形成が進行した事情の解明には、近世と近代を通時的に把握しようとする視座が不可欠である。今後のハプスブルク君主国史研究においては、このような視座が新たな知見をもたらしていくだろう。

（岩﨑周一）

コラム 6

ドイツの城
――地域の歴史と建築

日本語で城と言えば天守閣と堀をイメージする人がほとんどであろうが、ドイツの城で一般にイメージするものはどのようなものだろうか。多くの人はおとぎ話に出てくるような山の中腹に建つ白いお城のようなものを思い浮かべるであろうか。これはバイエルン州のロマンチック街道の南端にあるノイシュヴァンシュタイン城のイメージであって、今日観光資源としては非常に重要であるし有名であるが、ドイツの一般的な城ではない。ノイシュヴァンシュタイン城は１８６９年にバイエルン王ルートヴィヒ二世の個人的な趣味で建設開始されたものであり、軍事的な必要性や政治的な重要性、歴史的な意義は全く有していない。ドイツの城のなかにはＵＮＥＳＣＯの世界遺産に指定されているものもあるが、ノイシュヴァンシュタインは歴史的にも文化的にも文化遺産の条件を満たせないと考えられる。

19世紀末にバイエルン王の趣味の城として構築されたノイシュヴァンシュタイン城。

ドイツの城は大きく二つに分類できると言われる。軍事的な要塞や通行の管理や徴税のために交通の結節点などに作られたブルク（Burg）と、もっぱら居住用に作られた宮殿タイプのシュロス（Schloss）である。しかし実際には歴史的に機能が変遷することも頻繁にあったし、その境界は名称で完全に区分できるわけでもない。

ライン下りの景色をひときわ美しいものとして観光客の目を楽しませてくれる小さな城は、中世に河川の通行税を取り立てるために建設された。これもドイツが一つの国ではなかった故の存在と言うことができるであろう。荷物の運搬手段としてヨーロッパの中心部で重要な役割を果たすライン川沿岸には多くの領邦国家が存在し、課税権を有していた。19世紀半ばにライン両岸がプロイセンとなりドイツ統一への過程が進展すると、これらの城は徴税拠点としての役割を終えた。

エルツ城。12世紀から建設が始まったとされ、典型的なブルクタイプの城。

歴史的な出来事の舞台となった城のなかにも、今日まで保存されている城は多く存在する。たとえば11世紀から建設され、テューリンゲン州アイゼナハにあるヴァルトブルク（Wartburg）はではさまざまな出来事があったが、とりわけ16世紀初めにマルティン・ルターがザクセン選帝侯フリードリヒ三世に保護されて聖書のドイツ語訳を作成した場として知られている。

王侯貴族の居城としてのシュロスも今日観光資源となっているものが多い。しかし居城は都市部に多く存在することもあり、第二次世界大戦の空爆で破壊され、その後復興されたものも多い。ドレスデンのツヴィンガー

(Zwinger) 宮殿やベルリンのシャルロッテンブルク宮殿 (Schloss Charlottenburg) などはその代表例である。18世紀前半に建設され、ドイツでバロック・ロココ様式を代表する宮殿として知られ世界遺産にも登録されているケルンとボンの間に位置するアウグストゥスブルク宮殿 (Schloss Augustusburg) は、ボンがドイツ連邦共和国の首都であった時代には、政府の迎賓施設としても頻繁に利用された。

　バロックやロココ時代に建設された宮殿のようには目立たないものの、城と名のつく建物で著名なものとしてはポツダムにあるツェツィリエンホーフ (Schloss Cecilienhof) があげられよう。第一次世界大戦中にプロイセン皇太子のために建設されたものであるが、１９４５年８月にポツダム会議が開催され、第二次世界大戦の戦後処理がアメリカ、イギリス、ソ連の間で議論された場となったことで知られている。

　建築物としての城の美しさだけにとらわれず、城の歴史に注目することで、その地域の歴史を再発見することができるので、城を訪れたら是非解説にしっかりと注目してもらいたい。(森井裕一)

21 プロイセンの台頭
――プロイセン・ドイツ史の幕開け

プロイセンの出自

南ドイツのシュヴァーベン地方に、多くの観光客が訪れるホーエンツォレルン城がある。空に突き刺す尖塔を目指して、急な坂道を根気よく上りながら、ここがバルト海沿岸の一民族に名前の由来をもつプロイセン王家の城であることに思いをめぐらせる。プロイセン公国の首都であったケーニヒスベルク（現在のロシアの都市カリーニングラード）は、ここからあまりにも遠い。いや、ブランデンブルク選帝侯領の首都が置かれたベルリンもまた、北東へ５００キロ以上も進まなければならない。ホーエンツォレルン家は11世紀にシュヴァーベンの伯爵として年代記に現れる。15世紀にブランデンブルク辺境伯領を得て選帝侯となり、17世紀にはバルト海沿岸のプロイセン公国を正式に統合した。複雑な出自である。

17世紀にホーエンツォレルン家の領土を拡大したフリードリヒ・ヴィルヘルム大選帝侯は、ブランデンブルク選帝侯でありながら、プロイセン公、ポンメルン公（バルト海沿岸域）、マグデブルク公（エルベ川中流域）、ミンデン公（ヴェーザー川中流域）、クレーフェ公（ライン川下流域、現在のオランダとの国境近く）などを兼ねていた。プロイセン領土はまとまったものではなく、継ぎはぎのように文化的、民

ホーエンツォレルン城

族的、地理的に多種多彩な地域で構成され、これらを治めるため、大選帝侯は常備軍を置くとともに強力な官僚制を敷き、中央集権的支配を目指した。

支配力を高めるには、王の称号が必要であった。だが、神聖ローマ帝国内では、ドイツの諸侯が王を名乗ることはできない。そこで着目されたのが神聖ローマ帝国の域外にあるプロイセンである。大選帝侯の跡を継いでブランデンブルク選帝侯となったフリードリヒ三世は、1701年、「プロイセンにおける王」となる。ブランデンブルク選帝侯フリードリヒ三世兼プロイセン初代国王、フリードリヒ一世の誕生である。彼が戴冠したのはホーエンツォレルン城でもベルリンでもなく、ケーニヒスベルクであった。ホーエンツォレルン家は以降、1918年にヴィルヘルム二世が退位するまで、プロイセン王およびドイツ皇帝（1871～1918年）を世に送り出すことになる。

プロイセン王国の拡大

プロイセン王初代フリードリヒ一世の時代は、軍事国家としてよりも、むしろ科学史（知の歴史）に功績を残すものとして異彩を放った。王は戦争よりも宮廷文化に力を入れ、ハレ大学や芸術アカデミー、科学アカデミーを設立するなど学芸を奨励した。ハレ大学は、それまでの伝統的な大学とは異なり、神学中心のアカデミズムから脱して法学を主導的分野に据え、経済学や国家行政学を取り込んだ。ここから多くのプロイセン官僚が巣立っていく。

王妃のゾフィー・シャルロッテは、哲学者ライプニッツと親交を持ち、彼とともに科学アカデミーの設立に尽力した。科学アカデミーはその後、フリードリヒ二世（大王）によって改革され、人文科学、自然科学の発展を支える重要な組織になっていった。会員名簿には、フランス啓蒙思想家のモンテスキューやディドロ、ヴォルテール、作家のレッシング、ヴィーラントら18世紀の知の担い手が名を連ねている。18世紀におけるプロイセンの台頭は、戦争の歴史からとらえるだけでは十分ではない。「非英雄王」であるフリードリヒ一世は、プロイセンをヨーロッパの知の一大拠点とする素地を整えた君主であった。

軍事国家、規律と質実剛健の国というプロイセンのイメージの源泉は、プロイセン王二代目のフリードリヒ・ヴィルヘルム一世の統治に求めることができよう。宮廷や科学芸術のために国家財政を圧迫した父王に批判的であった彼は、質素倹約を美徳とし、財政の立て直しに努め、産業を奨励し、租税収入を増やした。飛び地の多い領土を王国としてまとめあげるため、祖父のフリードリヒ・ヴィルヘルム大選帝侯によって整備された官僚制と常備軍のさらなる充実を図った。総管理府を設けて中央政府のかたちをとり、その上で王は絶対君主として采配をふるった。軍事面では、カントンという徴兵区を全国にしき、地域別に農民や職人などを集めるシステムを作り上げ、プロイセン軍をヨーロッパ屈指の軍隊に育てあげた。「軍人王」の異名を持つこの王の下で、プロイセンは着実にヨー

フリードリヒ大王（Christoph Stölzl (Hg.), *Deutsche Geschichte in Bildern*, Bonn 1997, S.224.）

ロッパ大国の道を歩んでいった。

18世紀前半のドイツ諸邦の勢力図を描くならば、神聖ローマ帝国皇帝の地位を世襲する大国オーストリア、三十年戦争以降オーストリアに次ぐ大国にのし上がったバイエルン、首都ドレスデンを中心に繁栄するザクセン、英国の王位継承権を得て同君連合をなしたハノーファーなどの君主が割拠し、いずれもプロイセンの台頭を注視していた。

1740年、「軍人王」が亡くなると、この勢力図に二人の新たな君主が誕生する。プロイセン王位を継いだフリードリヒ二世とオーストリアのマリア・テレジアである。

フリードリヒ二世が即位してすぐに着手したのが、オーストリアの領地、シュレージエン地方への進軍、占領であった。オーストリアの相続権をめぐってザクセンやバイエルンがマリア・テレジアの即位に反旗を翻すと、プロイセンはこれに相乗りし、オーストリアへの挑発行為に出たのであった（オーストリア継承戦争）。オーデル川の中・上流域に広がる肥沃なこの地域（現在のポーランド南西部からチェコ北東部にあたる）は、地下資源を豊富に持つだけでなく、都市ブレスラウ（現在のポーランドの都市ヴロツワフ）に見られるように文化的にも発展していた。

マリア・テレジアは戦いに負けた。だがその8年後、オーストリアは、シュレージエンの奪回を図るべく、長年のハプスブルク家の宿敵であったフランスと同盟を結び、ザクセンなどのドイツ諸邦やロシアも引き込んでプロイセンに戦いを挑んだ（七年戦争）。しかし結果として、フリードリヒ二世に打ち勝つことはできなかった。

プロイセンが、オーストリア、フランス、ロシアというヨーロッパの列強を敵に回し、七年戦争を勝利に導いたのはフリードリヒ二世、すなわち「大王」の偉業であった。だが、それには二つの幸運も重なった。フランスとイギリスが北米大陸で植民地戦争を繰り広げ、フランスが敗北したこと、またロシアに親プロイセン派の皇帝ピョートル三世が即位したことである。

この戦いでシュレージエン地方を守り抜いたプロイセンは莫大な戦費と兵力を失ったが、オーストリアに並び立つ地位を不動のものにした。フリードリヒ大王はその後、オーストリアとロシアの三国でポーランドを分割し、さらなる領土拡大に成功した。大王の死後、第二次、第三次のポーランド分割が行われ、プロイセンの領土は18世紀初頭の２・７倍に広がった。

プロイセンとドイツ

フリードリヒ大王の「大王」たるゆえんは、軍事的才知にたけ、プロイセンをオーストリアと互角の大国にしたというだけではない。七年戦争の財政難を打破すべく商工業を振興し、土地の開墾や開拓、農作物の改良など農業政策にも力を注いだ。さらに、宗教寛容令の発布、刑罰の人道化、教育体制の整備、検閲の廃止など、啓蒙思想を重んじる絶対君主として国を治めた。大王は、『反マキャベリ論』はじめ統治原理に関する著作の執筆、オペラ劇場やサンスーシー宮殿の建設、科学アカデミーの改革、ヴォルテールら啓蒙思想家との親交など、戦場で大軍を指揮する一方、芸術と学問を愛する哲人王でもあった。啓蒙思想家にして専制君主でもあるという、一見、矛盾したパーソナリティを併せ持つ「啓蒙専制君主」という呼称が、フリードリヒ大王には冠せられている。彼は、身分にこだわらず有能な官僚を集め、官僚制の合理化によって、数々の啓蒙的政策を上から推し進め、君主の権力を末端まで浸透させていった。カントン制によって徴募される農民も、差別に苦しむユダヤ教徒も、フランスからの亡命ユグノーも、そして領土拡大によって傘下に加わった非ドイツ系住民も、この啓蒙専制君主の下に統合されていった。

時代は2世紀余り下って、1990年、ドイツは東西分断の冷戦期に別れを告げ、再統一を果たした。「一つの民族、一つの国家」から再び「一つの民族、一つの国家」へ。そのような喜びの声が聞かれるなか、フリードリヒ大王の柩をホーエンツォレルン城からポツダムのサンスーシー宮殿へ移すという儀式が行われた。フリードリヒ大王は、ドイツ統一の象徴として、文字通り墓から掘り起こされたのである。

だが大王が統治したのは、「一つの民族、一つの国家」ではない。複雑な出自と領土拡大の歴史が示す通り、プロイセンは「多民族国家」であった。その実態をとらえ、ドイツ史の重層性に注意を払うことが、現在のドイツを理解することにもつながっていくのである。

（弓削尚子）

第Ⅱ部

ナショナリズムと戦争

22 ウィーン体制とドイツ
――ナポレオン支配が遺したもの

フランス革命からナポレオンの時代へ

1789年、フランス革命勃発のニュースはドイツの知識人を熱狂させた。自由・平等・博愛の標語を掲げて、身分制秩序を根底から変革しようとする動きは衝撃的だった。だが、膨大な数の反革命容疑者の逮捕と処刑という恐怖政治が行われると、革命を嫌悪し、批判する声が高まっていった。もとより、神聖ローマ帝国皇帝とプロイセン王は、早々に革命に敵対する声明を出した。それに応えて、フランスがオーストリアに宣戦布告すると、プロイセンはオーストリア側につき、イギリスなどとともに対仏同盟を結成して戦った。

これを迎え撃つフランス軍は、近代的な軍隊として圧倒的な強さを誇った。徴兵制により、18歳から25歳までの独身男性が集められ、老人・女性・子供も銃後の活動（国内の戦争支援）へと総動員された。やがて、フランス軍のトップにナポレオンが躍り出た。数々の軍功を重ねて頭角を現し、クーデターによって執政政府を樹立した彼は、1804年、皇帝となって独裁的権力を手中に収め、ヨーロッパ全体へ強力な軍隊を進めた。

ナポレオンの大陸制覇の野望は、当時すでに形骸化していた神聖ローマ帝国を直撃した。神聖ローマ帝国に属した300ほどの大小さまざまな領邦国家のうち、ライン川左岸と北部沿岸はフランス帝国に併合され、プロイセンとオーストリアを除くすべてのドイツ諸邦が、ナポレオンを「保護者」とするライン連盟に編成された。このライン連盟が神聖ローマ帝国から脱退を宣言したことで、神聖ローマ帝国は800年以上にわたる歴史に幕を閉じた。

1806年、イェーナとアウエルシュテット近郊でプロイセン軍は大敗を喫し、首都ベルリンはナポレオン軍に占領された。完成して間もないブランデンブルク門をフランス軍が進軍し、門の上に設置されていたカドリーガ（四頭立て二輪の戦馬車）は戦勝品として持ち去られた。翌年結ばれたティルジットの和約により、プロイセンは第二次、第三次のポーランド分割で獲得した領土とエルベ川以西を放棄させられ、総じてプロイセンは保有していた領土の半分以上を失った。これに巨額の賠償金を課せられたため、国家は存亡の危機に立たされた。オーストリアもまた、対仏戦争によりティロルやザルツブルク、西ガリツィアを失い、賠償金の支払いに苦しんだ。

フランス支配下というこのような苦境はしかし、人々の心に愛国心を沸きあがらせた。「愛国主義」と訳されるパトリオティスムスは、元来、人々が暮らす町や地方、あるいはプロイセンなど領邦国家への郷土愛を意味し、必ずしもドイツ諸領邦を結びつけるナショナルな意識を指すものではなかった。この語の意味合いを変えたのがナポレオン支配であった。

ナポレオン支配に対する抵抗は、ドイツ最初のナショナルな運動となった。「ドイツ人の祖国」を奪回するという意識に目覚めた愛国者たちによって、1813年から解放戦争が始まった。ナポレオンに宣戦布告したプロイセンにオーストリアが加わり、バイエルン、バーデン、ヴュルテンベルクもライン連盟を離脱して参戦した。戦場へ向かう「ドイツ人男性」だけではなく、女性たちも立ち上がった。1813年から1815年にかけて、ドイツ各地で約600の「愛国女性協会」が設立された。彼女たちは戦争遂行のための募金を行い、野戦病院の設立に尽力し、未亡人や孤児など戦死した兵士の家族を世話した。

かくして、フランス・ナポレオン軍は、プロイセン、オーストリア、ロシアの連合軍に敗れた。ナポレオンの大陸覇権に終止符が打たれると、ヨーロッパの新しい秩序体制を議論するウィーン会議の開催が決定された。

ウィーン会議とドイツ連邦の誕生

ウィーン会議は、ヨーロッパのほぼすべての君主が参加する大規模な国際平和会議であった。フランス革命戦争勃発からナポレオン戦争の終結までの20余年にわたって、ヨーロッパ諸国は実に多くの戦費と兵士の命を失った。ナポレオンが退位した今、新たな安全保障体制を構築するために、各国の要人がウィーンへ結集した。会議は1814年9月に始まり、1年にわたる協議と調整を重ね、ナポレオン支配体制の否定だけではなく、ナポレオンを生み出したフランス革命の否定が合意された。

時計の針を戻すように、ヨーロッパ諸国がフランス革命以前の国際秩序を取り戻すことが決められた。すなわち、旧体制の復古、正統主義に基づくヨーロッパ再建である。フランスでは、1792年に王権を剝奪されていたブルボン朝が復活した。オーストリアとプロイセンも、ドイツ諸邦の双璧として覇権を回復した。ただし神聖ローマ帝国は復活することなく、ナポレオンによって消滅させられた多くの中小国家は、ドイツ諸邦を緩やかに結びつける新たな連合体に加わった。ドイツ連邦の誕生である。

　プロイセンとオーストリアを含めた計34（のちに35）の君主国家と四つの自由都市で構成されるドイツ連邦は、ウィーン会議により1815年6月に発足した。連邦議会はフランクフルトに置かれ、オーストリアが議長国を務め、諸邦はそれぞれ勢力に応じた議決権を有した。連邦内における戦争を禁止するが、それ以外に諸邦の主権は制約しないという決まりで、諸邦の自律は維持された。地図（次頁参照）に見られるように、ドイツ連邦内でのオーストリアとプロイセンは、領土の広さで突出していた。

ウィーン会議（Christoph Stölzl (Hg.), *Deutsche Geschichte in Bildern*, Bonn 1997, S.330.）

　プロイセンは、ウィーン会議によりザクセンの北部とラインラント、ヴェストファーレンを獲得した。ザクセン北部を得たことで、東プロイセンの中心都市ケーニヒスベルクとベルリンが地続きとなり、中欧を帯状に広がる領土を手に入れた。ラインラントとヴェストファーレンは工業発達地域であり、これらを領内に収めたことで、プロイセンの経済力は他のドイツ諸国を凌駕するようになる。1834年にはプロイセン

ドイツ連邦（木村靖二編『ドイツ史』山川出版社、2001年、p.221）

が盟主となり、オーストリアと一部のドイツ諸国を除いてドイツ関税同盟を成立させた。これにより、ドイツ経済を牽引するプロイセンの存在感はますます高まっていった。

ドイツ連邦の地図を再び見てみると、プロイセンもオーストリアもドイツ連邦の域外に広大な領土を持っていることが分かる。ドイツ連邦が「ドイツ人の祖国」として決着したわけではなかった。ドイツ連邦はやがてプロイセンとオーストリアの勢力争いにより一体性を失い、１８６６年にプロイセン（普）・オーストリア（墺）の戦争（普墺戦争）が勃発し、プロイセンが勝利すると、その平和条約によって正式に解体した。

自由主義運動とナショナリズム

ナポレオンは、ヨーロッパ大陸の覇者として各地のナショナリズムを刺激したが、その一方で「革命の申し子」としてフランス革命の精神を広めていった。いや、自由・平等や人権という思想が、フランスだけに適用されるのでなく、普遍性を持つという論理を盾に、ナポレオンの拡張政策が正当化されていったとも言える。

自由主義を原理とする近代市民法の嚆矢であるナポレオン法典は、フランスに併合されたライン川左岸やヴェストファーレン王国、ベルク大公国で適用された。ライン連盟諸国では、バイエルンや中部ドイツのナッサウのように、身分制の廃止と法の前の平等を謳う憲法が制定された。プロイセンでも、国家存亡の危機に直面して、上からの諸改革が引き起こされ、シュタイン、ハルデンベルクの指導の下、農民解放、営業の自由、教育改革、ユダヤ教徒の解放などが実行された。

こうした自由主義の動きと並んで、ナショナリズム運動もまた活発になった。1815年、中部ドイツのイェーナ大学で、戦争帰りの学生が祖国の統一と自由を求め、学生組合ブルシェンシャフトを結成すると、各地の大学で多くの若者たちがこれに共鳴した。1817年、ヴァルトブルクで行われた祝祭には、各地のブルシェンシャフトが参加し、反ドイツ的な書物を焚書にするなど過激な行動も繰り広げられた。ウィーン会議が時計の針をフランス革命以前に戻そうとしても、革命の精神である自由・平等の思想や、ナポレオン支配下で醸成されたナショナリズムをなきものとすることはできなかった。

それでもなお、これらの運動を抑え込もうと弾圧を加えたのが、ウィーン会議で中心的な役割を担ったオーストリアのメッテルニヒであった。彼は、ドイツ主要国の大臣を集め、自由主義運動弾圧の決議（カールスバートの決議）を行い、言論統制や大学の監視を厳しくしていった。神聖ローマ帝国の伯爵家の出で、ライン左岸の都市コブレンツに生まれたメッテルニヒは、若い頃、フランス革命軍によるライン地方の占領を目の当たりにし、反革命・保守主義の思想をかたくなに持っていた。

メッテルニヒは、ウィーン会議のあと、オーストリア宰相となって国際的な指導力を発揮することで、ウィーン体制を象徴する人物であった。実際、ドイツではウィーン会議から１８４８年の市民革命勃発までの社会を、「メッテルニヒ体制」と呼ぶ。復古的で反動的なこの体制は、革命の火の粉を浴びたメッテルニヒの失脚をもって崩壊することになる。

（弓削尚子）

23 一八四八年革命
――立ち上がる民衆

三月前期

ウィーンとベルリンで1848年3月に起こった都市暴動は、市民革命に発展した。この革命を起点にして、それ以前の状況を表すのに、「三月前期」という言葉がある。三月前期とは、ウィーン体制の下で抑圧されている自由主義者やナショナリストたちが、マグマのようにじりじりと熱量を高めて地表に湧き出ようとする、そのような時代であった。

自由主義とナショナリズムの思想的な担い手は、おもに教養市民層であった。対ナポレオン戦争を経験した世代は、自由の希求とナショナリズムを融合し、学生運動を展開した。彼らは1819年のカールスバードの決議で弾圧の対象となるが、自由主義者たちはメッテルニヒ体制に挑み続けた。1830年にフランスで七月革命が起こると、その余波はドイツにも及び、ブラウンシュヴァイク、ザクセン、ハノーファーなどで自由主義運動が本格化し、立憲君主制への移行が進められた。

メッテルニヒらドイツ諸国の当局者たちも、こうした動きを静観していたわけではない。その象徴的な出来事がゲッティンゲン七教授事件である。1832年、ハノーファーで自由主義的な憲法が制定されたが、その5年後に、国王がこれを無効とした。この専断に対し、領内にあるゲッティンゲン大学の七教授が共同で抗議書を出すと、彼らは罷免され、ヤーコプ・グリムなど国外追放処分を受ける者もいた。ハノーファー国王に対する批判の声はドイツ全土に広がり、七教授を支援する動きが巻き起こった。

三月前期に注目すべきは教養市民層ばかりではない。手工業者、工場労働者、日雇いなど、社会の下層もまた、怒りを噴出させていた。繊維業を中心に発達した農村家内工業は、19世紀に入ると、産業革命によって機械化されたイギリスとの競争にさらされ、多くの働き手が窮地に陥っていた。プロイセンのように自由主義的な改革によって農奴身分から解放された農民も、十分な土地を所有する独立農民となった者はわずかで、土地も技術もなく、日雇いや奉公人として底辺の生活を強いられた者が大半であった。

困窮した農民の一部は仕事を求めて都市に流入した。都市では、改革によってツンフトの規制が緩和され、「営業の自由」が実践される一方で、伝統的な手工業システムが崩れ、失業者や極貧の手工業者たちを大量に生み出していた。「パウパリスムス」と呼ばれる大衆貧困の現象が、とりわけ１８３０年代、１８４０年代に広く見られ、社会問題化した。これに飢餓の危機が追い打ちをかける。１８４５年から47年にかけて、ヨーロッパ全体が不作に見舞われ、穀物や食料品の価格が高騰した。穀物商人やパン屋を襲う暴動が頻発し、武装化した民衆に軍隊が投入されると、政府当局への民衆の怒りは頂点に達した。

三月革命

いたるところ不穏な状態にあり、社会的な緊張に満ちていた1848年初頭、パリの二月革命のニュースがドイツ諸国に鳴り響いた。フランス民衆に背中を突き動かされ、自由主義を求める声が急激に高まり、パウパリスムスを引き起こす体制への不満が爆発。革命へと歴史のコマを進めた。

始まりはウィーンであった。学生がイニシャティヴをとり、集会を開いて憲法制定と言論の自由を要求し、メッテルニヒの退陣を迫った。手工業者、労働者らも加わり、抗議は過激化した。民衆は商店を略奪し、ガス灯を破壊するなど暴徒化し、オーストリアの首都の大部が炎に包まれた。デモ隊は軍隊と衝突し、多数の死傷者を出した。

革命の帰趨は、ウィーン体制を牽引してきた宰相メッテルニヒの進退にかかっていた。宮廷もまた彼に辞任を促し、30年以上ヨーロッパの政治情勢に影響を与え続けてきたメッテルニヒは、イギリスに亡命した。皇帝は軍隊を引き、憲法制定と検閲撤廃を公約した。

プロイセンの首都ベルリンでも、民衆集会が連日のように開かれていたが、ウィーンの知らせが届くと、革命はがぜん現実味を帯びてきた。メッテルニヒ体制は終わったのだ。当局が動かなければ実力行使しかない。手工業者や労働者が学生ら教養市民層とデモ隊を組み、街を練り歩く。そこに軍隊が投入されると、ベルリン市内には瞬く間に900以上のバリケードがつくられ、市街戦が展開された。市街戦は一進一退の様相を見せたが、ウィーン同様、国王が民衆に譲歩し、軍隊に戦闘の中止と撤退を命じたことで、ベルリン革命は収拾された。

それからの自由主義者たちの政治活動はめざましかった。出版物の検閲廃止とともに政治結社が自由になったため、政治協会や自由主義クラブが結成され、さまざまな主張、要求が掲げられた。社会に不満を持ち、自由を求めたのは女たちも同じであった。多くの女性が、「女らしさ」の逸脱という非難を気にしつつ、集会を傍聴し、政治犯の支援や恩赦の要求に関わった。女性会員のみの結社も誕生している。三月革命は非ドイツ系地域のナショナリズムも高揚させ、ハンガリーやベーメン（チェコ）、ポーゼン（ポーランド）などで、「諸国民の春」と総称される独立運動がそれぞれ展開された。

フランクフルト国民議会

プロイセンでは、国王の約束通り、ベルリンに自由主義的内閣が成立した。南ドイツ諸国でもバーデンの「三月内閣」を皮切りに自由主義的な政治変革が進んだ。そうした盛り上がりのなかで、統一ドイツの憲法制定を目指した全ドイツ議会を開設しようとする動きが具体化した。

１８４８年5月、オーストリアを含む、初めての全ドイツ国民議会がフランクフルトで開催された。議員はドイツ諸国からそれぞれ選挙によって選出された。議会に参加した８３０名の議員と代理人は、行政官や司法官、弁護士、大学教授や教員が多く、「教授議会」と揶揄されたが、農業家なども相当数いた。

会場となったパウロ教会は黒・赤・金の三色旗で飾られ、演壇の上方には女神ゲルマニアの巨大な肖像画がかけられた。黒・赤・金の三色旗は、対ナポレオン戦争で生まれ、学生運動によって統一と自由主義のシンボルとなっていた。

画家パウル・ビュルデによって描かれたフランクフルト国民議会の石版画には、Ｌ・ヤーン（対ナポレオン戦争に参戦し、強烈な愛国主義者で身体教育と愛国活動を結びつけた）、E・M・アルント（同じくナショナリズム運動で影響力をもった愛国詩人）、Ch・ダールマンとJ・グリム（両者ともゲッティンゲン七教授事件で国外追放となった）、R・ブルーム（ライプツィヒで自由主義運動を指導し、のちに国民議会の使者としてウィーンへ赴き、現地の蜂起に参加して銃殺された）ら、そうそうたる顔ぶれが確認できる。

フランクフルト国民議会（Christoph Stölzl (Hg.), *Deutsche Geschichte in Bildern*, Bonn 1997, S.384.）

これら著名な男性議員のかたわら、石版画の左側後方には女性が傍聴する姿が見て取れる。事実、議会には女性の観客席も用意されていた。

議会が幅広い社会層によって注目されるなか、国民議会は憲法委員会を発足させ、ドイツ国民の基本権について議論を開始した。１８４８年12月に公表された「ドイツ国民の基本権」は当時としては大変革新的なものであった。「市民的な個人の自由と権利の規定として最も完備したもの」と評され、のちのドイツ帝国憲法、ヴァイマル憲法、今日のドイツ連邦共和国基本法へと受け継がれていった。

憲法の作成が進む一方、ドイツ統一のあり方をめぐって国民議会は紛糾した。統一ドイツの領土に、オーストリア帝国内の非ドイツ系住民が住む広大な

書斎にたたずむフリードリヒ・ヴィルヘルム四世
（Christoph Stölzl (Hg.), *Deutsche Geschichte in Bildern*, Bonn 1997, S.383.）

地域を含めるか否かで対立が起った。オーストリア側は、帝国を分割するのではなく、あくまで領土を保全する立場を主張して譲らなかった。他方、もう一つの大国プロイセンは、１８３４年に成立した関税同盟によってドイツの経済的盟主となっており、国民議会でも統一ドイツのイニシャティヴをとることを主張した。オーストリアは、バイエルンやヘッセンなど反プロイセン諸国とともにこれを阻止しようとしたが、国民議会では、「小ドイツ主義」の方針が採られた。ドイツ統一は、オーストリアを除いてプロイセンが先導するという立場である。

このようななか、１８４９年３月にドイツ国民の基本権を謳うドイツ国憲法が僅差で可決、公布された。同憲法では、小ドイツ主義、立憲政治、責任内閣制、議会制民主主義を定め、プロイセン王をドイツ皇帝とする「民主的なドイツ連邦」の道が示された。

だが、ベルリンのフリードリヒ・ヴィルヘルム四世は、ドイツ皇帝の帝冠を固辞した。プロイセン国王は、国民議会の決定よりも、オーストリアをはじめとした諸国の君主たちの同意を求めた。ドイツ国憲法に対しても難色を示し、最終的には国民議会からプロイセン議員を呼び戻し、国民議会と絶

郵便はがき

料金受取人払郵便

神田局
承認

2420

差出有効期間
2025年10月
31日まで

切手を貼らずに
お出し下さい。

101-8796

5 3 7

【受 取 人】

東京都千代田区外神田6-9-5

株式会社 **明石書店** 読者通信係 行

お買い上げ、ありがとうございました。
今後の出版物の参考といたしたく、ご記入、ご投函いただければ幸いに存じます。

ふりがな お 名 前	年齢	性別

ご 住 所 〒 -

TEL ( ) FAX ( )

メールアドレス	ご職業（または学校名）

*図書目録のご希望	*ジャンル別などのご案内（不定期）のご希望
□ある □ない	□ある：ジャンル（ ） □ない

書籍のタイトル

◆本書を何でお知りになりましたか？

□新聞・雑誌の広告…掲載紙誌名[ ]

□書評・紹介記事……掲載紙誌名[ ]

□店頭で　□知人のすすめ　□弊社からの案内　□弊社ホームページ

□ネット書店［ ］　□その他[ ]

◆本書についてのご意見・ご感想

■定　価　□安い（満足）　□ほどほど　□高い（不満）

■カバーデザイン　□良い　□ふつう　□悪い・ふさわしくない

■内　容　□良い　□ふつう　□期待はずれ

■その他お気づきの点、ご質問、ご感想など、ご自由にお書き下さい。

◆本書をお買い上げの書店

［　市・区・町・村　書店　店］

◆今後どのような書籍をお望みですか？

今関心をお持ちのテーマ・人・ジャンル、また翻訳希望の本など、何でもお書き下さい。

◆ご購読紙　(1)朝日　(2)読売　(3)毎日　(4)日経　(5)その他[新聞]

◆定期ご購読の雑誌［ ］

ご協力ありがとうございました。

ご意見などを弊社ホームページなどでご紹介させていただくことがあります。　□諾　□否

◆ご 注 文 書◆　このハガキで弊社刊行物をご注文いただけます。

□ご指定の書店でお受取り……下欄に書店名と所在地域、わかれば電話番号をご記入下さい。

□代金引換郵便にてお受取り…送料+手数料として500円かかります（表記ご住所宛のみ）。

書名	冊
書名	冊

ご指定の書店・支店名	書店の所在地域 都・道 府・県 市・区 町・村
	書店の電話番号　(　　)

縁した。

オーストリアとプロイセンを失ったフランクフルト国民議会は、事実上、消滅した。1849年5月から7月にかけて、ドイツ国民憲法の受け入れを求めて暴動が各地で起こったが、反革命政府により鎮圧されてしまう。

「三月前期」に反体制詩人の烙印を押され、プロイセン国籍を剝奪されたホフマン・フォン・ファラースレーベンの作品の一つに、「ドイツ人の歌」がある。現在のドイツの国歌となる三番の歌詞は、次のようなフレーズで始まる。

「統一と正義と自由を　父なる祖国ドイツのために

これこそ我々がみな求めるもの　兄弟のように　全身全霊をこめ」

一八四八年革命では、「統一と正義と自由」の願いは叶えられなかった。少なくとも、ドイツ統一の実現のためには、このあと、さらに多くの「兄弟」たちが武器を取り、戦場で戦わなければならないのである。

（弓削尚子）

24 ドイツ産業革命
――あるいは加速する工業化

ドイツ産業革命のはじまり

産業革命は一朝一夕で起こったものではない。「革命」というと短い間の急激な出来事をイメージするが、イギリスはもちろん、とくにドイツの産業革命は何世代もかかったとする解釈がある。18世紀後半のイギリスで発明された、ジェイムス・ワットによる蒸気機関やリチャード・アークライトによる水力紡績機は、数年も経ないうちにドイツにも導入された。だが、それは限定的なもので、多様な産業分野の生産方法や産業構造を根底から覆す動きにはつながらなかった。

ドイツの産業革命の時期については、歴史家によりさまざまな見解がある。最初の鉄道が開通した1830年代を始まりとする見方や、18世紀末から19世紀半ばまでの工業化を第一期とし、19世紀半ばから世紀末までの、あらゆる人々の生活に根本的な変化を与えた急速な工業化を第二期ととらえる見方もある。

『ドイツ産業革命』を著したフーベルト・キーゼヴェターは、ウィーン会議によって中欧の国家体制が再編された1815年から第一次世界大戦が始まる1914年までの100年を「産業革命」

の時期としている。キーゼヴェターは、産業革命・工業化とは、発明、技術革新、資本集約的工場生産といった個々の側面で捉えるべきでなく、「近代工業社会に向かう途上において、農業上、社会上、政治上、経済上の変化によって引き起こされた社会全体ないし国家全体の変革を包含する概念」という。

たしかに近代工業社会への変貌は、狭義の経済史や技術史だけでは捉えきれない。国家の枠組みが変わり、人の価値観が変わり、生活様式も思想をも変化させた。「革命」と言うより、プロセスに重点を置いた「工業化」と表現する方が適当かもしれない。この長いプロセスにおいて、ドイツ的な特徴を挙げるならば、1871年の国家の統一前から、領邦諸国や自由都市において工業化が起こり、石炭、鉄鋼、機械製造という重工業分野ですでに目覚ましい発展を遂げていたことであろう。

1815年に成立したドイツ連邦は、それぞれ独立した主権国家を緩やかに結びつけたもので、経済的には分裂状態であった。諸邦は独自の関税制度を設けており、関税の障壁があるだけでなく、貨幣制度も度量衡もばらばらだった。北ドイツではターラー、南ドイツではグルデンという貨幣が流通し、長さの単位では、1フースがバーデンでは25センチ、ライン右岸のバイエルンでは33センチといった具合だった。これでは機械化によって大量生産しても、販路の拡大は難しい。統一的な市場圏の整備が求められた。

工業化への道筋

ドイツ経済圏の統一に主導的な役割を担ったのがプロイセンであった。プロイセンでは、営業の自

ドイツ最初の鉄道（Christoph Stölzl (Hg.), *Deutsche Geschichte in Bildern*, Bonn 1997, S.359.）

由、職業選択の自由、農民解放といった一連の「上からの改革」によって工業化の土壌が整えられていた。さらに、ウィーン会議で、製鉄や機械製造を中心に工業化が進んでいたラインラントやヴェストファーレンを領内に収めたことも大きかった。プロイセンはこれらの地域を含めて関税制度を統一すると、近隣諸邦に関税の合同化をはたらきかけた。１８２８年にはプロイセン・ヘッセン関税同盟を成立させ、同年に結成された南ドイツ関税同盟と中部ドイツ関税同盟を統合し、１８３４年にプロイセンを盟主とするドイツ関税同盟の発足にこぎつけた。

その仕組みは、関税収入を人口比に応じて加盟国に配分するもので、いわば財布の一部共有化である。これによって、自由な経済活動とその発展を促すことができた。ドイツ関税同盟はその後も加盟国を増やし、オーストリアを除く全ドイツが統一関税の下に市場統合された。

市場の拡幅にともなって、交通網も整備されていった。１８１５年頃は、徒歩のほかは郵便馬車と馬しか交通手段はなかったが、１８２５年から１８３５年の10年で道路網は倍になり、１万キロに達した。ライン川、エルベ川、ドナウ川など多くの河川を利用した水上交通・輸送も、各地の伝統的な河川税や通貨税を残しつつも整備されていった。１８３５年には南ドイツのニュルンベルクとフュルト間に初めての鉄道が開通した。スティーヴンソン製の機関車をイギリス人機関士が走らせたものだ。1838年にはベルリンとポツダム間、翌年にはライプツィヒとドレスデン間が開通し、「一八四八年革命」が勃発した頃には、鉄道網はのべ5000キロに延長していた。イギリスからの輸入で始まったドイツの鉄道産業は、19世紀後半には石炭・鉄鋼・機械製造という重工業分野にまたがる主要産業へと成長した。

工業化は加速した。ルール地方やオーバー・シュレージエン、ザクセンのケムニッツからツヴィッカウまでの工業地域の発展は目覚ましかった。1870年からの普仏戦争（プロイセン‐フランス戦争）の勝利によって、鉱物資源が豊かなアルザス・ロレーヌ地域を獲得したことで、生産量はさらに拡大した。

1871年のドイツ帝国成立以降は、石炭・鉄鋼の基幹重工業部門に加え、ジーメンス・ハルスケ株式会社（1847年設立）やAEG（1883年設立）などの電気産業や、合成染料などの化学製品産業でもドイツ経済は躍進した。とくにジーメンス・ハルスケは、世界で初めて電気機関車を製造し、電信機、発電機などの開発、製造と共に成長した。その経済活動はドイツ国境を越えてヨーロッパ市場を抑え、世界に支社を構える多国籍企業の走りとなった。明治期日本にも事務所を持ち、日本の工業化に多大な貢献をした（日本法人名は「シーメンス」）。

19世紀末のドイツは、世界市場に覇を競う経済大国にのし上がった。1889年から1912年にかけて、ドイツから非ヨーロッパ諸国への輸出総額は7億4350万マルクから22億1800万マルクと3倍に伸び、「世界の工場」イギリスを脅かす勢いであった。

工業化を支える労働者

産業革命以降、資本主義経済の発達に伴い、ブルジョアジー（資本家）とプロレタリアート（労働者）の階級対立が生まれたとされる。しかし、19世紀前半のドイツにおいては、労働者はまだ階級を形成する状況にはなかった。１８３０年において人口の８割はなお農業経済の中にあり、自由主義的改革によって解放された農民の多くは農村にとどまったまま、農村家内工業の従事者や農業奉公人として底辺の生活を送っていた。１８３０年代、１８４０年代に社会問題化したパウパリスムス（大衆貧困）は、都市だけの現象ではなく、農村の実態をとらえていた。

とはいえ、農村家内工業の疲弊などにより、都市への人口流入は徐々に大きな流れとなった。とくに大都市や工業都市の人口増加はめざましく、１８００年から50年間の人口を比較すると、革命が起こったベルリンは17・２万人から41・９万人と約２・５倍に増加した。「ルール工業地帯」と呼ばれる地域に位置する小都市エッセンでは、約４０００人から約９０００人へと倍増した（エッセンはそれから60年後の１９１０年には約30万人の住民を抱えるようになり、ドイツ諸都市における最高成長率を記録した）。

一八四八年革命で学生ら教養市民層とともにデモに参加し、バリケードで戦ったのは、工業化の波にのまれた手工業者たち、劣悪な労働条件の下、貧困にあえぐ労働者や日雇い、失業者たちであった。革命時には、全国的な労働者組織も立ち上がり、その後も、労働者による労働環境改善の運動やストライキは絶えなかった。

１８４０年代半ば、産業革命が進んだイギリスで工場労働者たちの悲惨な状況を目の当たりにしたフリードリヒ・エンゲルスは、労働運動によって、彼らの喪失した人間性を回復すべきだと訴えた。

「労働者には自分たちの生活状態全体に抵抗する以外には、人間性を働かせる場が一つとして残されていないのであれば、このような抵抗こそが、もっとも愛すべき、もっとも気高く、もっとも人間的なのである」(一條和生／杉山忠平による岩波文庫の訳文を一部修正)。

労働運動の意義を唱える彼の言葉は、ドイツの労働者たちにも届く力があった。

1860年代には「全ドイツ労働者協会」や「ドイツ労働組合連盟」が結成され、労働条件の改善や労働環境の整備、労働者の保護を求めて組織的な労働運動が展開された。そして1875年にはついに「社会主義労働者党」(後の社会民主党)が結成される。ビスマルクは労働運動の高まりに脅威を感じ、社会主義者弾圧をはかるが、労働者の過酷で劣悪な労働環境、生活環境への対策を次々打っていった。

その結果、1880年代になると、疾病、労働災害、廃疾・老齢を対象とした社会保障が制度化され、世界で最も先進的と言われるようになった。ドイツの労働者たちの生活は改善へと向かった。とはいえ、わずかな熟練労働者を除き、賃金の支払いは不十分であり、労働者の家族は、夫だけでなく家族総出で働かなければ暮らしは成り立たなかった。

写真(次頁参照)は、1908年のAEGの電球工場の様子である。女性労働者の姿ばかりで、左側奥には彼女たちの仕事ぶりを監視する男性が一人立っている。就業女性の多くは家事奉公人であったが、この頃には工業の分野で働く女性が増加していた。重工業や機械工業はほとんどなく、繊維・被服産業や食料品産業、化学・電気産業など、おもに軽工業分野で働き口を得た。企業家にとっても、女性たちの安価な労働力は欠かせないものであった。

ＡＥＧの電球工場（Christoph Stölzl (Hg.), *Deutsche Geschichte in Bildern*, Bonn 1997, S.447.）

男性労働者であれ女性労働者であれ、合理性を追求する機械制工場労働において、彼らは季節感や自然環境のリズムから切り離され、規格化された手順によって、代替可能で反復的な単純労働を行い、数値目標をこなすよう監視の目にさらされていた。機械を制御するはずの人間が、機械の一部となり、機械に制御される状況が生まれた。

産業革命に端を発し、科学技術の発展と競争・スピード・利益を追求する高度資本主義経済がもたらしたものは何か。物質的豊かさと引き換えに失われたものは何か。産業革命の評価には、これらの問いを考える視座もまた必要であろう。

（弓削尚子）

25 ビスマルクのプロイセン
――ドイツ帝国創建者が目指したもの、プロイセンにもたらされたもの

ドイツの街を渡り歩いていると、かなりの頻度で「ビスマルク通り」や「ビスマルク広場」に遭遇する。彼の立像をはじめさまざまな記念碑も至る所にあり、街によっては「ビスマルク塔」なるものまである。これらはオットー・フォン・ビスマルク（1815〜1898）の功績を記念して、主として19世紀末から20世紀初頭にかけて造られたものである。では、その功績とは一体何だろうか。それはやはり、プロイセン王国の首相として三度の戦争を主導して自国を勝利に導き、当時の国民的悲願であったドイツ統一を成し遂げ、国民国家としてのドイツ帝国を築いたことであろう。

ビスマルク（1863年）（Walther Stein (Hg.), *Bismarck*, Siegen / Leipzig 1915, S.46）

今日、ビスマルクはドイツ帝国の創建者として、すなわちドイツを統一に導いた指導者として認識されるのが一般的である。一時は「国民的英雄」として称揚されたこともあれば、あるいはその逆に、20世紀における「ドイツの悲劇」をもたらした人物の一人として酷評されたこともあった。いずれにせよ、ビスマルクはつねに「ドイツ」と結びつく形で我々の前に登場するのだが、果たして彼は、我々がイメージするほどナショナ

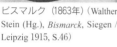

ルな人物であったのだろうか。

ビスマルク＝ナショナリスト？

ビスマルクと言えば「鉄血宰相」の異名が真っ先に思い浮かぶ。首相に就任した直後の１８６２年９月30日、プロイセン下院予算委員会の席で彼は「現下の大問題が決せられるのは、演説や多数決によってではなく――これこそが１８４８年と１８４９年の大きな誤りであった――鉄と血によってなのである」と発言し、センセーションを巻き起こした。当時約40の国々が割拠するドイツはどのような形で統一あるいは再編されるべきか、フランス革命とナポレオン戦争を経験したドイツではこの問題がしきりに議論され、暴動や革命も生じていた。このような「現下の大問題」たるドイツ問題を解決するには「鉄と血によって」、すなわち軍事力でもってするしかない。「演説や多数決」を蔑視し、力づくで問題を解決しようとする彼の姿に周囲は反発し、大問題へと発展したのである。これだけを見ると、ビスマルクは軍事力でもってドイツ統一を推し進めようとしたと見えてしまう。

だが、事実はこれとは多少異なる。このときプロイセンでは国王ヴィルヘルム一世（１７９７～１８８８）が陸軍大臣ローン（１８０３～１８７９）を通じて軍制改革を推し進めようとしていた。だが、それに議会が猛反発し、予算が成立させられないほどの危機的状況に陥っていた。ビスマルクはその最中に首相に任命された。彼はこじれた政府と議会の関係を多少なりとも修復して予算を成立させるべく、わざわざ平和の象徴であるオリーブの枝を持参して議場で示し、議会で多数を占める自由主義派が大きな関心を抱くドイツ問題という「現下の大問題」の前では、軍制改革や予算といった問題では妥協できるはずだと主張したかったのである。だが、そのフレーズの故に逆効果となってしまった。

そもそも、ビスマルクはドイツ統一を目指していたのだろうか。彼がプロイセンの首相に任命されたのは、彼がドイツ統一を目指す政治家であったからでもなければ、プロイセンがドイツ統一事業に着手しようとしたからでもなかった。先述の如く、軍制改革や予算をめぐって政府と議会の対立が深刻化し、国王退位まで取沙汰されていた危機的状況を打開するために、陸相ローンの強い推薦を受ける形でビスマルクに白羽の矢が立ったのである。

ビスマルクという政治家

ビスマルクとは一体どのような人物なのだろうか。彼は1815年、エルベ川以東で大農場を経営し、プロイセン王国にあって政治や軍事の要職を占めるユンカーの家系に生まれた。1847年、32歳でプロイセン連合州議会議員として政治活動を始め、1851年からはドイツ連邦議会プロイセン公使としてフランクフルトに駐在し、その後は駐露公使、駐仏公使を歴任した。代議士時代に彼は、ドイツ統一という国民的悲願を「感傷的な青年による月下の妄想」として一蹴し、「神の恩寵」によるプロイセン君主の絶対的な主権と伝統的な社会・秩序を擁護する言動をとっていた。一八四八年革命が勃発してドイツ統一を求めるナショナルな動きが盛り上がりを見せたときも、「反革命の闘士」として精力的な活動を展開した。まさに彼は「札付きの反動ユンカー」であり、「神の恩寵による反動的な、もっとも鋭い、最後の矢」として周囲から認識されていたのであった。その政治的スタンスは極めて保守的であり、彼が目指していたのはドイツ統一ではなく、プロイセン王国と自分を重ね合わせ、その権益を擁護・拡大することであった。そのようなプロイセン中心主義的な彼の姿は、プロイセンの大国化を実現したフリードリヒ大王（1712～1786）を引合いに出したり、あるいは「我々はプロイセン人であり、プロイセン人であり続けることを望む」といった代議士時代の発言からも見て取れよう。

ところが、ビスマルクという人物は従来の保守的な政治家の枠組みには収まりきらない要素を持ち合わせていた。彼によれば、保守派が遵守する正統主義といったイデオロギーや原理原則に拘束されると国益を損なう恐れがあり、大国の政治外交は「国家エゴイズム」に基づいて、すなわち、ただ自国の利害に対する冷静な評価によって現実主義的に決定されるべきであった。プロイセンの国益に合致するのであれば、保守派が忌み嫌う革命勢力、対外的にはその代名詞と目されていたフランス皇帝ナポレオン三世（1808～1873）に対して、国内では社会主義者ラサール（1825～1864）やドイツ・ナショナリズム勢力に対して躊躇うことなく接近するなど、マキアヴェリズムに則って行動することもあった。その姿は、ビスマルクを首相に強く推したローンですら「目的のための手段だからといって！　それらは目的のために正当化されるのだろうか」と漏らすほどであった。

したがって、プロイセン首相としてビスマルクが目指していたのは北ドイツにおいてプロイセンの覇権を確立することで、（ドイツ問題でオーストリアの後塵を拝すかのような状況から脱して）大国としての然るべきポジションを確保することであった。そして彼は、いわゆる「ドイツ統一戦争」と総称される三つの戦争（デンマーク戦争、普墺戦争、独仏戦争）を経て、プロイセンを国民国家としてのドイツ帝国へと昇華することによって、ヨーロッパ国際政治において大国としてのポジションを新たに築いたのであった。

帝国の成立、王国の埋没

1871年1月にドイツ帝国が成立し、国民的悲願としてのドイツ統一がビスマルクの主導の下に実現した。だが、ここに誕生した統一国家ドイツは、プロイセンが領土をドイツ全土に広げる形で誕生した単一的な「大プロイセン」ではなく、「諸侯と自由都市の同盟」と呼べる存在であった。ドイツ帝国は22の君主国と三つの自由都市から成る連邦国家であり、帝国の主権者は元首である「ドイツ皇帝」ではなく、帝国を構成する君主国の君主と都市国家の参事会が全体として保持した。各邦はこれまで通り自前の政府・議会を持つことが許された。経済・交通・軍事・外交といった問題は帝国レベルで対応するものの、これらの問題に関して例外的な対応がいくつかの邦に認められたのである。そこには、反プロイセン感情の強い南ドイツ諸邦への配慮があったことは確かである。だが、それだけではない。これまで見てきたところから明らかなように、ビスマルクはつねにプロイセンの国益と君主主義を重視する姿

1871年のドイツ皇帝即位宣言式（A. v. ヴェルナー画、1877年）（Lothar Gall / Karl-Heinz Jürgens, *Bismarck. Lebensbilder*, Bergisch Gladbach 1990, S.132-133）

勢を採っており、このときもプロイセン王国を解体するつもりは毛頭なかった。そもそも、プロイセン権力国家思想を奉じるビスマルクにとって、ドイツ諸邦を統一して単一の国民国家とすること自体、実に「いかがわしい」ことであったのである。

したがって、新たに成立したドイツ帝国において、プロイセンの覇権的地位を制度的に確保することをビスマルクは忘れていなかった。ドイツ皇帝はプロイセン王が兼ねることになり、帝国を構成する25の諸邦政府の代表から成る連邦参議院ではプロイセンが最大議席数を確保した。陸軍においてもプロイセンが中心的な位置を占めた。そして彼自身、帝国宰相として約20年の間ドイツの政治外交を取り仕切ったが、彼の意識は依然としてプロイセンの大臣のままであり続けた（一時期を除き、彼はプロイセン首相と外相のポストを退陣するまで保持し続けた）。

ところが、彼の想いとは裏腹に、帝国成立後のドイツでは（ビスマルクの施策もあって）様々な形で国民統合が進み、次第にプロイセンの存在感が霞んでいってしまう。ビスマルクは「生粋のプロイセン人」としてではなく「ドイツ帝国の創建者」として顕彰され、彼の死後はドイツの国民統合装置として神話化され、そのイメージが今も生き続けているのである。

確かにビスマルクはプロイセンに建国史上最も輝かしい成功をもたらした。ドイツ帝国へと昇華することで、彼が追求した「大プロイセン」は実現した。だが、国民統合が進み、ドイツ帝国の下でナショナリズムが高揚すればするほど、プロイセンはますますドイツに埋没していき、かつての姿を取り戻すことなく消滅への道を歩んでいくことになる。まさに、ビスマルクの最大の功績が、彼が最重視するプロイセンの「終わりの始まり」をもたらしてしまったのである。

（飯田洋介）

26 〝大プロイセン〟から〝小ドイツ〟へ

――ビスマルクとドイツ統一戦争

1871年1月18日、プロイセン王ヴィルヘルム一世（1797〜1888）を「ドイツ皇帝」とする皇帝即位宣言式が、独仏戦争の最中にパリ郊外のヴェルサイユ宮殿「鏡の間」にて挙行され、ここにドイツ帝国が成立した。フランス革命とナポレオン戦争の影響を受けてドイツの地にナショナリズムが覚醒してから約半世紀の間、反動的なウィーン体制の下で約40の国々によって分断状態にあったドイツを統一する動きは幾度も弾圧されてきたが、ここにようやく国民国家ドイツを求める悲願が達成されたのであった。現在、ベルリンのティーアガルテンにはドイツ帝国成立に至る三度の戦争の勝利を記念する戦勝記念塔《ジーゲスゾイレ》が聳え立ち、それを見守るかのようにドイツ帝国創建に大きく貢献した三人の人物の像が立っている。その三人とはプロイセン首相ビスマルク（1815〜1898）、プロイセン陸相ローン（1803〜1879）、そしてプロイセン軍参謀総長モルトケ（1800〜1891）である。そのなかでも、政治外交的にプロイセンを勝利に導いたビスマルクの手腕は高く評価されている。

では、ビスマルクは最初からドイツ統一を目指して、三度の戦争を意図的に引き起こしたのであろうか。すでに先行研究が示すように、実際はそうではなかった。そもそも彼はプロイセンの君主主義を擁護し、その国益を維持・拡大することを目指す政治家であって、ドイツ統一を目指すナショナリストではなかった。しかも、１８６０年代のビスマルク外交を詳細に見ていくと、彼は最初から戦争を（三度も）引き起こそうとしていたわけでもなかった。プロイセン権力国家思想を奉じるビスマルクが何故ドイツ統一へと政策の舵を切り、いわゆるドイツ統一戦争と呼ばれる展開に至ったのだろうか。ここでは、それぞれの戦争が勃発した経緯を手掛かりに、この問題について考えていきたい。

デンマーク戦争

まずは最初の戦争である１８６４年のデンマーク戦争から見ていこう。直接的なきっかけはユトランド半島南部に位置するシュレースヴィヒ公国とホルシュタイン公国の帰属先をめぐる問題であった。デンマーク王に即位したクリスチャン九世（１８１８～１９０６）は１８６３年、同君連合の関係にあった両公国の内、シュレースヴィヒに対して新たに制定された11月憲法を適用することでデンマークに併合しようとした。しかしながら、シュレースヴィヒ（デンマーク語住民とドイツ語住民の混住）はホルシュタイン（ドイツ語住民）と中世以来一つの地域を形成しており、彼らにとって両者の分離はあり得ないことであった。その上、クリスチャン九世が女系相続で即位した王であったことも彼らの不満の原因であった。そのため、男系相続を主張してアウグステンブルク家のフリードリヒ八世（１８２９～１８８０）がシュレースヴィヒ・ホルシュタイン公として名乗りを上げ、デンマークとの対立姿勢を強めたのである。

この事態に対してドイツのナショナリズム勢力は色めき立ち、フリードリヒ支持の姿勢を示した。プロイセン国内にもフリードリヒに同情的な声が強かったのだが、こうしたナショナリズムを求める声にビスマルクは一切耳を貸さなかった。彼はフリードリヒを支援してシュレースヴィヒ・ホルシュタインをドイツに組み込むのではなく、この機を利用して両公国をプロイセンに併合することで北ドイツにおける勢力拡大をねらったのである。そのため彼は、デンマークがシュレースヴィヒ・ホルシュタイン問題に関するロンドン条約（1852年）に違反したとしてその非を鳴らした。ナショナリズムの原理ではなくデンマークの国際条約違反を前面に押し出すことで、イギリスをはじめ他の列強の介入を防ぎ、さらには当時ドイツ問題で対立していたオーストリアからは軍事的支援を取り付けることに成功したのである。後年彼が「最も誇りに感じている外交戦」と述懐する所以である。かくして、ビスマルクは情勢の変化を巧みに利用して、ドイツ統一のためではなく北ドイツでのプロイセンの勢力拡大のために、デンマークとの戦争に持ち込んだのであった。

転機としての普墺戦争

次に、二度目の戦争である1866年の普墺戦争について見ていこう。この戦争の背景には、ドイツ問題をめぐるプロイセンとオーストリアの対立があった。先述のようにウィーン体制下のドイツでは約40の国々が割拠しており、統一国家ではなく国家同盟としての「ドイツ連邦」が存在するだけであった。そこでは主導権はつねにオーストリアが握り、プロイセンは格下扱いされており、ビスマルクにとってはそのような状態が我慢ならなかったのである。デンマーク戦争で一見すると普墺両国は協調路線をとるかに見えたのだが、そのような状態は長くは続かなかった。

デンマーク戦争の結果、いくつかの取決めを経て、シュレースヴィヒはプロイセンが、ホルシュタインはオーストリアが管理することとなった。1866年1月下旬、ホルシュタインで反プロイセン集会が開かれたのだが、ここで問題となったのは、これをオーストリア当局が容認したことであった。じつは、デンマーク戦争が終わってからこれまでの間、ビスマルクのオーストリアに対する姿勢は、戦争でもって雌雄を決する強硬路線と平和協調路線との間で揺れ動いており、彼の真意がどちらにあったのかをめぐっては先行研究のなかでも意見が分かれている。しかしながら、ホルシュタインでの反プロイセン集会という情勢の変化を受けて、ビスマルクの方針は定まった。彼は一方でフランスに接近して皇帝ナポレオン三世（1808～1873）の支持を取り付けようとし、他方では普通直接選挙による全ドイツ議会を骨子とするドイツ連邦改革案を出してオーストリアを揺さぶることで、対決姿勢を一気に強めた。こうして6月に両国は全面戦争に突入したのである。

明らかにこれはドイツの覇権をめぐるプロイセンとオーストリアの衝突であり、ビスマルクの目指すところもその点にあった。しかしながら、オーストリアを含めるかたちでドイツを統一すべきだとの声は依然として少なからず存在しており、同胞オーストリアとの「兄弟戦争」はプロイセン国内では著しく不評であった。そこでビスマルクは少しでもプロイセンを取り巻く環境を改善すべく、このときの戦争目標に北ドイツにおけるプロイセンの覇権確立という「大プロイセン」ではなく、プロイセンを中心としたドイツ統一という「小ドイツ」を掲げたのである。普通直接選挙による全ドイツ議会を提唱したのはそのためであった。

「7週間戦争」という異名が示すように、普墺戦争はケーニヒグレーツの戦いで勝利を収めたプロイセンが優勢のうちに2か月足らずで幕を下ろした。その結果、プロイセンは北ドイツに勢力を大きく拡大し、従来のドイツ連邦は解体され、プロイセンを中心に「北ドイツ連邦」が成立した。ビスマルクが追い求めてきた北ドイツにおけるプロイセンの覇権確立がここに実現したのである。この動きを受けて、プロイセン国内ではビスマルクによるドイツ統一を加速させる動きを支持する勢力が多数を占め、彼は世論の強い後押しを受けることになった。だが、こうした成功が輝かしければ輝かしいほど、一度掲げたプログラムを撤回するのは難しい。ビスマルクも例外ではなく、手段として掲げた小ドイツ主義的プログラムを撤回することができず、プロイセンの覇権を確立しつつも「小ドイツ」に向けて方針を転換したのである。この瞬間、ビスマルクは「ドイツの政治家」となった。

独仏戦争

このような流れを受けて、三度目の戦争である独仏戦争（１８７０～１８７１年）を迎える。きっかけは、１８６８年に勃発した革命によって生じたスペイン王位継承問題であった。そしてこのとき、プロイセン王室の分家筋にあたるホーエンツォレルン・ジークマリンゲン家の世子レオポルトに白羽の矢が立った。この話が浮上するや否や、ビスマルクはレオポルトがスペインからの打診を受諾するよう、関係者に対して精力的に働きかけた。だが、これはフランスには到底容認できない話であった。その前年にフランスはルクセンブルクをめぐってプロイセンと激しく衝突し、あわや戦争になるところであり、両国の関係は極めて緊迫したものとなっていた。そこへきて、もしレオポルトがスペイン王に即位しようものなら、フランスはホーエンツォレルン家によって地政学的に挟撃されるかたちになってしまう。そのため、フランスはこの動きを察知するや否や猛烈に抗議し、レオポルトに立候補

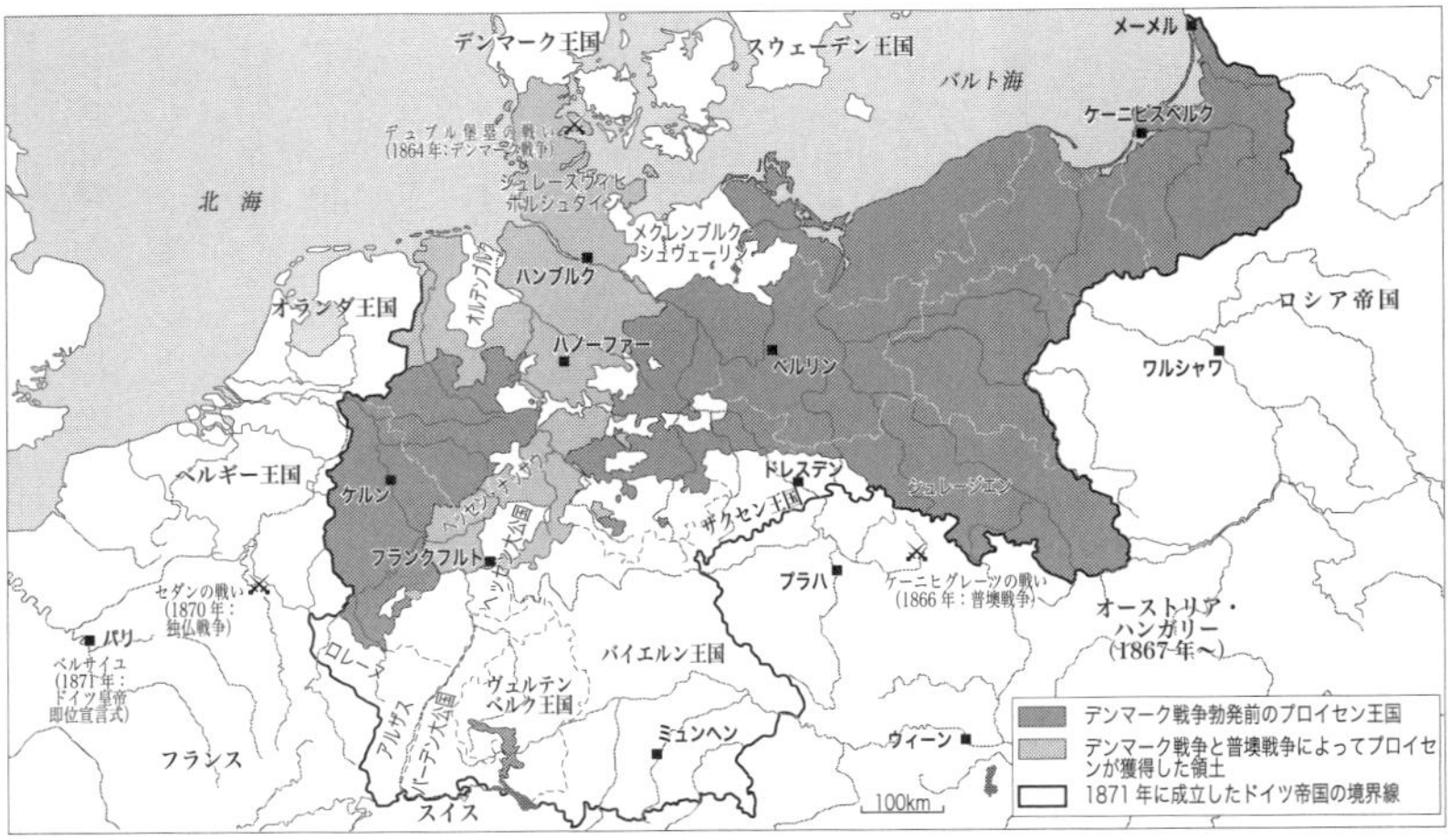

1862年から1871年までのプロイセン（*Stern-Extra: Preußen*, Januar 2012, S.80をもとに作成）

を辞退させることに成功したのであった。この時点で勝負あったかに見えた。ところが、ここでビスマルクが起死回生の一手を打った。世にいう「エムス電報」である。

フランスは保養地エムスに滞在するヴィルヘルム一世に接触して、二度とホーエンツォレルン家の人間がスペイン王の候補者とならないよう念押しした。そのやりとりが電報で報告されると、ビスマルクはその内容を大幅に要約し、余計な説明を一切省略した上で新聞を通じて公表した。その結果、双方の世論が相手国から非礼な仕打ちを受けたとして激しく反発し、１８７０年７月にフランスが宣戦布告する事態に至ったのである。

果たしてビスマルクがスペイン王位継承問題に関与した時点でフランスとの戦争を企図していたのか、この点については先行研究でも意見が分かれ、明言できない。だが、彼はこのときも状況の変化を巧みに利用することで、フランスとの戦争に持ち込んだのであった。

独仏戦争ではセダンの戦いでナポレオン三世を捕虜にすることに成功し、プロイセンが戦争を優位に進め、1871年1月18日にドイツ皇帝即位宣言式を迎えた。こうしてドイツ帝国が誕生するのだが、それはビスマルクが当初目指していた「大プロイセン」というよりは、むしろドイツにおけるプロイセンの覇権確立のためにナショナリズムを利用した結果もたらされた「小ドイツ」であったのである。

（飯田洋介）

27 ヴィルヘルム期のドイツ帝国
――大衆化する社会と世界強国への道

皇帝ヴィルヘルム二世

ドイツ史では帝政期の前半をビスマルク時代と呼ぶことが多い一方で、後半、ヴィルヘルム二世が統治した時代をヴィルヘルム期と呼ぶ。しばしば、この時代は皇帝ヴィルヘルム二世の個性に結びつけられてイメージされてきた。

１８８８年3月、ヴィルヘルム一世は90歳で死去し、フリードリヒ三世が即位した。しかし、彼は喉頭癌のために僅か在位99日で死去してしまった。そうして、ドイツ皇帝兼プロイセン国王に即位したのがヴィルヘルム二世であった。その時、彼はわずか29歳であった。

祖父ヴィルヘルム一世を敬愛し、ロマン主義の影響を強く受けた皇帝は、帝国の家父長的な若き指導者、「帝国臣民の皇帝」としてのイメージを前面に押し出そうとした。ビスマルクは、１８８９年、ルール地方で発生したストライキをきっかけに社会主義者鎮圧法を更新しようとしたが、皇帝は、労働者に対して同情と庇護の態度を示すことによって、彼らを社会主義から遠ざけ、皇帝と帝国への忠誠を得られると考えた。結局、皇帝とビスマルクの不仲は決定的なものとなり、ビスマルクは帝国宰相を辞任し、社会主義者鎮圧法は１８９０年に失効した。こうしていわゆる「新航路」路線が開始された。君主自ら政治を行う親政の実現を夢見たヴィルヘルム二世の統治スタイルの特徴は、彼自身の統治を国民に印象づけること、そして気に入った側近の意見を意思決定に反映させたことである。

社会主義者鎮圧法の失効に伴い、ドイツ社会主義労働者党はドイツ社会民主党に改名し、１８９０年の帝国議会選挙では得票率で首位を占め、１９１２年の帝国議会選挙では最も多くの議席を獲得した。皇帝や政府首脳は、家父長的な政策が功を奏さないと見て取り、社会主義者に対して抑圧的な政策へと回帰した。しかし、そうした政策は帝国議会によって否決され、皇帝や政府首脳の思うようにはいかなくなった。世紀転換期には帝国議会の選挙の投票率が高まり、政治参加を求める声も大きくなった。帝国政府首脳には、社会主義勢力が躍進し、利益団体を核として各勢力の組織化が進むなかで、自由主義者から、保守勢力にまで至る利益団体を味方につけることがより求められ、帝国議会への対策が重要な課題となった。ビューロー・ブロックと呼ばれた反カトリックの自由主義陣営と保守陣営の連携も作られた。このようななかで、国民をまとめ上げる一つの手段となったが、ナショナリズムや帝国主義である。

大元帥として誇らしげに元帥仗を持ち、軍服で着飾ったヴィルヘルム二世。当時、軍人の社会的地位は極めて高かった。とりわけ陸軍の将校には貴族が多かった。

世界政策とナショナリズム

内政と同様に帝国の外交政策もビスマルクの時代と比較して、大きく変化していく。オーストリア＝ハンガリーとの関係を重視したドイツは、１８９０年６月にロシアと締結していた秘密条約、露独再保障条約の延長をせず、同条約は失効した。この結果、フランスとロシアは接近し、１８９４年には露仏同盟を締結した。こうして、フランスを孤立させるというビスマルクの同盟システムは破られた。

1910年に帝国銀行より発行された100マルク紙幣（第3版：赤色記番号）。木陰にたたずむ帝冠を被ったゲルマニアの左には軍艦の戦列が描かれている。

　一方、ヴィルヘルム二世は、積極的な海外進出を目指す世界政策を展開した。王室所有の蒸気ヨットでヨーロッパ各地を頻繁に訪れていた彼にとって艦隊建設による海軍力の強化は、ドイツが強国になるために必要なことであった。この建艦政策を推進したのが、ドイツ東方艦隊司令長官から１８９７年に海軍長官になったティルピッツであった。彼は強力な艦隊を築くことによって、イギリスの行動を牽制しようとした。海軍省はあくまでも北海のイギリス艦隊を沿岸に引き寄せ、決戦を挑む計画を立てていたが、艦隊建設のためには大艦隊の夢をかきたて、国民の理解を得る必要があった。その宣伝のために１８９８年にはドイツ艦隊協会が設立された。この団体は、おもに工業界によって支援され、貴族とともに地域の名士や大学教授をはじめとする多くの市民が参加し、最盛期には約100万人のメンバーを数えた。ここでは集会や出版活動、募金活動、葉書の販売等を通じて外洋艦隊建設の意義が大衆に宣伝された。

そうして、ドイツ帝国はより積極的に海外植民地の拡張と支配に乗り出した。1890年、ドイツ東アフリカ会社から保護領の管理を完全に掌握したドイツ帝国は、さらに植民地支配を強化していった。1898年にはドイツ人宣教師が殺害されたことを口実に膠州湾の租借地を獲得した。1907年には帝国植民地省が外務省の一部局から独立する形で設置された。こうした植民地支配に対して現地住民による蜂起が起こった。たとえば、1904年から1908年にかけてドイツ領南西アフリカではヘレロ族とナマ族による蜂起が、そして1905年にはドイツ領東アフリカで諸部族による大規模なマジ・マジの反乱が起きた。この一連の蜂起に対してドイツ植民地軍は他の列強と同様に苛烈な弾圧でもって応えた。1899年にはドイツ銀行の主導によって、バグダット鉄道の建設が始まった。

こうした政策を倫理的、思想的に支えたのが、当時ヨーロッパに蔓延していた人種主義や社会ダーウィニズムであった。このようなイデオロギーは、艦隊協会をはじめとする大衆運動、とりわけ全ドイツ連盟やドイツ・オストマルク協会のような民族主義団体、さらに保守政党や反ユダヤ主義政党で盛んに宣伝された。ナショナリズムや帝国主義は広範囲の国民の心をとらえ、自由主義者でさえ、中欧をはじめとする世界におけるドイツの覇権の確立を支持したのである。

さらに過激な人々のなかには北欧・ゲルマン的な宗教の実現を求める者さえいたが、黄禍論の影響を受けていた皇帝もそうした考えの虜になった。こうしたゲルマン人優越主義は、同時代のドイツの科学技術や学問の発展を背景とする過剰な自信の表れでもあった。

工業化に伴うナショナリズムの浸透

20世紀初めにはドイツはヨーロッパ随一の工業国になっていた。化学や電気を利用した技術が進歩し、電信、電話、電力網などがドイツ各地に張り巡らされるようになった。ダイムラーによって達成された内燃機関の小型化は、自動車やオートバイ、さらに航空機の製造へと繋がった。１９００年に初飛行したツェッペリン飛行艇は、失敗と成功を重ねながら周遊飛行を行い、その様子は克明に新聞に記され、国民に知らされた。皇帝は学術研究のパトロンを積極的に演じ、１９１１年には彼の名を冠した皇帝ヴィルヘルム学術振興協会が結成され、物理学や化学、医療技術に関する研究も大きく進歩した。

産業の発展は都市の様子を大きく変えていった。大都市にはますます多くの人々が集まり、現代にも通じる都市交通網が形成された。ベルリンの市街鉄道は１９００年に電化され、地下鉄が１９０２年に開業した。皇帝は宮廷列車でドイツ中を移動した。彼が到着するところには大きなテントが建ち、赤絨毯が引かれた。彼の統治は、最新の移動手段に支えられたものであった。街にはヴィルヘルム一世を記念する記念碑をはじめ多くの記念碑が市民によって作られ、郊外にはキュフホイザー記念碑やライプチィヒの諸国民戦争記念碑のように巨大な記念碑がいくつも作られた。晩年も一貫して皇帝に対して批判的であったビスマルクでさえその死後、英雄化され、ドイツ各地にビスマルク記念碑やビスマルク塔が作られた。

ドイツ各地で開催された博覧会は、最新の技術を紹介するとともに多くの市民に余暇の機会を提供したが、戦艦を模した施設や海戦の出し物など、ドイツの世界政策を宣伝する場ともなった。

大都市における生活環境の悪化によって、失われつつある自然や健康への意識が高まった。人々は自転車に乗り始め、それは健康にも良いこととされた。また徒歩旅行をするワンダーフォーゲル運動や彼らに宿を提供するユースホステル運動が生まれ、瞬く間に全国に広がった。大都市の郊外には田園都市が建設され、大都市の喧噪を離れた生活を好んだ市民が移住した。彼らのなかには菜食主義に基づいたコロニーを建設するような人々も現れた。彼らは、健康や衛生を重視し、衣服改革や全粒パンなどの食の改革、日光浴などさまざまな試みを行った。彼らの一部は、「皮相」な市民文化に反発し、彼らこそがドイツや地域の「真の」民族の伝統と自然を再発見できると考えた。

おわりに

建艦政策や植民地進出による列強外交への新たな介入は、周辺諸国に警戒感を呼び覚まし、結果的にドイツは孤立し、オーストリア＝ハンガリーへの依存の度を高め、第一次世界大戦に突入した。科学技術を通じて生み出された兵器の破壊力と現代戦の現実を知らない人々は当初、熱狂的に戦争を迎え、短期間のドイツの勝利を信じたが、その帰結はすでに知るところであろう。

第一次世界大戦において、帝国を象徴する艦隊が、さして活躍することもなく、最終的にドイツ革命の震源地となり帝国を崩壊させたことは、歴史の皮肉と言えよう。

（齋藤正樹）

28 第一次世界大戦
——戦争の炎はどのように広がり、燃えつづけたのか？

何を知れば、「第一次世界大戦とドイツ」を理解することになるのだろう。きわめて素朴なこの問いを大切にしつつ、「火」の比喩を用いて20世紀「最初の」世界大戦を略記してみたい。

ドイツという「火種」

ビスマルクの「鉄と血」に象徴されるように、19世紀後半のドイツは「製鉄の炎」によって急成長した新興国であった。１８７０年頃の人口はおよそ３８００万人でフランスとほぼ同規模だったが、大戦開始前年の１９１３年には６５００万人に膨らんでいた。同時期には、バイエル、ジーメンス、クルップなどの企業コンツェルンが形成された。これらは現代ドイツにもその名を残す大企業として知られる。この煮えたぎる「ヒト、モノ、カネ」は軍事という鋳型に注ぎ込まれていく。１９１３年に、兵数は１８７１年と比べて二倍以上の88万人を数え、１９０５年から１９１３年の国民一人あたりの軍事支出も約二倍に膨れあがった。

１８９０年にビスマルクを罷免した若き皇帝ヴィルヘルム二世は、この国家伸張と軍備増強を背景に、対外膨張政策（世界政策）の野心を燃やした。いや、政財界に焚きつけられたと見ることも可能

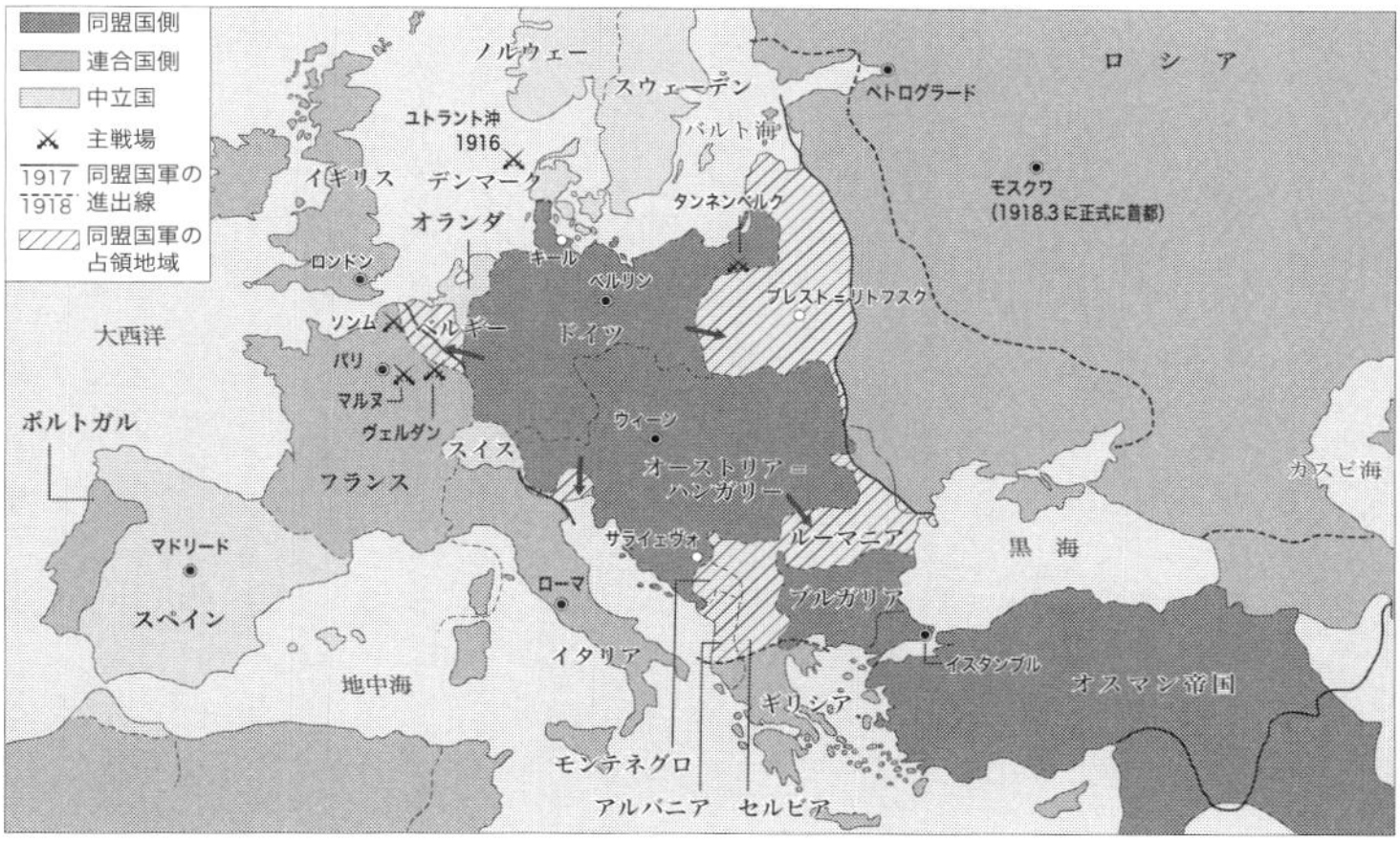

第一次世界大戦中のヨーロッパ（『詳説世界史B』山川出版社をもとに作図）

だろう。いずれにせよ、これが英仏露との対立の火種となった。この火種が、「火薬庫」と呼ばれたバルカン半島に着火したとき、火の手は欧州そして世界へと拡がり、のちに「第一次世界大戦」と呼ばれる未曾有の大戦争となったのである。

バルカンでの「着火」

火薬庫・バルカンでは、19世紀にオスマン帝国のくびきから逃れた各民族が独立運動を展開した。この地の隣接国家が、オーストリア＝ハンガリー二重君主国であり、不凍港獲得のために南下政策を進めるロシア帝国であった。独立を果たしたセルビア王国は、ロシアの後ろ盾のもとに汎スラブ主義運動を展開し、そのなかには民族統一運動としての大セルビア運動も含まれていた。「大セルビア」に含まれるボスニア＝ヘルツェゴヴィナは、１９０８年にオスマン帝国からオーストリアに強引に併合された地域であった。この地は、セルビア系住民85万人が住む、ゲルマン主義とスラブ主義の対立点であった。そして、同地が戦争の着火点となった。「着火」は、セルビア民族主義者の銃弾によってなされた。それが、１９１４年6月28日、ボスニアの州都サライェヴォにて発生したオーストリア皇位継承者夫妻の暗殺事件である。

いかに「延焼」したのか?

戦争拡大の直接のきっかけを作った国を、オーストリア、セルビア、ロシアそしてドイツとすることには異論がないであろう。当時のヨーロッパにおける国土面積は、1位からロシア、オーストリア、ドイツの順であった。オーストリアは、7月23日、セルビアに最後通牒を突きつけた。「意外」にも、セルビアは一部を除いて承諾する旨を伝えたが、これを不満とするオーストリアは、28日にセルビアに宣戦布告をする。ロシアはセルビアを支援する態度を見せ、ロシア西部国境への軍隊の動員を始める。ドイツは、ロシアに動員を停止し、フランスにも参戦を留まるように求めたが、その求めは聞き届けられず、8月1日にロシア、3日にフランスに宣戦布告した。そしてドイツが中立国ルクセンブルク・ベルギーの国境を侵犯し西部に攻め入ったために、4日にイギリスがドイツに宣戦した。

当時はすでに、１８９４年の露仏同盟、１９０４年の英仏協商、１９０７年の英露協商によって、ドイツを囲むように英仏露の同盟関係が成立していた。この緊張にドイツが耐えきれずに暴発したという考え方もできよう。しかし実際には、三国協商も盤石ではなかったし、ドイツ皇帝はイギリス王やロシア皇帝と親戚関係にあり、7月末にヴィルヘルム二世は大国間の戦争回避を模索している。しかし、19世紀の革命の時代を経た20世紀には、皇帝や王だけで臨戦態勢を鎮静化することは不可能になっていた。

このような「延焼」を見せた戦争は植民地にも飛び火した。つまり、世界大戦となったのである。現在もなお、開戦や戦線拡大の責任についての議論がなされているが、前述のオーストリアの最後通牒とその後の態度、そしてドイツの中立国侵犯は無視できない事実である。

「燃えあがる」国民？

普仏戦争から約40年間、欧州圏で大戦争を経験しなかった国々は、１９１４年8月の戦争開始に沸きたった。列をなして戦地へと意気揚々と向かう兵士。それを道路脇で見送る女性や子どもたち。このような場面は一次大戦を扱った映画では「お決まり」のシーンとなっている。しかし、最近の研究は、熱狂だけではなくさまざまな感情が入り乱れていたことを指摘している。この「8月の高揚」もまた神話的側面があったのである。

ただし、多くの熱狂者がいたことも否定できない。つまり、ドイツは普仏戦争以来、再びフランスを打ち破る夢を見た。フランスもまた約40年前の戦争の雪辱を果たそうとした。そして「フランス文明と対決するドイツ文化」というイメージを、知識人たちが流布していった。これは、19世紀のドイツ統一運動を、知識人が支えていたことの延長線上にあった。

１９１４年、東西に燃え広がる「大火」

１９１４年9月のフランス北部でのマルヌ会戦は、「ドイツ文化の防衛戦争」というイメージの影響を受けた民族主義的な意識に燃え立つ戦いであった。だがマルヌ会戦は、このロマン主義的な戦争観に実質的に終止符を打つ戦いであり、ドイツ側は死者18万人を出し戦争は膠着化した。「膠着」、これこそ第一次世界大戦の本質であった。

他方で東部戦線では、ドイツが、東プロイセンに攻め入ってきたロシアを撃退するという劇的勝利を収めることになる。「タンネンベルクの戦い」と呼ばれるが、これは15世紀のドイツ騎士団とリトアニア・ポーランド連合軍との戦争（結果はドイツ騎士団の敗北）を敢えて想起させることで、反スラブ民族感情をあおるための命名であった。これがマルヌの敗北を忘却させて、戦争のロマン化という幻想を長引かせる一因ともなった。

注がれる「油」としての兵器

第一次世界大戦は、予想外に長引いたことに加え各国の「総力」を投入した結果、１９１４年と18年では、その相貌を決定的に変えていた。ここでは、ドイツが用いた兵器を例に、戦争の変容を見ておこう。ドイツでは、戦場に投入していた機関銃が１９１４年に２４００丁だったのが、18年８月には約10万丁になっていた。持久戦となると、火砲が重視され、18年春のドイツ側の攻勢では１３２キロの射程距離を有する「パリ砲」によって、パリ市が砲撃された。また、イギリス軍が16年秋のソンムの戦いで実戦投入した戦車は、連合国側で18年までに約５０００台が製造された。他方でドイツは戦車の開発が遅れ、20台ほどを製造するにとどまった。また、馬から自動車へと戦場の移動手段が移り変わっていったのも第一次世界大戦だった。

次に空に目を向けてみよう。航空兵器は、第一次世界大戦で飛躍的な発展を遂げた。大戦初期、空爆は飛行船によって遂行されたが、大戦末期にはゴータ重爆撃機が用いられた。他方で、戦闘機も当初は主に偵察用に用いられていたが、17年以降は航空戦も本格化した。「レッド・バロン」と呼ばれたリヒトホーフェンなどのパイロットは英雄視されたが、実際には練習、故障、衝突などで命を落とすことが多かった。

さらに海である。潜水艦は、14年9月にイギリスの装甲巡洋艦3隻を撃沈するなどの戦果をあげたことから、その威力が示された。ただし、その後の潜水艦対策のための駆逐艦配備にくわえ、軍部内にも水中からの「卑怯な」攻撃への心理的抵抗もあった。しかし17年にドイツ軍は、船を軍民問わずに攻撃する「無制限潜水艦戦争」を再開し、アメリカ合衆国の参戦をもたらした。

毒ガスの中を突撃するドイツ兵（1918年頃か）（ドイツ連邦文書館、183-R05923、CC-BY-3.0）

最後に「空気」である。新兵器の毒ガスは、1915年4月にドイツ軍が最初に使用し、両軍で毒ガス（塩素ガス）の応酬が展開され、ガス攻撃も発達した。塩素ガス以外にも多種多様な毒ガス、たとえば皮膚毒であるマスタードガスなどが製造され、17年から使用された。毒ガスを体験した兵士として、バイエルン軍に義勇兵として参加したアドルフ・ヒトラーが知られている。

これらの兵器は戦争の風景を一変させ、機械化戦争の時代を印象づけた。そして前線だけではなく、銃後にも影響を及ぼした。直接的には都市空襲の脅威が生まれた。他にも国内の多岐にわたる労働分野、とくに福祉などは女性が担った。ただし、軍需工場では無報酬労働が多かったことを研究が明らかにしている。こうして、前線と銃後の境界を曖昧化させた「全体的な戦争」、つまり総力戦が顕現したのである。

１９１８年、海軍からの「消火」

１９１８年10月の時点でドイツは疲弊しきっていた。この原因として、１９１６年から17年にかけての冬の飢餓（カブラの冬）も挙げられる。さらに、毎月増員されるアメリカ兵もあって、敗戦は決定的であった。それでも軍部はドイツに有利な条件の講和締結に最後まで拘っており、そのために軍事行動は続けられていた。しかし、戦争士気の低下は著しく、その士気低下がドイツ帝国を内部崩壊に至らせしめた。10月末以降のキール軍港の水兵反乱は、またたくまに全国に飛び火した。11月に新首相マックス・フォン・バーデンによる皇帝退位宣言、そしてフィリップ・シャイデマンによる共和国宣言によって、長くそして激しく燃え続けた第一次世界大戦は急速に鎮火へと向かい、11月11日に休戦を迎えた。そして１９１９年６月、ヴェルサイユ宮殿で対ドイツ講和条約が調印され、その後の諸条約により大戦は公式に終わった。

しかし、その後も世界各地では戦争が繰り広げられている。そのなかには「満州事変」も含まれる。このように、第一次から第二次の世界大戦の間を「20世紀の三十年戦争」とする見方もある。いや、二つの大戦のもたらした戦火は、21世紀の現在でもまだ消えていないとも言えよう。

（柳原伸洋）

29 ヴァイマル共和国
――「即興デモクラシー」のゆくえ

「即興のデモクラシー」

ヴァイマル共和国は、「即興デモクラシー」とか「誰からも愛されなかった共和国」などと呼ばれる。確かにヴァイマル共和国は、帝国の敗戦と崩壊の産物であり、積極的な共和国支持勢力のもとに誕生したわけではない。とはいえ、敗戦直前ではあるが、１９１８年10月に議会多数派の支持を得たマックス・フォン・バーデン内閣が誕生し、「十月改革」と呼ばれる議会主義化の試みが進められていた点は見逃してはならない。

１９１８年11月３日のキール軍港における水兵の蜂起をきっかけに、ドイツ各地に兵士と労働者の革命が広まった（「十一月革命」）。各地に労兵評議会（レーテ）という統治機関が生まれるとともに、諸邦で国王が退位していった。こうした革命の波を収束させるため、社会民主党は、11月９日に共和国の樹立を宣言し（ヴィルヘルム二世はオランダに亡命）、翌日に「人民代表委員会」という暫定政府を発足させ、11日に休戦協定に調印した。この過程で社会民主党は、軍最高司令部および官僚団と妥協して秩序の維持を優先した。それは、軍部と官僚が保守的なまま温存されたことを意味した。「皇帝は去ったが、将軍たちは残った」と言われるゆえんである。とともに、経営者連盟と労働組合の妥協も成立し、八時間労働制などを含む「中央労働共同体」協定が締結され、労使の政治的な対立も緩和された。

こうした妥協に満足しない急進派は、1919年1月1日にスパルタクス団を中心に共産党を創設して「一月蜂起」を起こしたが、社会民主党は、軍隊と反革命義勇軍を使ってこれを鎮圧した。こうした経験は、共産党と社会民主党の対立関係を修復不可能なものにした。

1919年1月19日、憲法制定のための国民議会選挙が男女普通選挙に基づいて実施された。このときドイツ国民は、労働者政府の樹立でも旧体制への復古でもなく、議会制民主主義を支持した。社会民主党、民主党（自由主義左派）、中央党（カトリック政党）が圧勝し、この三党が「ヴァイマル連合」として政府を構成した（国民議会は政情不安定なベルリンを避け、ヴァイマルで行われている）。大統領にはフリードリヒ・エーベルト、首相にはフィリップ・シャイデマンが選出された（ともに社会民主党所属）。

民主党所属の法学者フーゴー・プロイスが起草し、8月に制定されたヴァイマル憲法は、男女普通選挙権、厳格な比例代表制、議会を基礎とした議院内閣制、直接選挙に基づく大統領（48条で大統領には非常事態を想定した緊急命令権が与えられた）を規定していた。また政治的・市民的権利のみならず、国民の生存権・社会権を広く認め、当時世界で最も先進的な憲法となった。

危機の連続（1919～1923年）

しかし、画期的な憲法を備えたとはいえ、そもそも政治勢力および国民の間にはいまだ帝政への郷愁が強く、敗戦から生まれた共和国の正統性は確固としたものではなかった。さらに新共和国の重荷となったのが、ヴェルサイユ講和条約の受諾である。

1919年6月28日に調印されたヴェルサイユ条約により、ドイツはすべての海外植民地を没収され、国土の面積の13％を割譲し、人口の10％（700万人）を失った。また、軍備の制限（参謀本部の解散、徴兵制の禁止、陸軍10万人の限定など）、ライン川左岸の非武装化、オーストリアとの「合邦《アンシュルス》」禁止、そして多額の賠償金が課せられた。近年の研究ではヴェルサイユ条約は決して過酷なものではなかったとされるが、それでもドイツ国民に与えた心理的影響は多大なものであった。そもそもドイツ代表団は講和会議の審議に参加できなかったし、戦争責任もドイツに帰せられた（第231条）。まさにドイツにとってヴェルサイユ条約は勝者による「一方的命令《ディクタート》」であった。

こうして最初から重荷を背負わされた共和国は、1923年まで危機の連続であった。経済的には、賠償金の負担とともに、戦時の債務がインフレの原因となった。また、国内の反体制勢力が共和国を攻撃し続けた。たとえば1920年にカップ＝リュトヴィッツ一揆という右翼のクーデターが起きたり、講和締結のシンボルであったマティアス・エルツベルガーや外相のヴァルター・ラーテナウが暗殺されたりした。

こうしたとき、軍および官僚の保守性が共和国にとってマイナスとなった。左翼の鎮圧には機能した軍がカップ一揆のときには動かなかったし、政治テロについて裁判官たちは、左翼には厳しい判決を下す一方、右翼には寛大さを示したのである。

共和国初期における危機の頂点が、ルール占領である。1923年1月、フランスとベルギーが、ドイツの賠償支払い不履行を名目にルール工業地帯を占領した。これに対しドイツは「消極的抵抗」

で応じたが、そのコストによりハイパーインフレーションに見舞われ、社会的不安も高まった。

危機のなか1923年8月に成立したグスタフ・シュトレーゼマン内閣は、「消極的抵抗」の停止を呼びかけ、連合国に対してドイツの経済状態と賠償支払い能力の調査を要求した。これを受け、翌年1月にアメリカの銀行家チャールズ・ドーズを委員長とする専門家委員会が設置され、1924年8月に採択された「ドーズ案」によって、賠償問題は、先送りではあるが一時的に解決された。また、1923年11月の通貨改革によってインフレは鎮静化した。さらにこの間、ザクセンとチューリンゲンで成立していた共産党を含む左翼政権が解散させられ、バイエルンでのヒトラー一揆といった右翼の体制転覆の試みも挫折した。

相対的安定期（1924〜1929年）

1923年の危機を克服したヴァイマル共和国は、マルクの安定に伴う経済的発展により、1929年まで暫しの安定期に入る。この期間を「相対的安定期」と呼ぶ。

選挙のたびにヴァイマル連合は票を失い、もはや多数派を形成できなくなっていたが、1924年以降、左右両極の政党が後退するとともに、君主主義的で大地主の利害を代表していた国家人民党が穏健化して度々政権に加わるようになった。さらに重要なのは、資本家の利益を代表していたドイツ人民党が、シュトレーゼマンの指導力によって、共和国の政治的安定を支えたことである。

シュトレーゼマンは相対的安定期に長く外相を務め、その和解外交によってドイツの国際環境を改善させた。たとえば1925年のロカルノ条約によって、ドイツ西部国境の不可侵を約し、ヨーロッパにおける地域的集団安全保障の仕組みを築いた。これと並行して、１９２６年にドイツは国際連盟に加入した。こうした尽力により、シュトレーゼマンはフランス外相アリスティード・ブリアンとともにノーベル平和賞を受賞している。

さて、１９２８年の選挙では、久しく野党であった社会民主党が伸長し、社会民主党から人民党までのヘルマン・ミュラー大連合政権が成立した。このミュラー内閣の下、「ヤング案」を通じた賠償問題の最終的解決が図られた。しかしヤング案をめぐっては右翼からの怒号が高まった。国家人民党は28年に党首となったアルフレート・フーゲンベルクの下、反共和国の立場を明確にしており、ナチ党を含む各右翼団体と協力して、反ヤング案闘争を繰り広げた。

こうしたなか共和国を襲ったのが、１９２９年の世界恐慌である。前述の「ドーズ案」は、相対的安定期における国際的な金融サイクルを形成していた。すなわち、ドイツはアメリカからの借款によって経済復興を進め、英仏に賠償金を支払い、それを元手に英仏がアメリカに戦債を支払うというサイクルである。このサイクルを断ち切ったのが、１９２９年10月のニューヨーク株式市場大暴落に始まる世界恐慌であった。同月に、外交的にも政党政治的にもヴァイマル共和国の支柱であったシュトレーゼマンが死去したことは、共和国の運命を暗示していた。

「共和国の安定と国際協調に尽力したシュトレーゼマン」（出典：ドイツ連邦文書館のウェブサイト、URL：https://www.bundesarchiv.de/oeffentlichkeitsarbeit/bilder_dokumente/00755/index-7.html.de）

大統領内閣、そしてヒトラー政権成立へ（１９３０～１９３３年）

大恐慌のなか、失業者は膨れ上がり、労使対立も激化した。１９３０年3月には失業者への給付金支払いをめぐって与党内の調整が失敗し、大連合政権が崩壊した。ヒンデンブルク大統領は中央党のブリューニングを首相に任命した。もはや議会の多数派形成は不可能となり、政権は議会にではなく、憲法第48条に基づく大統領緊急令に依拠して統治するようになった。こうしたブリューニング内閣以降の、議会ではなく、もっぱら大統領の信任に依存した内閣を「大統領内閣」と言う。ブリューニングは経済危機に対して増税とデフレ政策でしのごうとしたが、それは事態を悪化させるばかりであった。

こののちパーペン内閣（１９３２年6月～11月）、シュライヒャー内閣（１９３２年12月～１９３３年1月）と続くが、いずれの「大統領内閣」も事態を収集することはできず、１９３３年1月30日にヒトラーが政権につき、共和国は終焉を迎えることになる。

（板橋拓己）

30 ヒトラー独裁の成立

――ヒトラーは選挙（民意）で首相になったのか？

「ヒトラーは選挙（民意）で首相になった」――そう言われることが多い。本当だろうか。たしかにヒトラー率いる国民社会主義ドイツ労働者党（ナチ党）はヴァイマル共和国末期の経済的危機、社会的混乱に乗じて台頭し、１９３０年９月の国会選挙で第二党（得票率18・３％）へ、１９３２年７月の国会選挙ではついに第一党（得票率37・３％）に躍進した。だがその頃からナチ党の勢いに陰りがみられ、１９３２年11月の国会選挙では約２００万票を失い、得票率も33・１％まで下落した。いつまでも政権にたどりつけないナチ党への失望が広がり、党は分裂の危機に直面した。このままいけば党は支持者を失い、ヒトラーも政界から消え去るのでは、との観測も出てきた。ヒトラーがヒンデンブルク大統領によって首相に任命されるのは、その直後の１９３３年1月30日のことだ。

ここで、ヴァイマル共和国の統治機構と共和国末期の政治状況を振り返ろう。

ヴァイマル共和国憲法は、国会に基礎をおく議院内閣制を定める一方で、国民の直接選挙で選ばれる大統領に首相・閣僚の任免権、国会解散権など大きな権限を与えていた。首相・閣僚は国会の信任を必要とし、国会は国民投票を通して大統領を罷免することができた。こうした国会と大統領の二元主義がヴァイマル憲法の特徴であり、首相は両者の均衡の上に国政の基本方針を定め、民主政治をリードすることが期待されていた。

だがこの時期のドイツの国会は、政党間の対立と相互不信が深まり、妥協と調整による多数派（合意）形成能力がすっかり失われてしまった。ヒトラー政権に先立つブリューニング、パーペン、シュライヒャーといった共和国末期の政権は、どれも国会に多数の基盤を持たず、もっぱら大統領の力に依存して政権運営にあたっていた。

大統領内閣

そのような少数派政府は「大統領内閣」と呼ばれる。これは、共和国憲法に明文規定されたものではなく、憲法が定める大統領の権限、すなわち首相・閣僚任免権、国会解散権、非常時の緊急命令権を組み合わせて用いることで実現したものだ。なかでも非常時の緊急命令権は、憲法第48条に記された大統領大権の一つで、「公共の安寧と秩序」が著しく脅かされるなどして国家が危急の事態に陥った場合、大統領はその事態を克服するため「必要な措置」を講じることができた。これが大統領緊急令（「非常事態条項」）である。

大統領緊急令は法律に代わるものと見なされたから、首相が大統領を動かして緊急令を公布できれば、首相は国会から独立して国政にあたることができる。しかも緊急時に関する規定がなく、大統領にはこれを恣意的に解釈する余地があった。一方、国会には大統領緊急令を廃止する権限が与えられていたが、その権限を行使すれば、国会は解散を覚悟しなければならないだろう。

１９３０年夏の国会解散はそのような経緯で行われた。つまり増税とデフレ政策を基調とするブリューニング政権の財政改革案が国会で否決されると、首相は大統領を動かしてこれを大統領緊急令として公布した。国会では、これに対抗して、大統領緊急令廃止動議が可決成立した。すると今度は大統領がこれに対抗して国会を解散し、一度否決された大統領緊急令を再公布した。こうして実施された国会選挙でナチ党は躍進し、共産党も第三党へ台頭した。

左右反対派の勢いが増した国会で、政府が打ち出す政策はどれも反発を招いて暗礁に乗りあげた。首相は大統領緊急令にますます頼らざるを得なくなった。こうした「大統領統治」の下、国会で成立する法案は急減した。これに反比例して、大統領緊急令は鰻登りに増えていった。国の政策が大統領に近い官僚・専門家の手で策定され、国会を経ずに緊急令として実行されるようになった。

１９３２年７月の国会選挙でナチ党が第一党となり、第三党の共産党とあわせて議席総数の過半数を抑えると、国会はもう何も決められない状況に陥った。当時の共産党はソ連型独裁を志向し、議会制民主主義をブルジョワ支配の道具と見なして激しく攻撃していた。政府は招集された国会を直ちに解散し、次の選挙までの数か月を大統領緊急令だけで対処した。世論は猛反発し、国会は存在意義を失った。

ヒンデンブルクは、共和国大統領に初当選（１９２５年）したとき、憲法に忠誠を誓っていた。だが32年の再選時には、国会を衆愚政治と見なし、代議制民主主義に代わる権威主義統治の可能性を追求するようになっていた。もともと帝国陸軍元帥で、プロイセン王国の伝統を引く帝政主義者である。ナチ党が国会第一党になったのちも、ヒトラーを「ボヘミアの一兵卒」と見下し、首相の座を与えることを躊躇っていたが、やがてナチ党の退潮が始まり、共産党の伸長が保守派・財界の不安を助長するなか、ヒンデンブルクは、取り巻きの進言を受ける形でヒトラーを首相に任命したのである。

ヒトラー政権の誕生

発足時のヒトラー政権はナチ党の単独政権ではなかった。そこにはヒトラーの他、10名の閣僚がいたが、ナチ党員はフリック内相、ゲーリング無任所相の2名だけだ。残りの閣僚ポストは、ドイツ国家人民党の大物と保守系無所属の大臣経験者（その大半は前政権からの残留組）が占めた。つまりヒトラー政権はナチ党と保守派の連立政権であり、国会に占める与党の比率が41・6％という少数派政府であった。たしかにヒトラーは、ブリューニング、パーペン、シュライヒャーよりはるかに大きな与党勢力を持ったが、大統領の大権に依存するという点では違いはなかったのである。

ヒトラーを首相の座に就けたヒンデンブルクと、ナチ党との野合に踏み切った保守派の狙いはいったいどこにあったのだろうか。一つは機能不全に陥った議会制民主主義を廃止すること、いま一つは共産党（マルクス主義）を撲滅すること。さらに、強いドイツの実現に向けて再軍備を実行することにあった。

既成の権力者に両脇を固められたヒトラーは、一気に攻勢に出た。国家人民党の反対を押し切って、国会を解散し、国会選挙（3月5日実施）に打ってでたのである。ヒトラーには三つの

ヒトラー内閣誕生（1933年1月30日）（ドイツ連邦文書館、Bild 183-H28422、）

「飛び道具」があった。大統領緊急令、突撃隊・親衛隊、それに大衆宣伝組織である。

　ヒトラーは、選挙戦の皮切りにヒンデンブルクを動かして大統領緊急令を発令させ、集会と言論の自由に制限を加えた。そしてナチ党の疑似軍事組織、突撃隊と親衛隊をプロイセン州の「補助警察」とした。国会議事堂炎上事件（2月27日夜）が起きると、これを共産主義者による国家転覆の企てと断じて、「国民と国家を防衛するための大統領緊急令」（「議事堂炎上令」とも言われた）を公布させた。これによって共産党員など左翼運動の指導者を一網打尽にし、あわせて人身の自由、言論・集会・結社の自由、信書・電信・電話の秘密、住居の不可侵など憲法が定める基本的人権を停止した。

　これ以降、警察は「保護拘禁」と称して被疑者を、司法手続きなしで逮捕できるようになった。政治的反対派に厳しい弾圧を行うヒトラーは、同時に政府の独裁権を求めた。国難危急にあたり「国民総決起政府」に相応しい強い執行権が必要だと言うのだ。

授権法とは何か

　ヒトラーが何をおいても手に入れたかったのが授権法である。授権法は全権委任法とも呼ばれ、政府に立法権を委ねるものである。これが成立すれば政府は国会から自由に、大統領に依存することなく法律を意のままに制定できる。じつはヒンデンブルクも授権法の制定に賛成していた。数年来の「大統領統治」には憲法違反の嫌疑が向けられており、ヒンデンブルクはそのことの精神的負荷から早く免れたいと願っていた。議会制民主主義の限界を言いたてる国家人民党も、自党の政策が容易に実行できる授権法の制定に意欲を示した。

授権法が成立するためには、国会議員総数の3分の2以上の出席と、出席した議員の3分の2以上の賛成が必要であった。ナチ党は33年3月5日の国会選挙で43・9％、国家人民党は8・0％の票を獲得し、ヒトラー政府は過半数の議席を得たが、3分の2には届かなかった。

ヒトラー政府は、議事堂炎上事件の容疑者として共産党国会議員全員を拘束していたが、議決にあたり社会民主党など野党の「欠席戦術」を防ぐため、議長（ゲーリング）が認めない事由で欠席する者は登院を認めず、その欠席は出席と見なすという議院運営規則改正案を直前に国会に提出して賛成多数で通過させた。3月23日、「補助警察」となった突撃隊員が多数議場に入って議員を威圧するなか、採決が行われた。結局、反対票を投じたのは、社会民主党の議員だけだった。

成立した授権法には、「国の法律は、憲法に定める手続きによるほか、政府によっても制定され得る」（第一条）、「政府が制定した国の法律は憲法と背反し得る」（第二条）と記されている。こうしてヴァイマル共和国憲法は、改正されることも廃止されることもなく形骸と化した。

ヒトラー政権下のドイツでは、夥しい数の法律が迅速に制定された。かつては議論百出して日の目を見ることのなかった法案も易々と成立した。「決められる政治」が出現したのだ。のちのホロコーストへと繋がるユダヤ人差別立法も、授権法の下で合法性の装いを維持しつつ進展した。ヒトラー政権の誕生からわずか50日余り、大統領緊急令を独裁政治に向けて濫用するヒトラーは、息をのむ速さで授権法を成立させた。ドイツは、もはや民主主義国へは戻れない不可逆地点を踏み越えてしまったのである。

（石田勇治）

31 ナチ時代のドイツ
――民族共同体・対外政策・第二次世界大戦

絶対の指導者となったヒトラー

前章で述べたように、政権を握ったヒトラーはわずか50日余りで授権法を手にした。そしてその直後から一連の新法を制定して国家と社会のナチ化に乗り出した。政権にたてつく恐れのある民主主義者やユダヤ人を公務員職から追放し、全国の州政府を統制下に置いた。ナチ党以外の政党はすべて解体を余儀なくされ、新党の設立は法律で禁じられた。国会は形式上存続したが、政府の意思を承認するだけの賛同機関・宣伝装置へなりさがった。

ヒトラーは政権基盤を強化するため、軍・官僚・財界といった既成の権力エリートに接近した。軍首脳を前にした秘密演説で、ヒトラーは「民主主義の宿弊」の除去、徴兵制の導入、国防軍の再建を約束して、支持を訴えた。ヒトラーと手を組んだ保守派にとって、ナチズムが内包する社会革命的な潮流は不安の種だった。ヒトラーの盟友で、突撃隊（SA）幕僚長のエルンスト・レームが、「政権奪取」に続く「第二革命」の実行を公然と求めるようになると、その不安は反発へ変わった。１９３４年6月末、ヒトラーはついにレームを殺害させ、突撃隊幹部を粛清した。世に言う「長いナイフの夜」（レーム事件）である。

この事件では一部の保守派も殺害されたが、ナチ体制の不安定要因と目された突撃隊幹部が一掃されたことで、突撃隊と競合関係にあった軍指導部とヒトラーの間に信頼関係が生じた。「長いナイフの夜」はヒトラーが命じた犯罪行為だが、政府はこれを法律で合法とした。その後、ヒンデンブルク大統領が死去すると、政府は法律で大統領職を廃して、ヒトラーが首相と大統領を兼任することを決めた。今や絶対の指導者となった「ヒトラー総統」に全軍の将兵が宣誓するのは、その直後のことである。

ヒトラー人気の源泉

１９３３年３月の国会選挙では、左翼政党が弾圧され、政府による露骨な選挙介入があったにもかかわらず、ナチ党は43・９％の票を得るにとどまった。ところがその後、ヒトラーの人気は急上昇し、翌年には希代の国政指導者と広く世間から評価されるにようになった。それはいったいなぜだろうか。ここでは、最大の内政課題であった失業問題の解消と国民統合の進展、「強いドイツ」のイメージが復活したことを取り上げてみよう。

ヒトラー首相の下で国立銀行総裁に返り咲いたシャハトは、積極的な公共事業による雇用の促進をはかった。その目的のためにアウトバーンの建設が法制化され、民間企業の設備投資を促進すべく種々の助成措置が講じられた。若年層を対象とする勤労奉仕制度が導入され、女子労働者を家庭に戻す政策、夫婦の共働きを禁じる政策が採られたこともあって、失業者は目に見えて減少した。ヒトラーは「失業の撲滅」に向けて国民が一致団結するよう訴えた。ゲッベルスの宣伝省は、失業問題の解消はヒトラーの下で国民が一丸となって達成した一大事業だと喧伝し、「労働をめぐる闘い」に勝利したヒトラーの偉業を称えた。鳴り物入りで進められた失業撲滅キャンペーンの大成功は、人々がヒトラーに吸い寄せられる大きな要因となった。

この時、ナチの宣伝で繰り返し用いられたのが、民族共同体の概念である。「ドイツ国民よ。おまえが一つになればおまえは強くなれる」は、ヒトラーが演説で使う常套句だ。ヒトラーのいう民族共同体には、階級社会の現実を覆い隠す水平的な平等主義と、真に力のある者を新たな指導者として尊ぶ垂直的な実力主義の響きがある。この一見矛盾する二つの方向を統合するのが、全体への献身と自己犠牲の精神である。

ナチ時代のドイツでは、旧貴族の家系に生まれても、裕福な家庭で育っても、学歴が高くても、心身ともに「健全」でなければ出世は望めないし、「ユダヤの血」が混じっていたら、それだけで差別の対象となった。親であっても教師であっても熟練工であっても民族共同体の規範に適わぬ言動をとれば、公益に反すると見なされ、誰かによって党に通報されるだろう。これに戸惑い、恐怖に怯える者もいた。だがその一方で、実力主義の時代が到来したと歓迎する者もいた。これまでの社会で不遇をかこっていた人々のなかにはこれを千載一遇のチャンスと捉え、ナチ的価値基準の下での社会に期待を寄せる者も多かった。

ヒトラーの対外政策

ヒトラーの対外政策上の目標は、ヴェルサイユ体制を打破し、東ヨーロッパにゲルマン民族の

「生空間《レーベンスラウム》」を確立することにあった。当初、平和主義的な演説を行い、教皇庁と政教条約を結んで外国の不安を和らげたが、やがて軍備不平等を口実にドイツの国際連盟脱退を決めた。1934年にポーランドと不可侵条約を結び、翌年にはザール地方の帰属をめぐる住民投票で圧勝し、ヴェルサイユ条約が禁じる空軍の保有と徴兵制の復活を宣言した。フランスはこれに反発してソ連と相互援助条約を結んだが、イギリスはこれを容認し英独海軍協定を締結して自らヴェルサイユ体制の崩壊に手を貸した。こうした西欧列強の動きを見て、ヒトラーはラインラント非武装地帯に軍を進駐させるという大胆な挙に出た。

立て続けに大きな外交成果を上げるヒトラーに、国民の多くが驚き、大国ドイツの復活を印象づけたヒトラーを無二の指導者と礼賛するようになった。

本格的な再軍備が進むなか、雇用は拡大したが、インフレも進んだ。1936年に食糧不足が表面化すると、外貨が食糧輸入に回された。その結果、工業原料の備蓄が減少し、軍需産業は危機に直面した。ここで再軍備のペースダウンを求めるシャハトと、あくまで軍備拡充を優先するヒトラー、国防軍首脳との対立が深まった。ヒトラーは1936年のナチ党大会で「四か年計画」を公表し、4年以内に陸海空三軍の戦争準備を整え、石油・ゴム・鉄鋼など戦略物資の自給自足体制を完成するよう命令を下した。そのための全権者にはシャハトでなく、空軍大臣ゲーリングが任命された。強引な軍拡が押し進められ、1939年には国防費は国家予算の半分を占めるに至る。

戦争への意思を固めたヒトラーは1937年1月、国防相、外相、陸海空軍最高司令官を前に戦争遂行計画を披露し、ゲルマン民族の「生空間」を東欧に樹立する必要性を力説した。だが二正面戦争の危険性をはらむ無謀な計画に軍首脳は躊躇《ためら》った。翌年、ヒトラーは国防相と陸軍最高司令官を解任した。そして国防相職を廃止し、かわって新設された国防軍統合司令部長官に従順なカイテルを抜擢した。同時にノイラート外相を罷免し、忠実なリッベントロップが後を継いだ。

1938年3月、ヒトラーはオーストリアに軍を進めてこれを併合した。これ以降、ドイツの膨張政策は加速し、9月にはチェコスロヴァキアのズデーテン地方の割譲を要求した。戦争の危険を感じとった英首相チェンバレンは、交渉による平和の維持を追求した。これは対独宥和政策と呼ばれるが、そのピークが1938年9月のミュンヒェン会談である。そこでズデーテン地方のドイツへの割譲が決まった。翌年3月、ヒトラーはチェコのボヘミア・モラビア地方を制圧し、プラハに進軍した。ボヘミア・モラビア地方はドイツの保護領となり、スロヴァキアにはドイツの傀儡政権が誕生した。さらにヒトラーは、リトアニアにメーメル地方の、ポーランドにダンツィヒと「ポーランド回廊」の返還を要求した。ここに至ってイギリスは対独宥和政策を放棄し、ドイツの領土要求に反対してポーランドの支援を約束した。これに対してヒトラーはポーランドとの相互不可侵条約とイギリスとの海軍協定を破棄し、8月にソ連と相互不可侵条約を結んだ。

第二次世界大戦

1939年9月1日、ドイツはポーランドに侵攻した。3日には英仏が対独宣戦を布告し、第二次世界大戦が始まった。緒戦で電撃的勝利を収めたヒトラーは対英和平を呼びかけたが、イギリスは応じなかった。ポーランドをソ連とともに分割したドイツは、現地で苛酷な占領政策を実行した。現地の支配層、知識人は徹底的に弾圧され、抵抗の兆しを見せたものは捕らえられ死に追いやられた。

翌年4月、ドイツはイギリス軍のスカンディナヴィア半島上陸阻止を目的に、ノルウェー攻略戦を敢行し、オスロを平定した。続いてオランダ、ベルギーを侵攻し、6月にはフランスを襲ってパリを陥落させた。フランス北部はドイツ占領下に入り、南部にペタン政府が成立してドイツと休戦条約を結んだ。この頃、イタリアはドイツの側に立って参戦した。フランスを倒したヒトラーは次の目標をイギリスに定め、英本土の空襲を始めた。

9月には日独伊三国同盟が締結された。ドイツ国内には、日独伊にソ連を加えた反英四国同盟を求める声があったが、東方に「生空間」を求めるヒトラーはこれを拒否し、12月、対ソ作戦準備指令を下した。翌年2月、ドイツはイタリアを支援するため北アフリカへ進軍し、4月にはユーゴスラヴィア、ギリシアを攻略した。

1941年6月、ドイツは相互不可侵条約を破ってソ連領内に侵攻し、独ソ戦が始まった。これは戦争が新たな局面に入ったことを意味した。この独ソ戦は西部での戦いと性格が異なり、国際法を逸脱した熾烈な「絶滅戦争」となった。この年の12月、日本軍が真珠湾を攻撃すると、ヒトラーはそれに乗じて対米宣戦を布告した。これでヨーロッパの戦争がアジア太平洋の戦争と繋がり、文字通りの世界戦争となった。

1942年夏、ドイツ軍は東部戦線で攻勢をかけてスターリングラードを包囲した。しかしソ連軍の猛反撃はドイツ軍を打ち破り、逆に包囲されたドイツ第六軍は降伏した。これで形勢が逆転した。ゲッベルス宣伝相は43年2月、総力戦を国民に訴え、新たに軍需大臣となったシュペーアの下で戦争経済の建直しをはかるが、戦局の悪化を食い止めることはできなかった。５月、ドイツ軍は北アフリカ戦線でも降伏した。７月にムッソリーニが失脚し、イタリアが戦線から離脱した。ソ連軍は一連の大攻勢を開始して中央ヨーロッパに進入した。１９４４年６月、連合軍はノルマンディー上陸作戦に成功し、ドイツは東西から夾撃される格好となった。

　絶望的な戦争を続けるヒトラーへの不満が国防軍内部に広まった。１９４４年７月20日、シュタウフェンベルク大佐を中心とする陸軍高級将校らが、東プロイセン総統大本営でヒトラー暗殺計画を実行に移したが、ヒトラーは命をとりとめ計画は失敗に終わった。敗戦が濃厚となるにつれて、ナチ体制への国民の信頼は揺らぎ始めた。だが当局は厭戦ムードの広がりを恐れ、どんな小さな抵抗の芽も見逃さず、厳しく取り締まった。密告に基づく逮捕件数が急増し、国民に対するテロ支配の本質がこの期に及んではっきりと現れてきた。

EXTRA　THE STARS AND STRIPES　EXTRA

HITLER DEAD

Fuehrer Fell at CP, German Radio Says; Doenitz at Helm, Vows War Will Continue

Churchill Hints Peace Is at Hand

ヒトラーの死亡を報じるアメリカ軍の雑誌（1945年5月2日、Stars and Stripes, the Official US Army magazine）

　１９４５年３月、連合軍はライン川を越えた。４月にはソ連軍がウィーンを占領し、やがてベルリンを包囲した。４月30日、ヒトラーは瓦礫と化したベルリンの地下壕で、直前に結婚したエファ・ブラウンとともに自ら命を絶った。

（石田勇治）

コラム 7

過去の克服
――負の過去の記憶をどう継承するか

ナチ体制崩壊後のドイツは、ナチの暴力支配と侵略戦争がもたらした帰結と向き合わなければならなかった。東西ドイツのいずれにとっても、この直近の過去との取り組みなくしてドイツの再出発はありえなかった。なかでも、西ドイツでは、ナチの過去との取り組みが「過去の克服」という言葉で呼ばれるようになった。この言葉にこめられた精神は、東西ドイツの統一を経て今日のドイツにまで引き継がれ、ドイツのナショナル・アイデンティティの根幹を今も形成し続けている。

「過去の克服」にはさまざまな取り組みが含まれる。たとえば、加害者に対する司法訴追、被害者に対する補償や名誉回復である。この二つが体験世代の加害と被害に直接に関わるものだとすれば、ネオナチの規制のように次世代を視野に入れた再発防止の試みもある。また、ナチの過去をめぐる記憶を継承し、ナチ・ドイツが不法国家であったという評価を世代を超えて共有していくための取り組みも、「過去の克服」の重要な領域の一つである。

「過去の克服」の重心は、初期には、当事者自身の加害行為・被害体験とどう向き合うかに置かれていた。しかし、第二次世界大戦の終結とナチ体制の崩壊から長い年月がたち、直接の体験世代に高齢化の波が押し寄せるなか、今日では、当時を知らない世代がどう記憶を継承していくかという問題の重要性がますます高まりつつある。

歴史認識を形づくる重要な要素の一つは歴史教育である。今日のドイツの歴史の授業では、現代史、とくにナチ時代の学習が重視されている。しかしそれだけではない。学校教育の枠を超え、社会のなかで広く知識の伝達と歴史認識の醸成を行うための仕組みも整えられている。国内各地で強制収容所の跡地が保存・公開されているのをはじめとして、とくに１９９０年代以降、ナチ時代の加害と被害を記憶にとどめるための記念・追悼施設が数多く建設されてきた。近年、話題になったものとしては、首都ベルリンのブランデンブルク門脇に２００５年に完成した「殺害されたヨーロッパのユダヤ人のための記念碑」と地下のインフォメーションセンターがある。近くには、シンティ・ロマ、同性愛者、安楽死作戦の犠牲者のための追悼・記念の場も設けられた。また、東部戦線における正規軍の犯罪を糾弾した「国防軍の犯罪」展のような歴史展示が行われるだけでなく、テレビ・ドキュメンタリー、テレビドラマ、映画などでもナチ時代が繰り返し題材として取り上げられ、その都度、反響と議論を呼んできた。記念日に行われる政治家の演説にも注目する必要があるだろう。大戦終結40周年記念式典でのヴァイツゼッカー大統領の演説は日本でもよく知られているが、その後も記念日がめぐりくるたびに、ナチの過去を批判的に顧みる政治家の発言を通じて、この負の過去を踏まえてドイツの現在と未来を考えるのだ、という社会的合意が維持され続けている。

殺害されたヨーロッパのユダヤ人のための記念碑

（川喜田敦子）

32 ホロコースト
――ユダヤ人大量虐殺

１９３３年から１９４５年、ナチ支配下のヨーロッパで想像を絶する殺戮が繰り広げられた。ホロコーストに関しては、多くの人々が映画やドキュメンタリーなどから何らかの知識やイメージを得ているだろう。ホロコーストは、なぜ、どのようにして引き起こされたのだろうか。

ナチ政権は、ユダヤ人を差別・迫害し、最終的には絶滅させようとした。しかし、絶滅という方策は、予め計画されていたわけでも首尾一貫したものでもなかった。ユダヤ人は、収容所でのガス殺以外に、飢餓や疫病、射殺によっても死に追いやられた。また、ユダヤ人以外に、ロマ（ジプシー）、障害者、同性愛者といった人々もナチ・ジェノサイドの犠牲となった。

「ホロコースト」という言葉は、１９７８年にアメリカで放映されたテレビドラマのタイトルとして使用されて以降広まったもので、元来はユダヤ教で神前に供える獣の丸焼きを指す。この言葉は広く使われているが、ナチ支配下の虐殺を宗教的犠牲となぞらえるのは、厳密には適切ではない。イスラエルでは主に、ヘブライ語で「壊滅・破局」を意味する「ショアー」が用いられる。

ホロコーストの背景：反ユダヤ主義、人種主義、優生思想

ヨーロッパにおけるユダヤ人憎悪は、ヒトラー以前から広範に存在していた。キリスト教世界では、ユダヤ人は長い間、敵、犯罪者、寄生虫とみなされ、しばしば暴力や社会的差別にさらされてきた。19世紀になってからは、市民社会の一員としてユダヤ教徒を解放する措置がとられ同化が進んだが、並行して反発する動きも起きた。

ナチ党は、第一次世界大戦の敗北を国内のユダヤ人の「裏切り」のせいにし、彼らはドイツを崩壊させる邪悪な病原体だと喧伝した。ヒトラーのユダヤ人憎悪は、彼らが世界支配を企んでいるという陰謀論の影響下にあり、ボリシェヴィズムの脅威とも結びついていた。

ヒトラーにとって、ユダヤ人は宗教共同体ではなく、もはや改宗しても同化できない「人種」だった。ナチの人種主義は、自らを最上位の「アーリア人」ととらえ、ユダヤ人やロマを「劣等人種」とみなした。

完全な「アーリア人種」の質を低下させるものとして、障害者の存在もヒトラーには好ましくなかった。19世紀後半以降、ヨーロッパやアメリカで浸透した優生学は、ドイツでは「人種衛生学」として広まった。この思想のもと、1933年7月には「遺伝病子孫予防法」（強制断種法）が制定され、国家が遺伝的に劣るとみなした人々を本人の意志と関係なく不妊化させることが可能となった。さらに「安楽死」という婉曲語法のもと、国内六か所の施設で「生きるに値しない生命」とされた障害者、遺伝病患者などの殺害が行われた。これにより、ナチ・ドイツは組織的な殺害政策に踏み込んだ。殺害にはガス室やガス・トラックが用いられたが、関わった専門家らは後に絶滅収容所で中心的役割を

担い、技術が継承された。「安楽死」作戦（「Ｔ４作戦」）は、ホロコーストと密接につながっていたのである。

人種主義、優生思想、反ユダヤ主義は互いに関連し合い、社会から排除される人々を作り出した。

ユダヤ人差別立法と迫害の激化

ナチ党が政権を獲得すると、種々の立法によって、ユダヤ人差別が生活のあらゆる面に浸透していった。１９３３年４月の「職業官吏再建法」では、公務員職からユダヤ人が排除された。１９３５年９月の「ニュルンベルク人種法」は、ユダヤ人とドイツ人の結婚を禁止し、ユダヤ人から市民権を剝奪した。１９３８年11月９日には、ユダヤ教会堂や商店への一斉襲撃が行われた。砕け散った窓ガラスの輝きから「水晶の夜《クリスタルナハト》」と呼ばれたこのポグロムの後、ユダヤ人の全経済活動が禁止されることになる。

しかし、差別の対象であるユダヤ人をどう定義するかは、難しい問題だった。「ニュルンベルク人種法」施行令では、「ユダヤ人」は、本人か、祖父母四人のうち少なくとも三人がユダヤ教徒である者とされた。また、祖父母の二人がユダヤ教徒である者のうち、一定の条件にあてはまる場合もユダヤ人とみなされた。ユダヤ人を人種ととらえる考え方には身体的特徴への言及があるが、法の規定では信仰という基準に拠らざるを得なかった点に、根拠の曖昧さが見える。このような定義でユダヤ人とされた人々の中には、自らをそうみなしていなかった人々もいた。

１９３３年３月には、最初の強制収容所がミュンヘン近郊のダッハウに開設された。これは、２月の国会議事堂炎上事件後に、ナチ政権が「政治犯」を弾圧するために設置した施設である。以後、ブーヘンヴァルト、ザクセンハウゼンなどにも強制収容所が作られ、親衛隊による管理が進むと、拘禁対象は「反社会的分子」とみなされた人々へと拡大した。そうして拘禁された人々のなかで、ユダヤ人やロマは、他の集団より劣悪な処遇を強いられた。

ユダヤ人国外移住政策の展開

ブーヘンヴァルト強制収容所記念館

ユダヤ人弾圧に際して当初目論まれていたのは、国外追放だった。ナチ党は「民族ドイツ人」(ドイツ国籍を持たない、国外のドイツ系住民)を帰還させようと試みたが、そのための土地を空けるには、ユダヤ人が出て行く必要があった。これはナチの言葉で「民族の耕地整理」と呼ばれた。1940年夏のフランスに対する勝利後には、ユダヤ人をマダガスカル島に移住させる案が浮上したが、実行に移されなかった。

ドイツが東方にその勢力を拡大するにつれ、支配下に抱えるユダヤ人は増え続けたが、彼らの追放先については依然として目途が立たなかった。そのため、占領下ポーランドのユダヤ人は、「ゲットー」への集住を強いられた。そこでは飢餓や疫病が蔓延し、生活環境は悪化の一途を辿った。

独ソ戦と殺戮の開始、絶滅政策へ

１９４１年6月、ドイツ軍のソ連侵攻とともに、親衛隊の行動部隊《アインザッツグルッペン》が、射殺によるユダヤ人殺戮を開始した。「ユダヤ人問題」を殺害という形で「解決」しようとする、事実上のホロコーストの始まりである。開始から半年で少なくとも50万人が射殺された。それに伴う現地住民の積極的な関与（自発的な殴殺など）も指摘されている。その動機としては、反ユダヤ感情だけでなく、ユダヤ人財産への関心も無視できない。

射殺という方法は、殺害できる人数が限られることや、実行者の精神的負担が大きいことから、次第に他の方法が模索されるようになった。

ゲットー政策の破綻の末、１９４１年12月、ヘウムノに最初の絶滅収容所が開設され、ガス・トラックが配備された。絶滅収容所は強制収容所とは異なり、人間を殺害することのみを目的とした施設である。さらに「ラインハルト作戦」の名のもと、ベウジェツ、ソビブル、トレブリンカと三つの絶滅収容所が建設された。これらの収容所ではガス室が導入され、推定で約１７０万のユダヤ人が殺された。マイダネク（ルブリン）とアウシュヴィッツは強制収容所と絶滅収容所の機能を兼ね、合わせて六つの絶滅収容所が稼働した。

１９４２年1月20日、ベルリン郊外のヴァンゼー湖畔にナチ党関係者が集まり、既に進行していた「ユダヤ人の肉体的絶滅」の方針を確認した。議事録によれば、ヨーロッパの１１００万のユダヤ人が「最終解決」の対象とされた。

アウシュヴィッツは三つの収容所から成る巨大な複合収容所で、ガス室での殺害が行われたのは第二収容所のビルケナウである。主にツィクロンBが用いられ、およそ110万人のユダヤ人が殺害された。停車場には、ドイツ軍に占領されたあらゆる地域からユダヤ人を載せた列車が到着し、その場で「選別」された。医師の前を通過する際に、労働可能とみなされた者は収容所に送られ、そうでない者は即座にガス室で殺害されたのだ。強制労働に就かされた人々も定期的に「選別」され、ガス室へ送られた。

ヴァンゼー会議の館

　ガス室での殺害に際しては、ユダヤ人のなかから選ばれた特別労務班《ゾンダーコマンド》が、人々を「シャワー室」に偽装したガス室へ移動させたり、死体処理を行ったりした。家族の遺体に対面しなければならなかった人もいた。彼らのほとんどは一定期間の後に殺害され、新しい要員と代えられた。

　ガス殺は秘密裏に実行されたが、焼却炉から立ち上る臭いや、多くの人が運ばれてくるが一人として出てこない様子から、周辺住民の一部は何が行われているかを知っていた。

「ユダヤ人問題の最終解決」は段階的に進行し、紆余曲折を辿りながら、ガス室での大量殺害に行き着いた。ホロコーストにはヨーロッパ地域のユダヤ人のほとんどが巻き込まれ、およそ600万人のユダヤ人が殺害された。そこからは、ナチの残虐性だけでなく、略奪や搾取などにより、ユダヤ人の悲劇から利益を得た住民や企業の姿も浮かび上がる。

ホロコーストの過程を検討することは、加害者、犠牲者、傍観者について問うことである。ドイツの一般市民や国際社会はホロコーストについて、どの程度認識していたかという問題も問われている。絶滅収容所の存在は完全に秘匿できることではなかったが、多くの人々はなぜ認識しようとしなかったのか。当局が主導する大量虐殺は途方もない出来事で認識の範疇を超えていたか、あるいはユダヤ人の運命は優先事項ではなかったのだ。事実、戦後しばらく経つまでその重大性は理解されなかった。ホロコーストが、ナチ体制下での核心的出来事として焦点になったのは、１９９０年代になってからのことである。

（猪狩弘美）

第Ⅲ部

冷戦下のドイツ

33 分割占領下のドイツ

――「零時」から分断へ

「零時」のドイツ

第二次世界大戦で他国・他民族を惨禍に巻き込んだとはいえ、ドイツの人的・物的な被害もまた甚大であった。ドイツ人戦死者は、数え方にもよるが、700万人を下らなかった。未亡人は300万人にのぼり、孤児も溢れた。空襲と地上戦によって、多くの都市は瓦礫の山と化した。住宅の約四分の一が倒壊し、2000万人が住居を失った。

とくに首都ベルリンは、戦争の最後の2週間で4万トンもの砲弾を浴び、建物の4分の3が居住不能となった。また、後述の東部新国境の画定により生じた「被追放民」など、約1000万人が故郷を追われ、難民となった。食糧は枯渇し、飢餓が人々を襲った。成人の一日摂取カロリーは、2000キロカロリーほどであるべきところが、1000から1400キロカロリーにまで低下していた。医療も行き届かず、疫病が流行した。

以上の敗戦直後のドイツの状況は、しばしば「崩壊」とか「零時（Stunde Null）」と表現される。もちろん、敗戦によってすべてが崩壊したわけではなく、すべてがリセットされたわけでもないので、こうした表現は正確性を欠く。とはいえ、やはり敗戦とその後の占領がドイツ史の転換点であることも確かだ。以下では、連合国によるドイツ占領を概観するとともに、ドイツ分断へと至る道程を辿っていこう。

米英仏ソ四カ国による占領

1945年2月のヤルタ会談、同年7月のポツダム会談での合意に基づき、米英仏ソの四か国による連合国管理理事会の下で、ドイツは四つの占領地区に分割され、各国がそれぞれ占領行政を担当した。ベルリンは、ソ連占領地区内に位置したが、その重要性ゆえ、やはり四か国に分割占領されることになった。またポツダム協定では、オーデル川とナイセ川をつなぐ「オーデル・ナイセ線」以東をポーランドの管理下に置くことが定められていた。その結果、ドイツはかつての国土のおよそ四分の一を失うことになる。

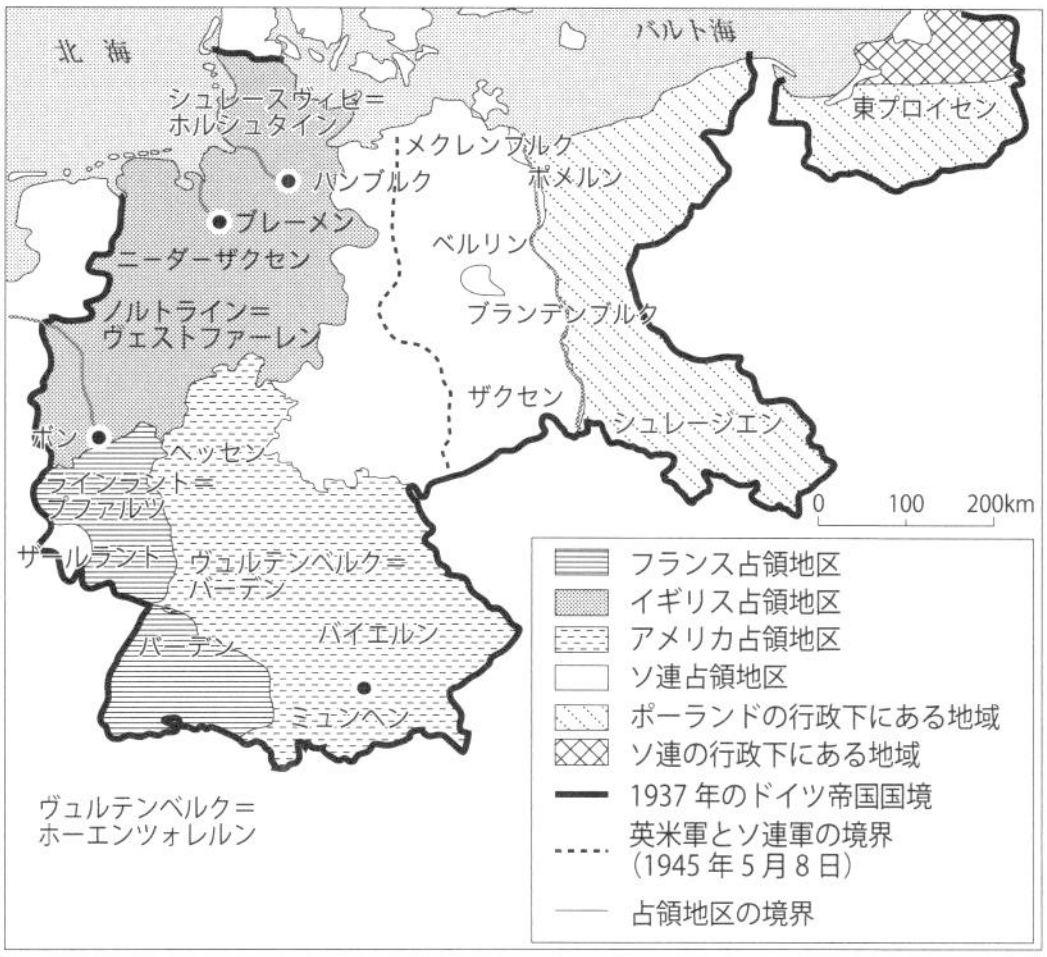

第二次世界大戦後のドイツ（板橋拓己『アデナウアー』中公新書、2014年、59頁）

なお、ポツダム会談時点の米英ソ三大国は、占領政策の大枠、すなわちドイツの「民主化、脱軍事化、カルテル解体、非ナチ化」に合意するとともに、将来的に単一のドイツ中央政府を成立させ、この政府と連合国とが講和条約を締結するという見通しを共有していた。しかし、ポツダムに招かれなかったフランスは、単一のドイツ中央行政機構の設立を拒んだ。こうして早々に共同占領の試みは暗礁に乗り上げ、ドイツ占領は、占領地区ごとに独自に展開するようになる。

まずアメリカについてだが、その占領政策は当初きわめて厳しいものが予定されていた。財務長官ヘンリー・モーゲンソー・ジュニアの見解が反映された統合参謀本部指令「JCS１０６７」は、ドイツの非ナチ化・非武装化のみならず、農業国化までねらったものだった。しかし、こうした報復的な占領政策は、早くから米政府内部で批判を浴び、転換を余儀なくされる。それは、１９４６年のバーンズ国務長官のシュトゥットガルト演説に表れている。この演説は、ドイツの経済復興を容認し、ドイツの将来についてはドイツ人自身の責任に委ねることを唱えるものだった。また、アメリカ占領地区においては、連邦主義と民主主義の復活が重視され、早くから州レベルで議会制民主主義が実践されていたことも注目される。

同様にイギリス占領地区でも西欧型民主主義の導入が行われた（ただし、アメリカ占領地区と異なり、州政府の樹立よりも、占領地区単位での中央集権的な官僚機構の設置が優先された）。またイギリスは、外交的には、アメリカをヨーロッパ大陸に繋ぎとめつつ、ドイツの脅威を緩和することを目指していた。

概して米英両国のねらいは、ドイツをナチズムおよび共産主義に傾斜させることなく、経済的・政治的に復興させ、国内問題についてはドイツ人自身の手に委ねることだったと言えよう。

一方フランスは、普仏戦争（独仏戦争）以来の70数年間で自国の領土を三回も侵された経験から、ドイツの徹底的な弱体化、完全な武装解除と経済的解体を求めていた。また、復讐と並んで自国の復興のためにも、多大な賠償金や、ルール、ザールラント、ラインラントといった鉱業地域の割譲も目論んだ。

しかしこうしたフランスの要求は、他の占領国の同意を得られなかった。そして1947年には、自国の経済的困窮と、政治的な変動（共産党が連立与党を離脱し、体制批判者へと変貌した）から、英米とともにドイツの復興を容認するようになった。その際フランスは、ドイツが軍事的には無害で、経済的には有益な隣国となるよう、「ヨーロッパ」という枠組みにドイツを封じ込めることを企図するようになる。

ソ連は、他の連合国との合意もないまま、自らの占領地区に事実上の共産党主導政権を作り上げるとともに、当地にあったものを容赦なく解体・徴収した。また、徹底した土地改革を断行し、ユンカー階級を消滅させた。さらに基幹産業の国有化も推進した。こうしたソ連の強引な手法は、西側占領国に対する不満以上に、ドイツ人の不満を招くことになった。

分断への道

ドイツの東西分断は、冷戦の進展と切り離すことができない。

1946年10月にゲーリングら主要戦争犯罪人24名を裁いたニュルンベルク国際軍事法廷が結審し、翌47年2月にパリ講和条約（ドイツ以外の旧枢軸国イタリア、ルーマニア、フィンランド、ブルガリア、ハンガリーと、連合国の講和条約）が締結されると、連合四か国の接点はほぼドイツ占領のみとなった。

すでに1947年3月のトルーマン・ドクトリンの発表により、アメリカのハリー・S・トルーマン政権は、共産主義の「封じ込め」に乗り出した。また、6月に発表されたマーシャル・プラン（欧州復興援助計画）へのソ連・東欧諸国の不参加により、米ソの対立は明白となっていた。さらに、ドイツ問題をめぐるモスクワ外相会議（1947年3月10日～4月24日）の決裂、最終的にはロンドン外相会議（11月25日～12月16日）の決裂によって、ドイツの東西分断はほぼ確定的となる。

西側連合国は、ドイツ中央政府の樹立をあきらめ、米英仏占領地区の西側ドイツだけで国家を創設する方向へ舵を切った（なお、ドイツの経済復興を重視した英米は、すでに1947年に両占領地区を経済的に統合している）。1948年2月23日、米英仏は、ソ連を排除し、新たにベネルクス三国を加え、ロンドンで六か国会議を開催した。まさにその週、チェコスロヴァキアで政変が起き、共産党が権力を掌握する。他の東欧諸国でも共産党の権力独占は進められていたが、とりわけチェコスロヴァキアの政変は、精神的にも地理的にも西欧に近く、そのうえモスクワにも友好的と見られていた民主国で起きたため、西側諸国にとって衝撃であった。

こうして東西対立が先鋭化するなか、1948年3月6日、ロンドン会議はドイツ西側占領地区の統合を決定し、6月7日には新憲法の制定とそれに基づく西ドイツ国家の創設を内容とした「ロンドン勧告」を公表した。ただしこの間、米英仏の対独政策の足並みは決して揃っていたわけではない。とりわけ、なるべくドイツを弱体化させたいフランスは、ルール工業地帯をドイツから切り離して国際管理下に置くことを定めたルール規約（1948年12月）を勝ち取った（これに基づき、49年4月にルール国際機関が設置された）。

１９４８年６月20日、ドイツ西側三占領地区で通貨改革が断行される。新通貨「ドイツ・マルク」が西側ドイツで流通し始め、ドイツ分断が固定化されようとしていた。６月24日、こうした西側諸国の動きにソ連は、ベルリンから西ドイツへ通じる鉄道を遮断して対応した。世に言う「ベルリン封鎖」（第一次ベルリン危機）である。

これに対し米英両政府は空からの物資補給を決断、６月26日に最初の空輸機が飛んだ。１９４９年５月12日まで11か月間続く「ベルリン空輸」の始まりである。約28万回の空輸で、およそ２３０万トンの食糧・物資が運ばれたという。このベルリン危機は、第二次世界大戦で高められていたドイツ人の反共・反ソ感情を決定的にする一方、空輸を通じて「自由世界」の擁護者としてのアメリカ像が流布し、ドイツ人の親米感情を高めることになる。

（板橋拓己）

34 基本法の制定と西ドイツの成立
――「ボンはヴァイマルではない」

議会評議会

冷戦がエスカレートし、ベルリン封鎖が行われるなか、西側連合国は1948年7月1日に西ドイツ憲法の基本原則（連邦制、民主制、個人の権利及び自由の保障など）を定めた「フランクフルト文書」を11人の州首相に手交した。これをうけてコブレンツで行われた州首相会議は、分断の固定化に抵抗を見せたものの、結局新憲法の制定に踏み切る。このときすでに、新憲法の名称として、暫定的性格を強調した「基本法」が登場している。そして、1948年8月10日から23日、バイエルン州のヘレンキームゼーで専門家会議が招集され、憲法の素案が作成された。

この素案をもとに憲法を制定するため、1948年9月1日、11の州議会からそれぞれ選出された65名の代表から成る議会評議会（Parlamentarischer Rat：意訳すると「憲法制定会議」）がボンに召集された。政党構成は、キリスト教民主同盟／社会同盟（CDU／CSU）から27名、ドイツ社会民主党（SPD）から27名、自由民主党（FDP）から5名、ドイツ党、中央党、共産党から各2名だった。また、ベルリンからも5名の代表が参加したが、彼らは発言権はあるが議決権を持たなかった。議長には、プロイセン国家評議会で議長を長年務めていた経験から、元ケルン市長コンラート・アデナウアー（C

DU）が満場一致（ただし共産党は棄権）で選出された。中央委員会委員長にはカルロ・シュミート（SPD）が就任した。アデナウアーやシュミート、そしてのちの連邦大統領テオドール・ホイス（FDP）らは、「基本法の父」と呼ばれることになる。

西ドイツの憲法制定過程における占領権力の介入は、日本と比べるときわめて小さかったと言えるが、それでも大枠に関する注文は付けており、評議会側はこれに配慮する必要があった。また、占領国が作成中の「占領規約」の内容について評議会は関知していなかった。こうしたなか、占領軍と議会評議会間のパイプ役を担ったのが、議長のアデナウアーである。この占領権力との「特権的対話者」という地位が、連邦首相になってからもアデナウアーの最も重要な権力資源の一つとなる。

「議会評議会のアデナウアー（1948年9月2日）」（コンラート・アデナウアー財団のウェブサイトURL：http://www.konrad-adenauer.de/stichworte/innenpolitik/parlamentarischer-rat-194849/）

議会評議会と占領軍との幾度かの綱引きを経て、1949年5月8日に基本法は議会評議会によって採択され（賛成53票、反対12票）、12日に軍政府の承認を得て、18日から20日に各州議会で投票にかけられたのち、5月23日に布告された。

「安定」を志向した憲法秩序

ここで、基本法とその秩序の性格について説明しておこう。まず「基本法（Grundgesetz）」という名称は、正式な「憲法（Verfassung）」ではないという含意を持つ。この時点では、ドイツを統一したのち、あらためて正式に憲法を定める予定だった。連邦共和国の憲法＝基本法は、その名称からして暫定的性格を持っていた。

暫定的性格は、首都の選択にも表れた。基本法公布に先立つ１９４９年5月10日、議会評議会は、その開催地ボンを首都に決定した（賛成33票、反対29票）。１８４８年革命時にドイツ国民議会が開かれた場所であるフランクフルトを推す声も多かったが、敗れた。基本法の父たちは、ドイツ国民の統一性を象徴する都市フランクフルトよりも、西ドイツ国家の暫定的性格を強調できるボンを首都に選んだのである。

基本法の根幹理念は、自由民主主義、連邦制、社会国家の三点にまとめることができる。しかし、その自由民主主義は、独特なかたちで運用されることとなった。なぜなら基本法は、ヴァイマル共和国の経験を強く意識したものだったからである。制定当時、「世界で最も民主的」と言われた憲法を有したヴァイマル共和国が短命に終わり、その次にナチ体制という未曾有の全体主義体制が成立したという事実は、基本法制定に関わる人たちの頭から離れることはなかった。

議会評議会に集まった人々は、ヴァイマル共和国時代の政治を次のように理解していた。第一に、比例代表制により、小党が乱立し、安定した多数派形成が困難だった。第二に、議会制そのものを否定する勢力が議会で活動することを許し、ナチ党や共産党など、反議会主義勢力が議会の過半数を占めるに至った。第三に、議会が機能麻痺に陥ると、人民投票に基づく強大な大統領権力に依拠して政権運営を行わざるを得なくなった。

こうしたヴァイマル共和国時代の反省から、基本法は次のようなものになった。第一に、「建設的不信任」制度が導入された。簡明に言えば、不信任案を提出する際には、必ず後任の用意を求めたものである。第二は、大統領の名誉職化である。大統領は、ほとんど儀礼的な存在とされ、さらに国民ではなく議会によって選出されるものとされた。第三は、国民発案《イニシアティブ》や国民票決《プレビシット》といったヴァイマル憲法が規定していた直接民主主義制度の廃止である。第四は、自由民主主義を破壊する目的を持つ政党の活動を認めないという「憲法敵対的」政党の禁止である。これは、「闘う民主主義」と呼ばれ、実際に共産党やネオナチ政党が禁止されることとなる。

また、基本法の条項ではないが、いわゆる「5％条項」の導入も重要である。これは、極端な小党分立を避けるため、全国で5％以上得票した政党だけに、議会の議席を与える制度である。この5％条項は、1953年の第二回連邦議会選挙から全国レベルで導入された。

以上のように、ドイツ連邦共和国は、総じて政治体制の「安定」を強く求めた憲法秩序になった。首都の名から「ボン共和国」とも呼ばれる西ドイツは、ヴァイマル共和国の歴史を繰り返さないことが国是となったのである。

アデナウアー政権の発足

基本法の布告とともに、最初の連邦議会選挙を目指した選挙戦が、ＣＤＵとＳＰＤの二大政党を中心に始まった。最も重要な争点は経済政策だった。ＳＰＤが計画経済と主要産業の国有化を唱える一方、ＣＤＵは「社会的市場経済」を掲げて選挙戦を戦った。「社会的市場経済」は、「経済民主主義」を表明しながらも、競争的・自由主義的な市場経済秩序を断固として擁護するものである。また、経済政策の影に隠れたが、外交路線も対立した。反共という点では一致していたが、ＣＤＵは「西側結合」路線、ＳＰＤは再統一優先を唱えた。

１９４９年8月14日、第一回連邦議会選挙が行われた。当初は19世紀後半以来の長い歴史を誇るＳＰＤの勝利が予想されていたが、蓋を開けてみれば、ＣＤＵとＣＳＵが得票率31％（７３６万票）で第一党（１３９議席）、ＳＰＤが29％（６９３万票）で第二党（１３１議席）だった。続いてＦＤＰが12％で52議席、ドイツ党が４％で17議席、残りは共産党など小政党だった。

１９４９年8月21日、選挙結果をふまえて、レーンドルフのアデナウアー邸でＣＤＵとＣＳＵの代表者による会合が行われた。ここでアデナウアーは、自党内でも支持が多かったＳＰＤとの大連立という選択肢を排除し、ＦＤＰや他の小政党との「ブルジョワ連合」（「小連立」）の形成を断固として主張して、受け入れさせた。

１９４９年9月7日、連邦議会および連邦参議院が招集され、12日の大統領選出のための連邦議会と各州議会代表の合同会議である連邦会議でＦＤＰのホイスが初代連邦大統領に選出された。そして3日後の9月15日、アデナウアーが首相に推薦され、連邦議会で選挙が行われる。基本法第63条第2項に基づき、連邦議会議員の過半数の票を得れば首相である。このとき連邦議会の議席数は４０２。じつにアデナウアーへの賛成票はぎりぎりの２０２票（反対票は１４２、棄権は44）だった。じつにアデナウアーは、自分が投じた一票で、ドイツ連邦共和国初代首相に選出されたのである。

9月20日、CDU／CSUとFDP、ドイツ党から成る第一次アデナウアー内閣が発足した。また、翌21日には占領規約が発効し、高等弁務官府が発足する。フランスからアンドレ・フランソワ＝ポンセ、イギリスからブライアン・ロバートソン、アメリカからジョン・J・マックロイの三人が高等弁務官に任命された。ドイツはいまだ主権国家ではなく、軍事的・外交的権限、そして最終的な警察権はこの高等弁務官に留保された。さらに高等弁務官府は、通信傍受、郵便開封から、議会が制定した法律や基本法改正に対する拒否権発動も可能であった。

アデナウアー政権の課題は山積みであった。まずは秩序の回復と経済の再建が喫緊の問題である。もちろん、早く占領状態を脱し、主権を取り戻さねばならない。そしてアデナウアーにとって重要だったのは、主権回復を含むすべての政策において、ドイツ連邦共和国が「西」を向くことであった。首相就任を前にした1949年8月27日、ある手紙でアデナウアーはこう言い切っている。

「外交政策の領域については、わたしたちの路線は確定しています。それは何よりも、西側世界の近隣諸国との密接な関係を築くこと、そしてとりわけアメリカ合衆国との密接な関係を築くことです。われわれが全精力をかけて追求するのは、ドイツが可及的速やかに同権かつ同等の義務を担うメンバーとしてヨーロッパ連邦に受け入れられることです。」

アデナウアーは、以後「西側結合」政策を力強く推進していくことになる。

（板橋拓己）

35 東ドイツの苦悩
――理想の実現に向けた格闘

非ナチ化の進行

１９４５年５月ナチスからヨーロッパは解放された。のちに民主共和国（東ドイツ）となるソ連占領地域では、１９４６年までに４００万人の移住者が流れ込むなど混乱、不安、飢餓のなかで、新しいドイツが始まった。「崩壊社会」で、ドイツ人自身の手による「反ファッショ行動」という戦前の反ファッショ組織が蘇生して、自警団としての活動を展開したが、その後しばらくすると、ソ連占領軍が直接支配し、新生ドイツはその意向に添うこととなった。

西側と異なり、ソ連占領軍は１９４５年６月10日にすでに反ファシズム諸政党の活動を認め、戦後復興の中心にしようとした。それというのも、ソ連占領軍の関心の中心は、米英仏ソを中心に形成されるドイツ管理委員会を通したドイツ全土からの賠償請求であり、自らの占領地域だけに積極的に関与する意図は当初大きくはなかったからである。

ドイツ側の受け皿ととくに期待されたのは、ドイツ共産党、社会民主党といった労働者政党で、そこでも当初、ソ連とは違う「社会主義へのドイツの特殊な道」が認められていた。実際に、１９４６年４月共産党と社会民主党は合同して社会主義統一党（ＳＥＤ）が成立するが、そこでは、労働者政党の分裂がナチス台頭を可能にした、という歴史的教訓が強く意識されていた。そして「ドイツの特殊な道」として、①組織原則としてレーニン主義は採らない、②党機関の役職を両党に均等に配分する、という原則が当初は守られており、統一時130万人だった党員数は48年には200万人に膨れ上がり、1946年10月に行われた州議会選挙の得票数は平均で47・5%に達した。こうしてソ連占領地域におけるドイツ人の主体の核が形成された。

戦後のドイツ人たちは、まずナチス体制という過去と対峙しなければならず、非ナチ化が図られた。ソ連占領地域では、西側と比較しても厳しい非ナチ化の措置が採られた。ソ連占領地域内には100万人から150万人のナチ関係者がいたが、行政、教育、司法の現場から、1945年から1948年にかけて52万人が追放され、代わって新しい世代の、それも従来の教養市民層ではなく労働者出身者が登用された。世代的、階級的、党派的に戦前との断絶を伴うものであった。なかでも教育改革は、さらにジェンダー的転換をも意味した。教員の80%がナチスを支持する男性だったが、この領域に若い女性が進出した。西側占領地域では女性は家庭への復帰することが多数派であったのに対し、東ドイツでは女性の社会的進出が著しかった。東ドイツの非ナチ化は西ドイツに比しても厳しかった反面、変革に「敵対的」と見なされたものも、1945年から1950年までに15・8万人収容所に送られるなど、強制的側面を伴いながらも、ナチスから「解放」された「新しいドイツ」がスタートした。

当時ドイツでは一般に、ナチスを生み出したものは、大企業やユンカーといった旧勢力だと見なされていたので、非ナチ化を進めるためには、その解体が課題とされた。とくにそこでは国有化が俎上にのせられた。1945年10月30日ソ連軍政本部はソ連占領地区内の国有財産、国防軍とナチスの財産を没収し、賠償対象以外を新たに人民所有とした。この国有化の過程は国民的熱狂を伴うものであり、48年までに９２８１企業が補償なしに人民所有へ移管され、企業数の60％程度に及んだ。

とくに東エルベ地域は、プロイセン軍国主義の巣窟と見られたユンカーが所有する大土地所有が広がっていた。土地改革ではその解体が図られた。ソ連占領地域の農地の76％にあたる３３０万ヘクタールが無償没収された。このうち２２０万ヘクタールが、農民や引揚者56万人に配分され、「新農民」が創設された。自分の土地を持つことができるという、戦後多くの地域に共通する政策は農民に熱狂的に迎えられた。

冷戦への移行

この間冷戦への移行は徐々に進んでいったが、イギリスの元首相チャーチルによる「鉄のカーテン発言」（１９４６年3月）以降、とくに１９４７年に入るとトルーマン・ドクトリン（3月）、マーシャルプラン（6月）が発表され、冷戦は本格化した。西側の攻勢に対し、ソ連は自陣営を固める作業を進め、チェコスロヴァキアでクーデター（１９４８年2月）を起こし、共産党主導の政権を打ち立てたが、そのことは尚更西側の不信をかい、東西陣営の相互不信は、エスカレートしていく一方であった。

その過程のなかで問題としてドイツで浮上したのが、ソ連への賠償問題であった。ヨーロッパにおける第二次世界大戦の主戦場は独ソ戦であり、連合国にあって最大の被害国はソ連だったが、ソ連が期待したルール地方を中心とした全ドイツからの賠償支払いが認められず、１９４７年3月20日ソ連はドイツ管理委員会から脱退した。ドイツ全体の共同占領からソ連が排除されるに従い、早急な復興を急ぐソ連は、ソ連占領地域から賠償の支払いを求め、「デモンタージュ」と呼ばれる生産設備の解体とソ連への移送を開始した。その結果、ソ連占領地域からは生産能力の半分が持ち去られ、電気の生産量は1936年に比して88％減少した。デモンタージュは1948年夏まで続き、4300企業のすべてか一部が解体された。その総額は100億ドルに及ぶとされる。それとは別に生産物もソ連占領地域から持ち去られ、原料供給の弱さもあって、東ドイツ経済はゼロからの出発ではなく、マイナスからスタートせざるを得なかった。

冷戦はさらに進行し、ドイツでは、1948年6月になると、英、米、仏といった西側列強は、ソ連占領地域を除外した西側三占領地域だけで通貨改革を断行した。これによってドイツ全土の経済的一体性は失われる結果となった。問題は、ソ連占領地域の中央に位置する西ベルリンでも西側の通貨を導入するかであった。それを阻止しようと、ソ連は、西ベルリンと西ドイツの連絡路を遮断し、「ベルリン封鎖」を始めた。西側三か国は、「空の架け橋」と呼ばれる空輸作戦などのパフォーマンスによってしのいだ。事態は、圧倒的経済力を持つ西側優位に推移した。結局、1949年9月の連邦共和国（西ドイツ）建国をソ連は阻止することができず、10月にはこれに対抗してソ連占領地域だけで東ドイツが建国された。これは統一ドイツの実現を対独政策の要としてきたソ連のいわば敗北であった。その後ソ連は、自陣営としての東ドイツの締め付けを強化することとなった。

それに伴い東ドイツでも、政治、経済、文化の面で、ソ連モデルが押し付けられるようになった。1948年夏にはそれまで許容されていた「ドイツの特殊な道」は徐々に否定され、SEDにあっても、民主集中制を組織原則とする「新しいタイプの党」への転換が図られ、1949年には両党同等

1950年のウルブリヒト

の原則の原則も廃止された。１９４８～１９５２年は同時にスターリン時代末期の恐怖政治が展開された。旧社会民主党員の追放・迫害のみならず、旧共産党の古参党員の迫害をも伴うものであった。こうした強硬措置を指導するようになったのはウルブリヒトであった。

「社会主義建設」と民衆の抵抗

スターリンの最晩年に当たる１９５２年７月に開催されたＳＥＤ第二回全党協議会では「社会主義の建設」が謳われた。これは、ソ連社会主義をモデルとした重化学中心の急速な建設を企図したもので、急速であると同時に強圧的であった。戦後の土地改革で土地を手にした新農民は、農業生産協同組合＝集団農場に編入され、その数は１９５２年７月からの１年間で32万人に上った。

マーシャルプランの恩恵を受けた西ドイツとは対照的に、東ドイツではデモンタージュのせいで社会主義を建設するための資本不足は深刻であり、労働者の意識・自覚に期待するしかなかった。ヘンネッケ運動という労働英雄制度が導入される一方、労働者全体にわたる労働強化が図られ、全党協議会で労働者のノルマが10%引き上げられた。だが、その後１９５３年３月５日のスターリンの死によって、ソ連指導部の内部対立と絡んで、東ドイツ支配の基本方針が揺らぎ始めた。とくに６月９日に、モスクワからの圧力によって、全党協議会の方針が突然に変更された。内容は、強硬な社会主義建設路線の手直しであったが、突然の転換に動揺が広がった。これを端緒に、１９８９年以前の東ドイツ最大の民衆運動として記憶される１９５３年６月17日事件が展開されることとなった。

そこでは、労働者のネットワークがはたらき、全国的労働者のプロテスト運動へと発展した。暴動にまで至り、ソ連軍が出動したところも多かった。労働者の街頭闘争は、体制内変革と結びつき、ＳＥＤ内部の対立へと昇華され、ウルブリヒトは解任すんでのところまで追い詰められた。ただここまで来ると、危機感を持ったソ連指導部は、７月の中央委員会で逆に改革派のツァイサーやヘルンシュタットを解任し、その後地方組織の60％以上が排除されるなど党粛清の嵐が吹き荒れることとなった。

こうして６月17日事件は、結果的にウルブリヒト体制の強化につながった。６月17日事件は、さまざまな要素をはらみながらも、基本的には、労働者の意見が反映されない従来の社会主義建設のあり方に労働者たちが疑問を持ち、より良き社会主義を実現したいと行動を起こしたものであった。

1953年6月17日事件50周年記念切手

その後、１９５６年２月ソ連共産党20回大会におけるフルシチョフによるスターリン批判を契機に、ハンガリーなどでは動乱を経験するが、それとは対照的に、この６月17日事件をすでに経た東ドイツでは、スターリン批判後の動揺は小さかった。むしろ事件を乗り切ったウルブリヒト体制は、以前にも増して強硬な社会主義建設路線へ回帰していった。そこでは急速な農業集団化が西側への移住につながっており、その数は１９６０年には20万人、１９６１年８月までに15万人にのぼった。そして今度は、それを阻止しようと、壁の建設へとつながっていくのであった。

（星乃治彦）

36 再軍備と経済統合
――西側世界における主権回復

一般に「ヤルタ体制」という言葉が使われるが、ドイツ分断はヤルタで固まったわけではない。ヤルタは１９４９年まで続く分断プロセスの始まりに過ぎなかった。ドイツの四か国占領が全く機能するチャンスがなかったとは言えないだろう。東西間の対話能力がもう少し保たれ、ドイツの一体性を損なうことがどういう帰結を招くかを米ソが冷静に考えることが可能であったならば、何らかの形で非軍事化されたドイツに合意する可能性が全くなかったとは言えない。実際にはアメリカは、徐々にソ連及び共産圏をより大きな脅威と感じるようになり、ドイツの占領政策を転換させ、西側占領地域の経済復興を進め、ついには西側占領地域のみで国家としての主権回復を行うことにした。西ドイツが作られた年、１９４９年はまた、北大西洋条約が締結された年でもあった。

歴史上最も親西側のドイツとなった西ドイツは、続く10年の間に、ＮＡＴＯと欧州統合という二つの機構により、しっかりと西側に組み込まれることとなった。この10年間に西ヨーロッパは、終戦直後の対米依存状態から、次第に自立性、独立性を回復していった。最終的に、軍事面では、アメリカ抜きではソ連に対抗することも、復興する西ドイツをバランスすることもできない、との結論がＮＡＴＯという軍事機構になった。しかし、経済・社会面におけるヨーロッパとしての自律性とアイデンティティを求めて西欧の力を結集した結果が、冷戦下の欧州統合となった。こうして西ドイツが西側社会の一員としての地位を回復すると同時に、NATOとEUという、今日に至るまで欧州を規定している二つの機構が明確な形を持つようになった。

欧州統合神話の原点となるECSC（欧州石炭鉄鋼共同体）が何であったのか、21世紀の今から振り返ると理解することは簡単ではない。その原点には西欧の経済復興と、そのためにアメリカが提供したマーシャルプランという援助があった。西欧の再建のため、1947年6月25日、国務長官マーシャルの演説で発表された欧州復興計画は、アメリカが西欧経済の一体としての復興計画を求めたことを通じて、戦後の西欧地域統合、経済統合の原点となった。西欧の工業生産を復活させるには、当時の燃料の主流であった石炭の生産、並びに鉄鋼業の復興が必要であった。これらの生産の西欧における中心は、ドイツの西部、フランスとの国境地域における石炭鉄鋼業であった。しかし、この地域の復興が単にドイツだけではなく、西欧全体の経済復興に役立ち、ドイツの脅威の再来を招かないようにするために発案されたのが、1950年5月9日にロベール・シューマン仏外相が発表した、いわゆるシューマン・プランであった。

アデナウアー（左）とシューマン（中央）

この計画を発表した演説でシューマンは、石炭・鉄鋼の仏独の生産を共通の高等機関の管理下に置くことにより、「歴史的ライバルである仏独間の戦争を、単に考えられないものにするだけでなく、物質的に遂行不可能なものにしてしまう」ことが目的であると語った。フランスは、普仏戦争から数えれば、三度続けてドイツに敗れていた。ドイツがまず産業面で、次いで軍事面で強国として復活し、再び自国にとっての脅威となることを何としても防ぎたかった。しかし、アメリカの圧力下、ドイツに対する懲罰的な態度は、もはや限界であった。自国の復興のためにもアメリカの援助は必要であった。シューマン・プランの狙いは、統合された超国家機関で管理することにより、戦略的重要性を持っていたドイツの石炭鉄鋼産業を共同管理下、つまりフランスも、少なくとも同等の立場で口出しできる状況に置くこと、それによってドイツの復興がフランスの安全と繁栄のためにも役立つ状況を作ることを可能にしようということであった。西ドイツのアデナウアー首相をはじめ、ベネルクス三国、イタリアが応じたことにより、ＥＣＳＣに向けての交渉は始まった。

しかし、これから2か月も経たない１９５０年6月25日に、北朝鮮が38度線を越えて南へ攻め入り、朝鮮戦争が始まった。これにより、欧州情勢も急展開した。それまで主として政治的・社会的ととらえられてきた共産主義の挑戦が、突如軍事的性格を強く持ったものとして、感じられるようになった。そして、それまでの政治・経済的手段から、より軍事的手段による対抗策を模索し始めた。アメリカの国家安全保障政策が見直され、いわゆるＮＳＣ―68（国家安全保障会議報告第68号）がトルーマン大統領により正式に採択されたのは、朝鮮戦争が直接のきっかけであった。紙の上の条文であった北大西洋条約が、軍事機構としてのＮＡＴＯ（北大西洋条約機構）へと実体化し始めるのも、この戦争が契機であった。そして、封印されていた西ドイツの再軍備が始動するのも、この戦争からである。その意味では、金日成《キムイルソン》の冒険を許したスターリンは、極東に留まらず、全世界的にこの戦争のために大きな代償を支払わねばならなかった。

朝鮮戦争の開始後、西欧にも同様の共産主義の侵攻があるのではないかという懸念が広く持たれ、改めて西欧防衛の手薄さが問題となった。巨大な地上軍を維持していたソ連に対して、終戦後米軍はどんどん本国へ帰還していき、西欧各国もあっという間に軍備縮小を行ったため、東西間の通常軍事力の格差は危険なほどになっていた。当時の推定でソ連軍は約175個師団、これに対して西側の地上軍はほんの一握りしか残っていなかった。万が一ソ連軍が西へと侵攻してくることがあれば、あっという間に太平洋岸へ達するであろうことは、明白であった。北朝鮮軍が、電光石火でソウルを陥落させ、釜山周辺まで韓国軍を追いつめたことは、決して他人事とは思えなかった。しかも、西欧においては、最前線の西ドイツが自国軍を持たない無防備な状態のままであった。

当然、西ドイツ再軍備の話し合いが始まったのであるが、当初フランスはこれに強固に反対した。アメリカの説得に応じてフランスが考えたのは、シューマン・プランの防衛版であった。1950年10月に当時の首相の名前を取ってプレヴァン・プランとして発表されたのは、欧州統合軍を作る、欧州防衛共同体（European Defence Community: EDC）の案であった。超国家的な欧州軍を作りその中に西ドイツ軍をはめ込むことによって、西ドイツ単独の軍隊を再興させる危険を減じようという考えであった。ＥＣＳＣもＥＤＣも、実際の設計者はジャン・モネであった。第一次世界大戦当時から国際的に活躍していたモネは、アメリカにも強い人脈を持ち、交渉をまとめるのに適任の人物であった。欧州

「欧州統合の父」ジャン・モネ（http://www.thefamouspeople.com/profiles/jean-monnet-6868.php）

統合の父の一人に数えられるモネであるが、ＥＤＣ構想自体は、条約は１９５２年５月に締結されたものの、実現することはなかった。発案者であったフランスの国民議会が、１９５４年８月にこの条約の批准に失敗したからである。

もともと超国家的な欧州防衛軍構想に懸念を抱いていた英米は、この失敗ののち、速やかに西ドイツをＮＡＴＯに加盟させるとともに、ＷＥＵ（Western European Union: 西欧連合）にも同時に加盟させる枠組みを作り上げた。とくにイーデン英外相が精力的に動き、西ドイツの主権回復のための条約とともに、パリ協定として１９５４年10月に署名された。今回は順調に批准が進み、１９５５年５月に西ドイツの主権回復とＮＡＴＯ加盟が実現した。この間１９５２年２月のリスボン北大西洋理事会において、兵力目標が設定されるとともに、ＮＡＴＯが常設機構化し、パリに本部を置くことになった。

ＥＤＣ構想の挫折は、同時に安全保障面を主体とした超国家的な連邦主義的欧州統合の進め方の頓挫でもあった。しかし、１９５５年６月にＥＣＳＣ六か国の外相が、モネの後任の高等機関委員長を決める名目で、イタリアのメッシーナで集まった際に、共通関税を持つ共同市場の設立と、欧州原子力共同体の設立の交渉を始めることを合意し、新たな欧州統合への再出発を切った。この新たな交渉の原動力となったのは、ベルギー外相のポール＝アンリ・スパークであった。同じ月のうちに、ブリュッセルで「スパーク委員会」が活動を始め、約1年後に原子力エネルギー協力と共同市場設立に向けた提言をまとめた「スパーク報告書」が作成された。そこには、ジャン・モネが求めてきた超国家的な欧州連邦の性格は弱まり、国家間協力の枠組みの面を強めた新しい欧州像が現れつつあった。最終的に1957年3月25日に、EEC（欧州経済共同体）とEURATOM（欧州原子力共同体）を設立するローマ条約が署名された。

今日のEU（欧州連合）に至る機構的発展は、このローマ条約に始まっている。1958年1月、ローマ条約が発効し、EECとEURATOMが正式に発足した。EURATOMの方には、モネ的発想がまだ色濃く残っていたが、1950年代に欧州経済が西ドイツ製造業をエンジンとして飛躍的に成長し始めると、新しく作られた共同市場はそのための格好の枠組みを提供した。EECの発足とほぼ時を同じくして、西欧は戦後の高度成長期に入った。この年フランスでは、ドゴールの第五共和制が発足し、約10年の間に数多の波乱があったものの、最終的には今日ある共同市場型の欧州経済統合が定着した。当時イギリスが主導していた自由貿易地域（FTA）構想と、EECの共同市場構想が併存していたが、六か国は関税同盟、共同市場、共通農業政策（CAP）を始動させ、ブリュッセルに官僚機構を発達させ、欧州の他の地域を引き離す発展を始め、最終的にはイギリスもEEC加盟を申請するに至った。EURATOMは結局それほど大きな機構にはならなかったが、モネが解き放った統合欧州の夢は、長期にわたり、政府間協力を推進するための原動力を与え続けた。

（岩間陽子）

37 ベルリンの壁

――東西分断の固定化

東ドイツの苦境とベルリン

冷戦時代の東西ヨーロッパ分断の象徴であったベルリンの壁は、もともとは東ドイツ市民の逃亡防止が目的であった。ドイツ統一後は人口３５０万人を擁するドイツ最大の都市であり首都となったベルリンがなぜ壁で分断され、どのような政治的な意味を持つようになったかを検討していこう。

西ドイツは１９５０年代に奇跡の経済復興と呼ばれる経済成長をとげ、経済的な繁栄を謳歌し、国外から労働力を導入しなければならないほどであった。西ドイツの経済的な繁栄と政治的な安定と自由に引き寄せられ、東ドイツからは多くの市民が脱出していった。東西ドイツが建国された１９４９年からベルリンの壁で東西間が遮断されるまでの間に約２７０万人の東ドイツ市民が西側に移住したとされる。

東ドイツは西ドイツと比較するとマーシャルプランなどの外からの復興支援が受けられなかったばかりか、ソ連に対して戦争賠償の支払いもあり、社会主義計画経済のもとでは西ドイツのような経済成長をとげることができなかった。その結果として困難な労働条件に対する不満の声が爆発した１９５３年６月17日の労働者蜂起（「６月17日事件」）は、ソ連軍の協力もあって東ドイツ政府により鎮圧されたが、多くの死者も出したこの事件を契機に東西ドイツ間の政治的、経済的な格差ははっきりした。

東西ドイツ間の国境は立ち入り禁止区域が設定されるなど自由に越境できないようになっていたが、ベルリンはその例外であった。ベルリンはドイツの敗戦後、米、英、仏、ソ連の四か国により分割統治されており、実質的には東西ドイツの一部であったが、法的にはあくまで戦勝国の管轄下にあった。そして、かつての首都であったために、ソ連占領地区である東ドイツのなかに飛び地として西側による分割占領地区が存在していた。米、英、仏の占領地域である西ベルリンは一つのまとまった経済単位として繁栄していた。

ソ連はベルリンから西側諸国を閉め出すことを望んでいた。ソ連による1948年6月から翌年5月にかけての「ベルリン封鎖」はその最もはっきりとした例である。西ベルリンは、陸路は封鎖によって断たれたものの、米、英、仏の三か国はテーゲル空港を急遽開設するなどしてあらゆる物資を空路で輸送し、都市の機能と市民生活を維持した。1958年11月にはソ連の指導者フルシチョフがいわゆる「ベルリン最後通牒」を西側三か国に突きつけ、ベルリン封鎖に次ぐ第二次ベルリン危機となった。フルシチョフは西ベルリンの非武装化と自由都市化を求めた。西側三か国は結束して西ベルリンにおける地位を守りぬき、ベルリンが東ドイツの影響下に入ることを防止した。こうして西ベルリンは社会主義の東ドイツのなかに浮かぶ資本主義の陸の孤島として輝き続けた。しかし危機を経験して東ドイツ市民はますます西側への移住を望むものが多くなった。

ベルリンはもともと一つの都市であったため、分割占領後も東西間の往来は可能で、地下鉄や道路網は一体として機能しており、多くの東西ベルリン市民が通勤などのために東西間を往来していた。

ベルリンの壁

鉄道や道路で西ベルリンから西ドイツに出国するには東ドイツ当局の検問があったが、ドイツ・ルフトハンザ航空は就航できず米、英、仏の航空会社しか運航できなかったものの、空路は自由に往来できたため、西ベルリンに入れば空路での西ドイツへの移動は簡単であった。西側への移住者は若者や教育水準の高い者、技能を有する者が多く、東ドイツにとっては大きな損失であった。

東ドイツ政府は多数の市民が西側に逃亡して人材が流出し、経済が崩壊することを防ぐために東西間を遮断する壁の建設を決定した。１９６１年8月13日から東ドイツは東西ベルリンの交通を遮断し始めた。ベルリンの壁といっても最初から堅固なコンクリートの壁が建設されたわけではなく、初期には有刺鉄線で交通が遮断された。そのため当初は比較的に越境することも可能で、多くの市民が東ベルリンを脱出したし、東ドイツの警備兵のなかにも西ベルリンに逃れるものがあった。次第に逃亡を防ぐための警備が厳格化され、コンクリート製の堅固な壁と逃亡防止のための監視施設が建設されるようになった。これにより東ドイツ市民には西側への脱出の手段がなくなった。

この壁の建設は、東ドイツの国内向けには西側からの攻撃を防ぐ防壁「ファシズムに対する防護壁」として説明されたが、自国民の逃亡を防ぐ目的であることは明らかであった。東ドイツでは後に刑法に非合法越境罪、いわゆる「共和国逃亡罪」が制定された。壁の建設後も多くの東ドイツ市民が逃亡を図ったが、発見された場合には逮捕・訴追された。また逃亡を試みたところを発見された場合には、逃亡を阻止するために狙撃されることもあった。その結果、1989年に壁が崩壊するまでの間に136名が西ベルリンへの逃亡を試みる際に命を落としたとされる（東西ドイツ間全体では600名以上が命を落とした）。

ベルリンの壁が建設された直後の1961年9月には連邦議会選挙が予定されていたため、壁の建設は選挙戦のさなかの政治的な事件となった。1961年の選挙では長期政権となったアデナウアー首相にベルリン市長のヴィリー・ブラントがSPDを率いて挑んだ。ブラントはベルリンの壁の建設に対して強く抗議した。アデナウアーのベルリン訪問は交通の遮断から9日後と遅かったことが非難された。ベルリンの地位についてはあくまで四戦勝国のみが権利を有していたため、ソ連の承認の下に行われた措置に対して西ドイツができることは限定されていた。また西側の三か国に対してはベルリン内での移動などの地位が以前と変わらず保障されていた。

冷戦とベルリン

1948年のベルリン封鎖や1961年のベルリンの壁建設時のアメリカをはじめとする西側諸国による西ドイツの支援は、ベルリン市民と西ドイツのアメリカに対する感情を強く規定することとなった。ベルリンは西側世界の自由を象徴する都市ともなった。これを象徴する出来事が1963年6月のケネディー米大統領によるベルリン訪問であった。この時の演説でケネディー大統領は、20

イーストサイドギャラリーとして統一後も一部残されているベルリンの壁

００年前にローマ帝国では私はローマ市民だというのが誇り高い言葉であるとされたが、今日の自由な世界では私はベルリン市民だということが誇り高いことだと力説した。そしてどこに住んでいようと自由な市民はベルリン市民だとして、自由な市民として私もベルリン市民だと発言してベルリンの市役所前に集まった多数のベルリン市民から喝采を浴びた。こうしてベルリンの壁で分断されたベルリンは冷戦時代の東西分断の象徴となっていったのである。１９８７年にはレーガン米大統領がブランデンブルク門前のベルリンの壁で演説を行い、ペレストロイカによる改革を開始したソ連のゴルバチョフ書記長に対して、ベルリンの壁を撤去するように訴えた。当時はレトリックとしてしか認識されておらず、ベルリンの壁が崩壊することやドイツが統一することを予想したものはいなかった。しかし、ベルリンの壁は１９８９年の一連の中東欧諸国の体制移行、いわゆる東欧革命時に意味を失い、次第に撤去されていった。

ベルリンの壁は東西分断の象徴であったが、同時に軍事的な対立が続くなかでも安定した東西関係の象徴であったとも言えるであろう。敵対しながらも軍事的衝突に至らない関係を構築し、現状を固定化することによって安定をはかる手法である。もっとも、西ドイツから見ると、ベルリンの壁の構築は東西ドイツ統一の可能性をなくす現状固定化策であるとして、強い批判の対象となった。ベルリン市長であったブラントはその後１９６６年に成立したキージンガー大連立政権で外相となり東方政策を開始し、１９６９年に首相となるとさらに精力的に政策を展開した。このように東側諸国との関係正常化を「接近による変容」という対話を通した方法で目指した背景として、ベルリンの壁建設時の経験が存在している。東方政策が展開され東西間の緊張緩和が進むと、１９７２年にはベルリン四か国協定が締結され、ベルリンを管理する四か国の責任と権利が明確に規定され、１９８９年までベルリンの壁をめぐる大きな問題は生じなくなった。

（森井裕一）

38 エリゼ条約（独仏協力条約）と1960年代の展開
――欧州統合と独仏関係

独仏関係の基盤としてのエリゼ条約

１９６３年1月22日に独仏二国間で締結された独仏協力条約は、パリの大統領官邸であるエリゼ宮殿で締結されたために、一般にはエリゼ条約とも称される。この条約は独仏二国間条約であることが特徴であり、50年以上にわたって独仏関係の運用の基盤となってきたことが重要である。ヨーロッパ経済統合が進展し始めた１９６０年代の前半になぜ二国間条約として締結され、またなぜ今日に至るまで独仏関係を規定する重要な条約となったのかについて、その歴史的な意義を理解する必要がある。

１９５７年にヨーロッパ経済共同体（ＥＥＣ）条約とヨーロッパ原子力共同体（ＥＵＲＡＴＯＭ）条約が調印されたことにより、ヨーロッパの経済統合は国境のない共同市場の設立に向けて動き出していた。イギリスはこれら条約の交渉時には深い関係を有する植民地との関係もあり大陸ヨーロッパとの経済統合に消極的であり、スペインはフランコ独裁政権下であったことから、冷戦下の大陸ヨーロッパで統合を進めたのはドイツ、フランス、イタリアとベルギー、オランダ、ルクセンブルクのベネルクス三国であった。フランスでは１９５８年にアルジェリア独立戦争の混乱のなかでシャルル・ドゴールが指導者として登場していた。ドゴールは憲法改正により成立したフランス第五共和国の大統領に就任したが、第五共和国は政治の安定を志向し大統領に非常に強力な権限を与えていた。
ドゴール大統領は、ヨーロッパ統合は米ソ対立の構図のなかでヨーロッパが再び力をつけ行動するためには必要であると考えていたが、それはあくまで戦争で疲弊したフランスが栄光を取り戻すための手段という認識であり、ヨーロッパのなかで指導力を発揮すべきはフランスであった。これは超国家性を有するヨーロッパ統合機関を設立し、これら機関を共同で運用することを目指す他の諸国とは異なる見方であった。

経済統合が動き始めるとドゴールは政治・外交面での統合参加国間の協力の強化を提唱した。この政治同盟案は案の作成者の名前をとって「フーシェ・プラン」と呼ばれる。１９６１年に提唱されたこの案では、外交・安全保障から文化に至るまでの幅広い政策分野で国家連合を構築しようとするものであった。ＥＥＣと最も異なるところは、運営方法が政府間協力を中心とすることが予定されていたことである。この意味するところは、ドゴールをはじめとする国家の指導者の役割が重視されているということであり、ＥＥＣの委員会や裁判所などのような超国家性を有する制度の運用とは異なるということである。つまり、国家の権限を統合して運用するのではなく、政府間協力によって制度を運用することに主眼が置かれていた。フランスにとっては好ましい運用方法であったが、ＥＥＣの制度運用に大きな期待を寄せていた小国であるベネルクス諸国にとっては、大国協調のような形での運用は受け入れられないものであった。このため「フーシェ・プラン」は失敗に終わった。

アデナウアー首相とドゴール大統領とは１９５８年に初めて独仏の指導者として会談してから意気投合して信頼関係を構築していた。アデナウアーはドゴールに比べればヨーロッパ統合の機関をより

ドゴール仏大統領（左）とアデナウアー独首相（右）（ドイツ連邦文書館、B 145 Bild -F015892-0010, Ludwig Wegmann, CC-BY-SA 3.0）

重要視していたが、同時にフランスとの協調関係の強化も重視していた。１８７６年生まれのアデナウアーはこの時には80歳代後半という高齢に達していて１９６１年の連邦議会選挙には勝利できたものの、次の選挙までには退陣することが決まっていた。アデナウアーは自らに残された時間のなかでフランスとの協力枠組みを制度的に強化しようとした。そしてその成果がヨーロッパ統合枠組みの外側に二国間条約として締結された１９６３年の独仏協力条約であった。

この条約は、二国間協力のための制度に関する規定と二国間で運用される具体的プログラムについての規定の二部構成となっている。制度面では独仏間の定期的な首脳会議の他に外務、防衛、教育、青少年問題担当相の協議が規定されている。外交・安全保障と文化領域を中心として包括的な協議枠組みが設定されたことにより、独仏の政治関係は緊密化していった。今日では条約締結時の公式な協議の他に非公式な協議枠組みも設定されるなど、独仏間の制度的な結びつきは一層強化されている。

独仏協力条約のもう一つの柱は独仏交流・相互理解促進のためのプログラムである。とくに中心になっているのは青少年交流であり、若者が相互訪問して直接にそれぞれの社会とふれあうことにより両国の結びつきを強固なものにしようとする試みである。このため１９６３年10月には独仏青少年協会（ＤＦＪＷ）が設立された。このＤＦＪＷは今日に至るまで独仏社会交流の中心的な組織となっているが、条約締結後の最盛期には年間約30万人の若者がそれぞれの社会を体験した。２０１３年の50周年までには、独仏のおよそ８２０万人の若者がこの交流プログラムに参加した。この交流プログラムでは企業でのインターンシップ、学校間交流など多様な交流方法が用意され、ドイツ語、フランス語の習得にも力点が置かれている。

このような大規模な若者の交流が50年以上にわたって継続され、独仏のほとんどの世代が交流を経験しているという状況を作り出したことは独仏協力条約のとくに大きな成果であると言えよう。交流が高まれば理解が促進されるというシンプルな見方には多くの批判があるが、交流が高まって摩擦が生じても、さらに長期的かつ大規模な交流が継続されて独仏間の社会の結びつきが強化されてきたことは特筆に値しよう。ヨーロッパ統合の制度的な発展の背景にはつねに独仏協力があるが、さらにその政府間の協力の基盤を形成したのがこの青少年交流であると言えよう。

「アトランティスト」と「ゴーリスト」

アデナウアー首相は独仏協力条約を調印後の１９６３年10月に退陣し、後任の首相にはアデナウアー政権で経済相を務め、戦後の奇跡の経済復興を実現したと称えられていたルートヴィヒ・エアハルトが就任した。アデナウアーとエアハルトは独仏協力条約をめぐって異なった認識を有しており、これは当時のドイツの政界における一つの論争の軸を象徴していた。この論争は「アトランティスト対ゴーリスト」論争と呼ばれたものである。輸出に大きく依存していたドイツ経済はアメリカが戦後構築した「関税と貿易に関する一般協定（ＧＡＴＴ）」の自由貿易システムから大きな恩恵を受けていたことと、安全保障政策上はＮＡＴＯ内の同盟国として西側の一員としてアメリカとの関係は極めて重要であった。親仏路線をとるゴーリストの代表格であるアデナウアーは時にフランスとの和解と協力に比重を置きすぎ、対米関係とのバランスを崩してフランスに傾斜しすぎるとの批判がなされた。エアハルトは多角的な国際制度枠組みによる自由貿易を重視し、当時ドイツ政界で多数派であったアトランティストを代表していた。このため独仏協力条約を批准するための法律では、前文で対米関係、ＮＡＴＯによる安全保障、国際機構による多角的枠組みの尊重が独仏関係の突出により阻害されないようにすべく留意することが言及されることとなった。

ドゴール大統領は独仏協力条約を調印する直前にイギリスによるＥＥＣ加盟申請を拒否していたが、エアハルト首相はアトランティストとしてイギリスの立場を重視していた。このためエアハルト首相の政権下ではアデナウアー首相期のような独仏の心情的な近さの強調は見られなくなった。またＥＥＣの超国家的な進展にドゴールが強く反対し、１９６５年夏から半年にわたってフランスがＥＥＣの活動をボイコットするという「空席政策」が採られ、最終的に１９６６年1月に「ルクセンブルクの妥協」として、ＥＥＣ閣僚理事会において実質的にＥＥＣ構成国に拒否権が与えられることになると、ＥＥＣの立法は大きく停滞することとなった。独仏協調が再びヨーロッパ統合の牽引力となって成果をあげるようになるのはドゴールが退陣した後、統合の再出発が議論されるようになってからであった。

ドイツ国内では１９６６年に戦後最初の景気後退が見られ、危機感が広がった。景気後退に伴う税収減と財源議論からエアハルトは退陣することになり、１９６６年12月にはＣＤＵ／ＣＳＵとＳＰＤによる大連立政権がクルト＝ゲオルク・キージンガーを首相として誕生した。大連立政権は付加価値税の導入を決定し、財政の安定化をはかった。また戦争や大規模災害時の規定を憲法改正によって規定する「非常事態法」が成立した。外交政策面では東側諸国との関係改善を目指す「東方政策」がヴィリー・ブラント外相の下で進展し始める。力によって相手を屈服させるのでは無く、対話を通じて相手を変容させる「接近による変容」が東方政策の基本的な考え方となった。大連立政権の政策展開には反対の声もあがり、「院外野党」として学生運動などの大規模な社会的抗議活動も見られたが、キージンガー政権は戦後の大きな制度改革を次々と実現させながら、次のブラント政権の政策展開の前提条件を整えていったのである。

（森井裕一）

39 68年運動

――戦後第一世代による抗議

議会外反対派と学生組織

１９６０年代後半、世界規模で学生による抗議運動が展開された。戦後秩序に対して、最初の戦後世代が異議申し立てを行い、各国の政治社会問題に取り組むと同時に、ベトナム反戦などを掲げながら国境を越えて連帯運動を繰り広げた。こうした「若者の反乱」は１９６８年にピークを迎えたことから、西欧では一般にこの激動の時代は「１９６８年」、抗議運動は「68年運動」と呼ばれている。

西ドイツではこの時期、社会主義ドイツ学生同盟（ＳＤＳ）を中心に学生運動が繰り広げられたが、その背景にはナチの過去をめぐる議論というドイツ特有のテーマがあった。ＳＤＳは戦後、社会民主党（ＳＰＤ）系の学生組織としてスタートした。１９５６年のハンガリー事件によるソ連への失望、１９５９年のバート・ゴーデスベルク綱領で階級政党から国民政党への変貌を遂げたＳＰＤへの失望により、学生を中心に新左翼が形成されると、ＳＤＳはＳＰＤから距離を取り、１９６１年には完全に分離する。その後、ＳＤＳ内ではルディ・ドゥチュケ率いる反権威主義派が有力となり、学生運動全体をリードしていった。

東ドイツ出身で、国家批判を展開して大学進学の道を断たれ、西ベルリンのベルリン自由大学社会学専攻に進学したドゥチュケは、もともと社会主義に関する知識が豊富であった。フランクフルト学派に学び、さらに革命家としてチェ・ゲバラの理論から多くを吸収したドゥチュケは、第三世界の解放闘争との連帯を表明して独自の革命理論を唱えるのみならず、実際の抗議デモにおいても先頭に立って指導した。ドゥチュケはまた、テレビをはじめとするマスメディアでの露出も多かったことから、学生運動のシンボル的存在となる。ドゥチュケら中心的運動家たちは、1965年の米国の北爆開始後、政治的には反米を掲げてベトナム反戦運動を展開し、1967年第三次中東戦争後は、「アメリカ帝国主義」と結びつくイスラエルを批判してパレスチナ連帯を謳い、さらに文化大革命を推進する毛沢東や、中南米で革命運動を展開するチェ・ゲバラに共感した。そして、68年運動を世界史上の一連の「革命」の延長線上に位置づけ、ソ連型社会主義とは別の理想的な社会主義の実現を唱えた。

1966年12月、キリスト教民主・社会同盟（CDU／CSU）とSPDの大連立政権が発足すると、弱小野党の自由民主党（FDP）に代わって連立与党の政策批判を展開すべく、議会外反対派（APO）が結成される。APOは、左翼運動家やキリスト者、平和主義者が主体の復活祭（イースター）デモ行進運動、一部労働組合も加わった非常事態法反対運動、SDSを中心とする学生運動といった、複数の個別運動の集合体であり、大学改革推進から、極右政党の議会進出阻止、非常事態法阻止、ベトナム反戦に至るまで、さまざまなテーマを掲げていた。APOは戦後民主主義体制が形骸化し、社会に権威主義が蔓延しているとし、抗議運動を展開していった。SDSを中心とする学生運動はAPOの中核を担い、その抗議スタイルは、米国学生運動で用いられた「座り込み」や「ティーチ・イン」、講演会などに押しかけ運動のために機能転換させる「ゴー・イン」、対抗文化的パフォーマンスとしての「ハプニング」など、体制側を挑発するものだった。これらの新しい抗議スタイルは米国に留学した学生によって、西ドイツにもたらされた。

学生運動の急進化

１９６７年6月、イラン国王夫妻の西ベルリン訪問に抗議するデモの最中に学生ベノ・オーネゾルクが警官カール＝ハインツ・クラスによって射殺される事件が勃発する。オーネゾルクは後頭部を撃たれて死亡したが、発砲したクラスは正当防衛を主張し、裁判でもクラスの主張が認められた。このため、国家的暴力に対する大規模な抗議運動が勃発し、政府・警察当局・司法への不信感が学生の間に急速に広まっていった。２００９年になってクラスが東ドイツ秘密警察シュタージの非公式協力員であったことが明らかとなるが、１９６７年当時はこの事件を機に国家権力への「対抗暴力」の正当性が主張されるようになり、西ドイツは「学生反乱」の時代を迎えることとなった。この事件を受けてハノーファーで開かれた会議では、ドゥチュケが体制側の非常識なルールを打破するための直接行動を主張したのに対し、社会学者ユルゲン・ハーバーマスはこれを「左翼ファシズム」として批判する。しかしのちにハーバーマスはこの発言を撤回し、むしろ68年運動がドイツ社会の「根本的リベラル化」において果たした役割を高く評価している。

学生運動はその後も勢いを増し、１９６８年にさらに激化する。運動には国際的な連携も見られ、68年2月にベルリン工科大学で開催された「国際ベトナム会議」では、諸外国の学生運動家も参加し、ベトナム反戦を訴えただけでなく、暴力行使が多数派によって容認された。また「プラハの春」への連帯も見られ、ドゥチュケは1968年3月末にプラハへ赴き、現地の学生たちと議論を交わすものの、自由化を望むプラハの学生に違和感を覚えた。その一方、同年4月、のちに左翼テロ組織の赤軍派（RAF）を結成するアンドレアス・バーダーやグドルン・エンスリンらがフランクフルト百貨店放火事件を引き起こし、すでにテロの兆候も見られた。

1968年4月にはまた、右翼青年ヨゼフ・バハマンによって、ドゥチュケが頭部に銃弾を受けて重傷を負う事件が勃発する。テレビの対談番組に出演し、『シュピーゲル』誌の表紙を飾るなど、一躍「時の人」となっていたドゥチュケは、「武装闘争」や「都市ゲリラ」といった過激なことばを用いていたことにより、右派勢力からは危険人物と見なされていた。とくに、「反共」を掲げる保守系シュプリンガー出版社は新聞紙上で、学生運動は東ドイツによって操作されたものであり、その暴力性はむしろナチに匹敵するものだと書き立てていた。ドゥチュケ襲撃事件は学生運動の急進化に拍車をかけ、「復活祭騒乱」と呼ばれる事態となった。学生たちの攻撃の矛先は、とりわけシュプリンガー出版社に向けられ、各地のシュプリンガー社ビル前では学生たちが警官隊と激しく衝突した。翌5月に入ると、非常事態法成立の阻止を目標に、「ボンへの星状行進」と呼ばれる抗議デモをはじめ、運動が最後の展開を見せた。しかし、学生と労働者との連携が見られたフランスの「五月闘争」とは異なり、西ドイツでは労働組合全体が学生運動に呼応することはなかった。

1968年5月末に非常事態法が連邦議会で可決されるとAPOは解体し、学生運動は衰退していった。それとともに若者たちの多くは現実と折り合い、就職して社会人となり、ドゥチュケの提唱する「制度内への長征」、すなわち制度の内側からの革命を目指していった。そして、この学生運動経験者たち、すなわち「68年世代」が、のちに、反原発、環境保護、女性解放、反核平和など、さまざまな問題をテーマとする「新しい社会運動」、そしてその政党組織である緑の党の中心的担い手となっていった。他方、一部急進勢力はテロリズムの道へ進んでいった。

ライフスタイルの革命

西ドイツの学生運動が他国に比べてより急進化していった背景には、激しい世代間紛争があった。すなわち、戦後第一世代の学生たちと、ナチ時代を経験したその親世代との間に、深い溝があり、若者たちが親世代に対してナチを止められなかったことを批判する風潮が広まっていた。その背景には、大連立政権の連邦首相クルト＝ゲオルク・キージンガーをはじめ、政界、経済界、法曹界の上層部に元ナチ党員がいるという状況や、ネオナチ政党のドイツ国民民主党（ＮＰＤ）の躍進などがあった。学生による親世代の批判と責任追及は、各家庭から教育機関、地域、そして社会全体に及んだ。学生新左翼の間では、ナチへと結びつかない「もう一つのドイツ」を追求するとともに、ナショナリズムのもと革命闘争を展開する第三世界解放闘争の革命家へ自己同一化する傾向も見られた。

伝統的価値観からの訣別の背景にはさらに、世界中で若者を魅了した英米のサブカルチャー、すなわち「アメリカ的なもの」の影響もあった。とくに権力への反抗を象徴したロックや、ベトナム反戦運動において広まったヒッピー文化は、西ドイツの学生の間に広く浸透していった。コミューン、反権威主義的な共同保育所の設立、性的モラルのリベラル化などに見られるように、オルタナティヴなライフスタイルが実践されるとともに社会全体の脱権威主義化・リベラル化が推進され、対抗文化が

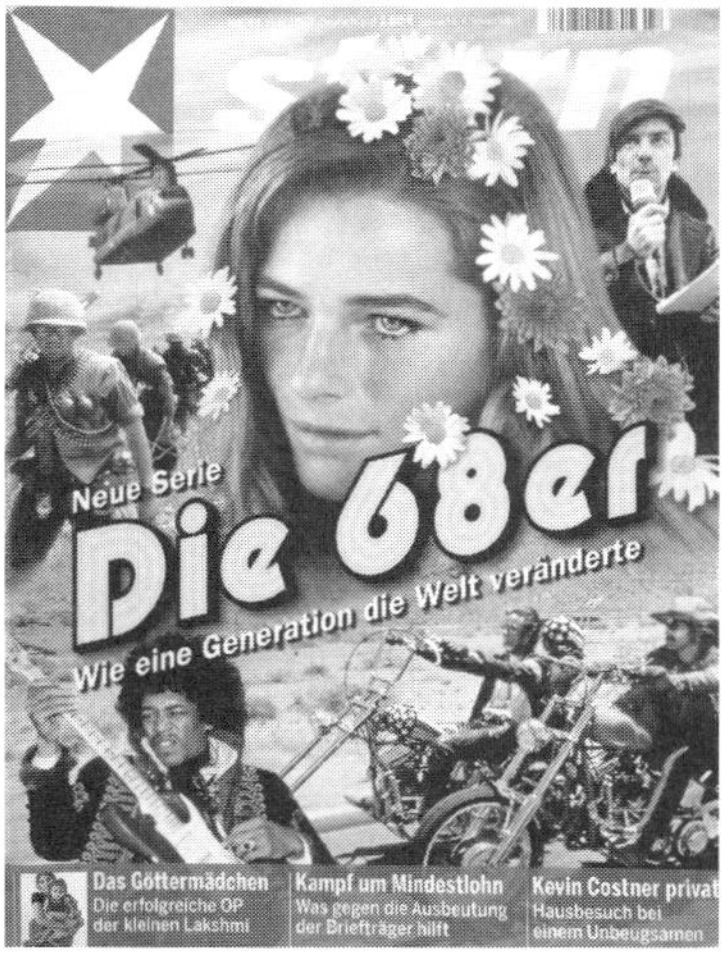

（左）雑誌『シュピーゲル・シュペツィアル』「ワイルドな68年世代」（1988年第1号）
（右）雑誌『シュテルン』「68年世代――いかにして一つの世代が世界を変えたか」（2007年第47号）

形成される。

当時の西ドイツの若者たちは、資本主義を批判して社会主義思想を掲げながらも実際には消費文化を享受していた。文化産業をバックに大衆化していった対抗文化と、学生新左翼による革命を掲げた運動との融合は、学生運動が爆発的に展開する基盤を形成した。68年運動は独自の社会主義革命に失敗し政治的には挫折する一方で、文化的にはライフスタイルの革命、そして西ドイツ社会のリベラル化をもたらしたのである。

（井関正久）

40 ブラントと東方政策
――「接近による変化」と緊張緩和の促進

冷戦時代、ドイツでは東と西に分断国家が成立し、アメリカをリーダーとする西側陣営とソ連を盟主とする東側陣営の激しいイデオロギー対立の舞台となった。西ドイツの初代首相アデナウアーは、西側諸国との関係を深める一方、東ドイツを国家として認めないなど、東側諸国に対抗して再統一を目指す政策を進めた。しかしアメリカとソ連が、キューバ危機などを背景に歩み寄りを見せると、西側全体としても東側との緊張緩和（デタント）を模索し始める。そこで西ドイツは、東側諸国への対決的な姿勢ゆえに、同盟国の間ですら孤立する恐れが出てきたのである。

１９６９年10月に首相となったブラントは、それまで拒絶してきた東ドイツを国家として事実上認め、停滞していた東側諸国との関係の改善を目指す新たな「東方政策」に取り組んだ。ブラントは、１９１３年にリューベックで生まれ、ヒトラー体制下では亡命して反ナチス闘争に従事し、敗戦後に分断されたベルリンから政治家のキャリアを開始した。１９６１年に西ベルリン市長として「ベルリンの壁」の建設を目の当たりにし、壁で分断された人々の交流をいかに取り戻すかの政策構想を練った。それが腹心のバールが提示した「接近による変化」構想である。この構想の下、東ドイツ当局と直接交渉し、途絶えていた東西ベルリン市民の行き来を再び可能にする足掛かりを築く。そのブラントが、外務大臣の任を経て、遂には首相として東方政策を推進することになったのである。

「暫定協定」としての東方政策

しかし東方政策と言っても、東側のどの国との交渉を優先するのかが重要であった。じつはブラント政権以前の政府によっても東方政策は取り組まれており、それはソ連や東ドイツ以外の東欧諸国との関係改善に部分的に成功したものの、東側陣営の分裂を危惧するソ連や東ドイツの警戒を招いたのである。したがってブラントは、まず東側の盟主たるソ連との交渉を率先し、1970年8月には両国の間でモスクワ条約が調印される。続いて同年12月にはポーランドと、1972年12月には東ドイツとも条約が結ばれた。この一連の条約を通じて、第二次世界大戦後のヨーロッパの「現状」について東西間が合意し、1973年9月には東西ドイツが国連に同時加盟して名実ともに国際社会に復帰することになった。

ベルリンのブラント記念館に展示されているブラントの彫像

このブラント政権の東方政策は、東側諸国との関係改善に取り組み、ヨーロッパの緊張緩和に貢献した。しかしそれは西ドイツ側に痛みを伴うものでもあった。たとえば、東ドイツとポーランドの間のオーデル＝ナイセ線といった国境線をはじめ、ヨーロッパの

「現状」を受け入れることは、戦後東側に支配されていた旧東部ドイツ領の事実上の放棄を意味したからである。西ドイツには、この旧ドイツ領などから多くの難民（「被追放者」とも呼ばれる）が「追放」され流入しており、アデナウアー政権以降一貫して領土回復を訴えてきた。この立場からは、共産主義に屈するブラントは売国奴に他ならなかった。したがって、たとえば現在ではドイツの「過去の克服」を象徴する、１９７０年12月のポーランドの首都ワルシャワのユダヤ人ゲットー英雄記念碑前でのブラントの跪きも、当時世論調査では賛否が二分していた。連邦議会でも東方政策をめぐり与野党が対立を深め、72年11月には解散総選挙が実施された。結果は、ブラント率いるドイツ社会民主党（ＳＰＤ）が戦後最高得票率を獲得して政権を維持することになり、その成果は一応信任されたといえる。とはいえ、その後も東側に対する宥和的な態度を批判する声が消えることはなかった。

ブラントの東方政策は、ドイツ分断やヨーロッパの国境線の「現状」を受け入れ、ソ連の東欧支配を認める「宥和政策」だったのだろうか。ここで注目されるのは、ブラントは東側諸国との交渉過程において、ドイツ統一の可能性を確保すべく積極的に働きかけた点である。たとえばモスクワ条約締結の際に、将来のドイツ人の民族自決権の行使の可能性をアピールする書簡を手交した。そもそも戦後成立した西ドイツは、将来達成される統一までの過渡的な国家に過ぎず、東側諸国との諸条約も「暫定協定」であると主張したのである。

段階的アプローチと「多国間化」

このようにブラントは、一方でドイツ分断を事実上認めながら、他方で統一の可能性確保に固執した。これは一見矛盾するようにも思える。それではブラント政権は、分断を克服しドイツが統一するまでの道筋をどのように描いていたのだろうか。ここで重要なのは、長期的な観点から統一を達成するために段階的にアプローチした点である。すなわち、まず短期的にはドイツ分断などの「現状」を受容して東側との交渉を進め、緊張緩和を推進して東西あわせた全ヨーロッパ規模での安全保障体制を構築し上で、長期的な視座に立ってドイツ統一の可能性を模索したのである。この段階的構想の背景には、ヨーロッパにおける東西対立の緩和なしに、ドイツ統一は成し得ないという認識があった。実際、まずソ連・東欧諸国との二国間関係の改善を図り、次の段階としてその成果の「多国間化」を図る全欧州安全保障協力会議（CSCE）などの多国間協議の開催を通じた緊張緩和のさらなる促進を目指したのである。

ただこの全ヨーロッパ規模での安全保障会議は、ヨーロッパにおけるアメリカの影響力減退を企図するソ連の意向に沿ったものであり、またブラントの掲げる長期的目標である新たなヨーロッパ安全保障体制も、北大西洋条約機構（NATO）に代わりアメリカを構成国としない点で同様であった。この時期ソ連は、東側陣営内で中国との深刻な対立を抱え、ヨーロッパの「現状」を西側に認めさせることで勢力圏としての東ヨーロッパの安定化を図っており、また貿易などの経済交流や技術協力といった分野での西側との関係強化を望んでいた。CSCEの内容は、こうしたソ連側の要求を大幅に認めるものだった。

では対する西側がこの会議を通じて得たものは何か。それが人権保障や「人・思想・情報の自由」といった側面であった。こうした要素を東側に認めさせたことこそが、1989年から1990年の

「ベルリンの壁」開放から東西ドイツ統一に至るヨーロッパにおける冷戦終焉を導いたとする見方もある。また、東方政策によって国境線修正の要求を放棄しただけでなく、核不拡散条約（NPT）調印などを通じて、従来ソ連など東側が西ドイツに対して主張してきた「復讐主義」といったプロパガンダが有効性を失い、翻って東側の権威主義的な政治体制の正当性に疑問を投げかける土壌が築かれたことも見逃せない。

「東と西の間を自由に動く」外交？

とはいえ、ブラント政権の東方政策が、現存する西側軍事同盟の弱体化を導きかねず、またそれまで西側一辺倒だった政策が修正されたことは、同盟国に不安を与えた。かつてのビスマルクからヒトラーに至る「東と西の間を自由に動く」ドイツ外交の再来かと警戒されたのである。ブラントは同盟国が抱くこうした不安を十分に認識し、東側との交渉と並行して西側諸国との意見調整に努めた。とりわけ、アメリカ、イギリス、フランスは、第二次世界大戦の戦勝国として、ベルリン問題やドイツ統一問題に関する権限を有しており、西ドイツと東側諸国による二国間交渉と並行して進められた、ベルリン問題に関する米英仏ソの四か国交渉の当事者であった。西ドイツは、この戦勝国による四か国交渉には直接参加できないため、西側の三か国との緊密な意見交換を通じて自国の主張をベルリン問題に反映させようとした。このような対話の枠組みが、西ドイツの「独り歩き」に対する同盟国の不安を緩和する効果を持ったのである。

さらにブラントはヨーロッパ統合に対しても積極的な態度を示した。第二次世界大戦後に、西欧諸国間で進められたヨーロッパ統合は、1960年代後半に関税同盟を完成させるなど経済統合を進める一方、国家主権を弱めるような統合に対するフランス大統領ドゴールの留保などで行き詰まりも見せていた。しかし1969年12月に開催されたハーグEC首脳会議で「完成・深化・拡大」を打ち出し、統合は新たな段階へと歩みを進めた。この首脳会議においてイニシアチブを発揮したのが、同時期にソ連との交渉に取り掛かっていたブラントだったのである。こうしたヨーロッパ統合への関与は、東方政策を成功させるうえで前提となる西側諸国との結束に寄与するものであった。

東方政策とドイツ統一

このようにブラントの東方政策は、アデナウアー以降築き上げてきた西側諸国との関係を土台として、新たにソ連をはじめ東側諸国との関係改善を目指すものであった。その功績が認められ、ブラントは1971年にノーベル平和賞を受賞している。そして彼の夢見たドイツ統一は1990年に叶うことになった。しかしながら、それは東方政策で掲げられた全ヨーロッパ規模の安全保障体制を通じてではなく、統一ドイツがNATOに帰属することを条件として達成されたものであった。また統一後、東方政策が東側の権威主義的な政府の延命を手助けし、自由を求める反体制派を軽視していたといった批判も展開された。統一を喜んだブラントは1992年に世を去るが、その胸に去来したのは何であっただろうか。

（妹尾哲志）

コラム 8

ドイツの秋
――テロリズムのピーク

68年運動の衰退後、行き詰った活動家のなかには、より過激で戦闘的な道へと進む者もいた。メディアの注目を集めた「コミューンⅠ」内でも、暴力の是非をめぐり意見の相違が顕著となって分裂が始まり、左翼テロ組織を立ち上げる者もいた。1969年9月に自発的ストライキの波が起こると、新左翼活動家の間ではプロレタリアートの重要性が再認識され、60年代末から70年代初めにかけて数々の共産主義を名乗る団体「Kグループ」（Kは共産主義の頭文字）が結成される。暴力的なアクションを展開する彼らは、反原発闘争や住宅闘争などあらゆる運動に入り込んで警官隊との衝突を繰り返し、住民団体と対立することも多かった。

一方、68年運動の解体プロセスのなかで、明確に武装路線に進んでいったのが左翼テロ組織であり、なかでも社会を揺るがせたのがドイツ赤軍（正確には赤軍派、以下ＲＡＦと記述）であった。フランクフルト百貨店放火事件により、有罪判決を言い渡されたアンドレアス・バーダーとグドルン・エンスリンは刑確定まで保釈され、控訴の棄却により保釈が取り消されると地下に潜伏した。バーダーは1970年4月に逮捕されたが、翌5月、エンスリンら同志、および左翼コラムニストとして活躍していたウルリケ・マインホフらの助けによって脱獄に成功し、彼らはまもなくＲＡＦの結成を宣言する。

ＲＡＦメンバーは、学生運動の「小市民性」を批判しつつも、運動で掲げられた「武装闘争」、「都市ゲリラ」のコンセプトを引継ぎ、「反帝国主義闘争」を攻撃的に展開した。Ｋグループとは異なり、プロレタリアートの概念からは外れ、専ら「前衛」による革命を主張し、テロ行為は「大衆の革命意識」を呼び覚ますためのものであると説いた。彼らは、ヨルダンへ渡って軍事訓練を受けた後、1972年に西ドイツ内の米軍や警察の施設、シュプリンガー社ビルに対して攻撃を加えた（5月攻勢）。しかし、72年末までには、RAF幹部のほとんどが逮捕され、その後は第二世代がテロ活動を引き継いだ。

　RAF第二世代において、活動の焦点は「革命闘争」から「第一世代の釈放」へとシフトする。ヨルダンでパレスチナ解放人民戦線（PFLP）によって兵士として訓練された第二世代は、1975年4月、ストックホルムの西ドイツ大使館占拠事件を引き起こす。この時期、RAFのほかにも、「6月2日運動」（6月2日は警官によって学生オーネゾルクが射殺された日）や「革命細胞」がテロ事件を引き起こし、西ドイツおよび国際社会を震撼させた。そして、76年5月、マインホフが獄中で死亡すると、「自殺」という当局の公式発表が疑惑を呼んで西ドイツ各地で抗議運動を招き、このことはRAFが当時左翼内で孤立した存在ではなかったことを物語っている。

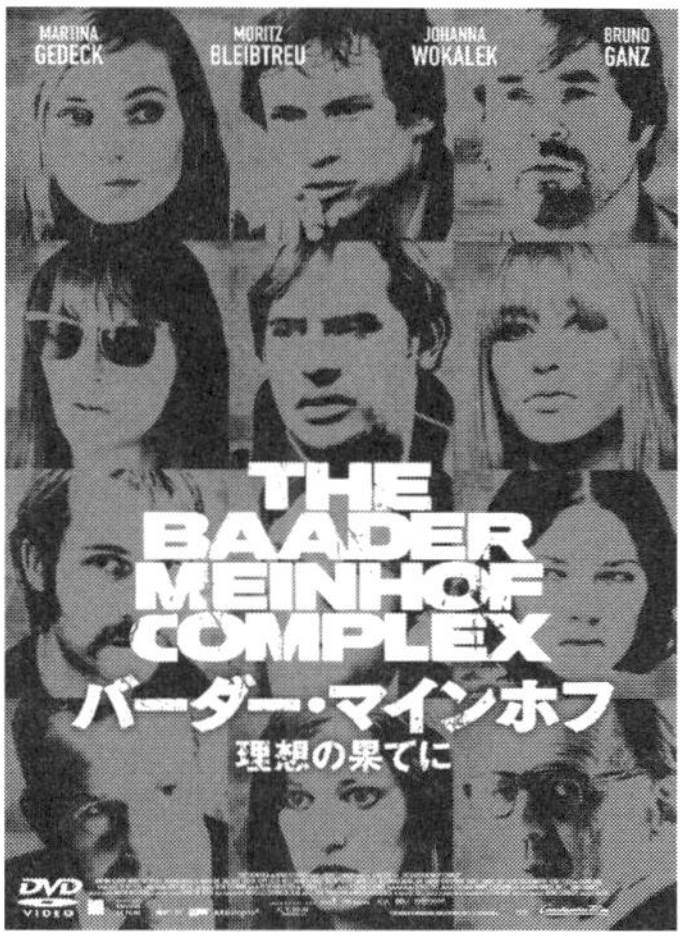

映画『バーダー・マインホフ ― 理想の果てに』（2008年）

　西ドイツでのテロの波は1977年にピークに達する。まず4月と7月にそれぞれ連邦検事総長ジークフリート・ブーバクとドレスナー銀行頭取のユルゲン・ポントが、RAFテロリストによって殺害される。そして、9月から10月にかけて、経営者連盟会長ハンス＝マルティン・シュライヤーの誘拐殺害事件と、RAFと結託したパレスチナ・テロリストによるルフトハンザ機ハイジャック事件が起きた。シュミット首相がソマリアに着陸したハイジャック機に特殊部隊（ＧＳＧ９）を投入し、人質全員の解放に成功すると、その直後、バーダー、エンスリンらは拘置所内で自殺を遂げる。左翼テロリズムがピークに達したこの時期は、シュライヤーの葬儀やテロリストたちの埋葬時の実録映像を交えて当時の騒然とした状況を描いた、ファスビンダー監督らのオムニバス映画『秋のドイツ』に因んで「ドイツの秋」と呼ばれ、ここに「１９６８年」という時代の終着点を見出す評論家も多い。

映画『秋のドイツ』（1978年）

　１９８０年代以降もＲＡＦ第三世代が活動を継承し、解散声明が出されたのは１９９８年４月であった。現在もなお、ドイツではＲＡＦ関連の映画・展示会・出版物などをきっかけに、左翼テロリズムの時代をどのように捉えるか、あるいはテロリストたちをどのように描くか等をめぐる議論が展開されている。

（井関正久）

41 ホーネッカーの東ドイツ

――「現に存在する社会主義」の夢と現実

緊張緩和

1971年5月SEDはウルブリヒトに代わって、第一書記にホーネッカーを選出した。ホーネッカーは、戦前ドイツ共産党の青年運動で活躍し、ナチス時代の1935年から敗戦まで政治犯として獄に繋がれていた抵抗の士であった。戦後も東ドイツにおいて青年運動を指導し、長く次代の指導者としての期待が強かった。ウルブリヒトとは異なり、ソ連に絶対的忠誠を誓い、労働者の前衛としてのSEDの指導的役割を堅持し、党の規律やイデオロギーを強化しようとする保守的色彩が強かった。

世界的状況は緊張緩和の時代にあった。政権末期ソ連との距離をとろうとしたウルブリヒトとは対照的に、ホーネッカーはソ連とくに当時のブレジネフ体制との親和性を優先させた。そのことによってソ連から信頼を得、背後を固めたうえで、新東方外交を進める西ドイツとの関係改善に臨んだ。

1970年8月にすでに西ドイツとソ連の間で結ばれていたモスクワ条約を前提に、両独間で交渉が続けられた。この間ブラントは同年3月に東ドイツのエルフルトを訪問し、市民からも熱狂的歓迎を受けた。1971年ベルリン四国協定が調印され、西ドイツと西ベルリンの自由な往来が保障され、翌年12月には、最終段階として両独基本条約が締結され、東ドイツの主権と国境が認められることに

東ドイツの指導者（1971～89）、エーリヒ・ホーネッカー

なった。こうした一連の措置によって、両独関係は緊張緩和の象徴となった。これ以降東ドイツは外交的孤立から脱却し、1973年9月には国連加盟を果たし、翌年にはアメリカと国交を樹立し、1980年には国連で安保理の非常任理事国を務め、1987年には東ドイツの外務次官フローリンが国連総会の議長に就任するに至った。

目覚ましい国際的な認知は体制の安定にもつながった。「壁」の構築に象徴される東西交通の遮断によって、自由な交流を犠牲にした形で、労働力の流出は止まり、東ドイツに経済成長がもたらされた。1971年から1975年の間に東ドイツの国内総生産は30％増大し、労働者の平均収入は、1970年の755マルクから1980年の1021マルクへ増大し、耐久消費財の普及も進み、1974年には24％が自動車の所有し、その数は1987年にはほぼ50％に達した。

こうした国際的環境や経済分野での「安定」を背景に、ホーネッカーは、共産主義者たちが長年の運動のなかで培ってきた夢の実現をさらに進めようとした。つまり、「経済政策と社会政策」の両輪によって、経済成長を保ちながら、たとえば生活必需品の価格や家賃を据え置き、社会的公正を実現する課題に取り組んだのであった。とくに強調された社会政策は住宅建設であった。1971年から1975年にかけて、50万戸の建設目標に対して、実際には60万戸以上の住宅が建てられた。

社会政策の充実のなかで、女性の地位も向上した。とくにベーベル以来の社会主義理論によれば、女性の経済的自立こそ女性解放の基盤と捉え、女性の就業を第一に保証し、託児施設、育児休暇、母性保護など育児を社会化する政策が推進され、その結果東ドイツの女性就業率は大きく上昇し、１９７８年には女性の就業可能年齢の87％（西ドイツでは52％）が就業し、就業人口の50％（西ドイツでは38％）を女性が占めることとなった。西ドイツでは中絶を禁止した刑法２１８条が温存されていたのに対して、東ドイツでは撤廃され、出産するかどうかの自己決定権は女性に委ねられることとなった。女性を対象とした労働時間の短縮も図られ、１９７６年にすでに16歳以下の子どもが２人いる女性の労働時間は週40時間となり、有給休暇は24日、産休は26週であった。児童手当の増額も図られ、１９８０年代における出生率の上昇につながった。

失業もなく、衣食住に困ることもなく、十分な余暇、女性の権利が保障され、医療費は無料、安価で上質な文化が提供され、出身や収入にとらわれない教育制度も整備されるなど、共産主義的理想の実現を目指した東ドイツは、ワルシャワ条約機構のなかの一番の優等生であった。その自信からか、東ドイツでは、従来ドイツ民族が二つの国家を形成しているとする一民族二国家論から、１９７０年代半ば以降、西ドイツに対して、東ドイツ国民は「社会主義的民族」であると主張され、二民族論が展開されることとなった。

進行する危機

ただ、共産主義実現のために設定される人間像は平板であった。「活動家」と呼ばれる共産主義の理想に燃える積極的な人間は、精々人口の３％、30〜40万人ほどであった。政治的締め付けが厳しい割に、労働現場での労働規律は緩く、工場の備品が家庭に持ち帰られることも日常化していた。あくせく働いても評価されず、富の再分配ではなく貧しさの再分配ではないかという悪口も聞こえた。市場論理に代わってモティヴェーションを与えることが難しく、労働生産性は著しく低いという構造的問題を東ドイツは抱えていた。こうしたなかで経済運営は難航し、国家的レヴェルでの経済的破綻が進んだ。

他方で、緊張緩和とともに消費経済への傾斜は「欲望の爆発」と呼ばれる段階に達し、東ドイツ市民の関心は、商品の量から質に移った。自動車があるか、ないか、ではなく、その車がメルセーデスなのか、「トラビー」と愛称された東ドイツの国産車なのかに移った。東ドイツ国民はつねに西ドイツと比較し、羨望のまなざしを西に向けた。外貨でしか買えない「インターショップ」と呼ばれたドルショップにある、あか抜けた西側の商品を見た東ドイツ市民のコンプレックスは、最後まで解消されなかった。新東方外交のおかげで、西ドイツのテレビをほとんどの東ドイツ市民は見ながら、西側の人間はあまり関心を持たないような歯磨き粉に至るまで、東ドイツ市民の商品知識はすさまじかった。

東ドイツの国民車「トラビー」

また、ホーネッカー体制は度重なる経済的危機状況に曝された。1973年に始まった第一次石油ショックでは、輸入品価格の高騰、ソ連からの原材料・燃料の高騰という形で東ドイツ経済を苦しめ、続いて1979年からは第二次オイルショックが襲った。これと並行して、1980年代には転機が訪れていた。世界的に経済的な構造転換が進んでいた。それは従来の、重化学工業を中心とした重厚長大型から、新興のＩＴを中心とした軽薄短小型への転換でもあった。集権的構造から分権的構造への変化でもあり、資本主義社会では　サッチャーイズムやレーガノミクスと言われた、格差社会を生み出す新自由主義への転換でもあったが、東ドイツをはじめとした社会主義諸国は、原理的にこの転換に適合的ではなかった。

改革の失敗

その一方で、政治・社会的変化に応じた共産主義そのものの刷新も無視された。１９６８年からチェコスロヴァキアにおいては、ドプチェクが「プラハの春」と呼ばれた社会主義体制の民主化を推し進めたが、東ドイツを含むワルシャワ条約機構軍は、こうした共産主義の改革運動を、軍事侵攻して踏みつぶしたのであった。その後１９８０年になると今度はポーランドで、自主労組「連帯」に結集した労働者たちも弾圧された。東欧諸国は、ユーロコミュニズムなど、１９７０年代からの西側で見られた共産主義の刷新運動にも冷淡であった。とくに東ドイツでは、１９８２年から１９８３年にかけて、ドイツを中心とした中欧に米ソが中距離ミサイルを配備しようとすると、東ドイツでも武器に頼らない平和運動も展開されたが、こうした動きも東ドイツ当局によって弾圧された。

また、東ドイツにおいては大気汚染などの公害は深刻であったものの、環境保護に関する関心は薄く、西側で１９８０年に「新しい社会運動」として緑の党が成立するのと対照的であった。女性解放の問題でも、西側諸国で第二派フェミニズムが提起したような、男女の社会的役割の是正に踏み込んだ発想は、東ドイツでは弱く、国是としての反ファシズムにしても、「過去の克服」の議論を盛んに展開する西ドイツに対して停滞している感が拭えなかった。

ホーネッカー体制は新しい事態を理解できず、「停滞」が社会を覆った。これに対し、東ドイツの内部では、文化人が警鐘を鳴らし続けていたものの、締め付けが強化され、1976年11月には体制に批判的であった歌手ビアマンの東ドイツ国籍が剝奪された。これに対して多くの東ドイツ文化人たちが抗議の声をあげたものの、その動きは封殺された。

むしろホーネッカー体制は、国家保安省シュタージによる監視体制を強化した。①秘密警察、②査問機関、③情報収集という三つの機能を果たしていたシュタージの機関員数は、1973年約5・3万、1980年7・5万、1989年8・5万と急速に拡大する一方、東ドイツの成人10％に及ぶとされる非公式協力者による密告体制が構築され、市民生活は隅々まで監視されるようになっていった。

1980年代半ばになると、東ドイツの経済状況は深刻化する一方であった。東ドイツでは消費財の50％が輸出に回されるようになり、なけなしの生活物資まで輸出に回され、飢餓輸出状態で、国内では食肉不足に見舞われるようになった。1983年には、それまで「ファシスト」扱いしていたバイエルン州首相シュトラウスからホーネッカー体制は総額20億マルクの借款を受け入れざるを得なくなり、結局1989年における東ドイツの対外累積債務は206億ドルに達した。

1985年ソ連共産党書記長に就任したゴルバチョフが始めたペレストロイカ（再構築）、グラスノスチ（情報開示）といった政策転換は、こうした行き詰まりを打開しようとするものであった。しかし、東ドイツはその変化を受け入れようとせず、結局は、そのまま「1989年」を迎えることとなったのであった。

（星乃治彦）

42 緑の党と社会変容
——運動政党としての発展

運動から政党へ

１９７０年代の西ドイツでは、反原発、反核平和、環境保護、女性解放などをテーマに、数多くの市民運動団体が各地に結成され、緩やかなネットワークを形成して運動を展開した。こうした運動は、組織化された労働組合による旧社会運動との対比から「新しい社会運動」と総称され、その中心的担い手は、学生運動を牽引したいわゆる68年世代であった。緑の党（Die Grünen; 正確に和訳すると「緑の人々」）はこの新しい社会運動を基盤に誕生した。

緑の党の前身は、１９７０年代後半から西ドイツ各地で結成されていた、選挙候補者名簿「緑のリスト」や「多色のリスト」などの環境団体であり、これらの勢力は市町村・郡・州レベルで議会進出を果たしていた。１９７９年に複数の環境団体がリスト「その他の政治連合・緑の党」を結成し、欧州議会選挙で３・２％を得票し注目を集める。当初はエコロジー右派・中間派が大きな勢力を形成していたが、やがて68年運動を牽引した新左翼も合流した。そして、１９８０年1月に緑の党が連邦政党として誕生し、同年3月のザールブリュッケン連邦代表者会議において、「エコロジー的」、「底辺（草の根）民主主義的」、「社会的」、「非暴力的」の四つを原則とする連邦綱領が採択された。しかし、

1980年結成当初の緑の党の連邦議会選挙ポスター（下に小さく「エコロジー的・底辺民主主義的・社会的・非暴力的」という党の四原則が書かれてある）

同年10月の連邦議会選挙で緑の党の得票率は１・５％にとどまり、５％条項によって議席獲得に失敗する。

　１９７０年代後半から１９８０年代初めにかけて、市民の環境に対する意識の高揚と、新しい社会運動のさらなる展開、そして与党ＳＰＤへの不満を背景に、緑の党は支持層を拡大する。とくにヴィールで始まった反原発運動は、個別の原子力施設に対する直接当事者の抵抗運動に新左翼勢力が加わり、広範な反原子力運動へと発展していった。さらに１９７９年12月、「ＮＡＴＯ二重決定」により、西ドイツへの中距離核兵器配備問題が広範な反核平和運動を引き起こすと、「運動政党」としての役割を担う緑の党への期待はいっそう高まった。

　緑の党は脱物質主義的価値観の広まりを背景に、都市部において高学歴の若年層を中心に支持を拡大していった。「反政党的政党」を掲げた緑の党の独特な組織構造は、議員職と党役員職の兼任禁止の原則、一定期間で職務を交代するローテーション制、党役員や議員候補において女性に半数以上を割り当てるクオータ制などに見られたが、クオータ制以外は徐々に修正・緩和あるいは廃止されていった。

連邦議会への進出と定着

緑の党は1983年3月に得票率5・6％で連邦議会進出を果たす。議会内では「NATO二重決定」に基づく中距離核ミサイル配備に反対するものの、これを阻止することはできなかった。一方、州レベルでは勢力を強め、1985年にヘッセン州でSPDとともに赤緑連立政権を形成し、ヨシュカ・フィッシャーが州環境相に就任する。ジーンズにスニーカーの姿で大臣就任の宣誓を行うフィッシャーは、伝統や固定観念にとらわれない緑の党の斬新さを体現していた。そして、1987年1月の連邦議会選挙では、前年4月に勃発したチェルノブイリ原発事故後の環境意識の高揚が追い風となって、緑の党の得票率は8・3％にまで上がった。

緑の党内部においては、1980年代半ば以降、「原理派」と「現実派」との間の対立が広がった。新左翼の勢力が強まるなかで、党全体の「左翼化」が進んだが、左派優位の時代は、1988年12月のカールスルーエ党大会で原理派中心の連邦執行部が再選に失敗することによって終焉を迎え、以後、党内ではヨシュカ・フィッシャー率いる現実派の立場が優勢となる。そして、緑の党にとって大きな転換点となったのが、東西ドイツの統一であった。

1990年12月、統一ドイツ最初の連邦議会選挙が、5％条項を東西別々に適用するという特例のもとで実施された。これまでドイツ統一に批判的な姿勢をとってきた緑の党は、この選挙で5％を割って議席を失う。一方旧東ドイツでは、「平和革命」が進展していた1989年11月に、環境運動勢力が西ドイツの緑の党をモデルに「緑の党」(Grüne Partei) を結成し、また翌年3月の最後の人民議会選挙の際には市民運動勢力がリスト「同盟90」を結成していた。この両者は人民議会選挙で別々に参戦して敗北を喫するものの、１９９０年12月の連邦議会選挙では連合し、その結果、旧東ドイツにおいて６％を得票し、８議席を獲得した。

１９９４年の連邦議会選挙での議席奪還を目指す緑の党は、まもなく東の緑の党を吸収し、政党組織となった同盟90との統合交渉に入る。そして１９９３年、同盟90の緑の党への加入という形で両党の統合が成立し、党名は「同盟90／緑の党」となった（以下も緑の党と記述）。同党は１９９４年に連邦議会進出を果たすものの、統合交渉時から明白になった旧東西メンバー間の確執はしだいに激しくなり、多くの旧東メンバーが離党していった。

ドイツ統一後の緑の党が抱える最大の問題は、旧東ドイツにおける支持率の低さであった。旧東ドイツで緑の党は、かつて東ドイツを支配したドイツ社会主義統一党（ＳＥＤ）の後身である民主社会党（ＰＤＳ）と競合関係にあった。「独裁政党」から「旧東ドイツ市民の利益を代弁する唯一の政党」へと方向転換を図るＰＤＳは、「緑のテーマ」を党の標語として採用し、抗議政党としてのイメージ形成に努め、西側との経済格差に不満をもつ東側市民を吸収していった。

連邦レベルでの連立政権参加とその後

１９９８年10月、連邦レベルでＳＰＤと緑の党との連立が成立し、赤緑政権（シュレーダー政権）が誕生する。緑の党からはヨシュカ・フィッシャーが副首相兼外相に、ユルゲン・トリッティンが環境・自然保護・原子炉安全相に、アンドレア・フィッシャーが保健相に就任する（２００１年に狂牛病スキャンダルでアンドレア・フィッシャーが辞任し、改編された消費者保護・食糧・農業相にレナーテ・キューナストが就任）。赤緑政権は、16年間続いたコール政権に代わる新たな国政の担い手として期待され、なかでも緑の党が中心となって推進する、脱原発、環境税、代替エネルギーの推進、二重国籍取得の緩和などが注目された。そして２０００年には原子力産業との間で脱原発合意が成立し、原発の平均稼働年数は32年に定められ、２０２２年までに順次運転を停止することとなった。

その一方で、緑の党は１９９９年のコソヴォ紛争をめぐるＮＡＴＯ武力行使への連邦軍の参加において、党アイデンティティの一つである平和主義に反する決断をしたとして、党内外から激しく非難される。しかし、連邦議会選挙の年である２００２年、緑の党は、「エコロジー」、「自己決定」、「公正の拡大」、「活力ある民主主義」に加えて「非暴力」と「人権」を原則に掲げた新綱領を採択し、９月の連邦議会選挙では得票率８・６％をあげて赤緑政権が維持された。ヨーロッパレベルでは、２０04年2月、欧州内の緑の諸政党が結集して「欧州緑の党」ＥＧＰが結成され、以降２０１４年までの3回の欧州議会選挙において、ドイツの緑の党はいずれも10％を超える得票率を記録している。

２００５年に、東欧からのドイツ入国ビザの発給緩和が悪用される「ビザ・スキャンダル」が発覚すると、フィッシャー人気に支えられていた緑の党の勢いに陰りが見え始め、同年9月の連邦議会選挙の結果、ＣＤＵのアンゲラ・メルケルを首相とする大連立政権が誕生し、緑の党は与党の座を退いた。緑の党はその後しばらく低迷期に入ったものの、野党として政府に影響を与え続ける一方、核燃料廃棄物が鉄道輸送されるゴアレーベンをはじめ、反原発運動においても存在感を示した。また、保守勢力との接近も見られ、州レベルでは、ハンブルクでＣＤＵとともに黒緑連立を、ザールラント州ではＣＤＵ、ＦＤＰとともにジャマイカ連立（黒緑黄＝ジャマイカ国旗の色）も形成した。２００９年の

2014年の欧州議会選挙ポスター（「原子力はオフ、自然がオン。よりよい欧州をめざす緑」と書かれてある）

連邦議会選挙では、緑の党は10・7％を得票するものの、ＣＤＵとＦＤＰの連立が成立し、第二次メルケル政権が誕生する。

メルケル政権が原発の運転期間延長の方針を打ち出すと、緑の党はとりわけ脱原発の世論を牽引することにより支持を回復していった。２０１１年３月、福島第一原発事故が起こるとメルケル首相は原発の運転期間延長を撤回する。そして同年3月に行われたバーデン＝ヴュルテンベルク州議会選挙では緑の党が24・２％を得票して第二党となり、第三党のＳＰＤとの連立が成立し、初めて緑の党の州首相（ヴィンフリート・クレッチュマン）が誕生した。その後緑の党は勢いを失い、２０１３年９月の連邦議会選挙では８・４％の得票率にとどまる一方、２０１６年３月のバーデン＝ヴュルテンベルク州議会選挙では30・３％を得票し、州レベルで初めて第一党になった。

以上のように、結成以来、緑の党は脱原発を含むエコロジー、男女同権、市民参加といった新たな概念を議会内にもたらすとともに、他の政党にも大きな影響を与えきた。しかし、これらの「緑のテーマ」が一般化したことにより、緑の党の独自性は近年薄れている。他党にさきがけて、日常生活と密接に関連する社会問題を敏感に汲み上げ、積極的に独自の活動領域を開拓していくことが、今後も緑の党に求められている。

（井関正久）

コラム 9

食の歴史
――歴史的多様性の象徴

ドイツ料理と言えばソーセージにビールに黒パンというイメージだろうか。料理は歴史が作り上げた食文化であり、食卓の上に気候風土と政治・経済情勢を映し出していることがわかる。ドイツの位置する北緯50度付近の気候は地中海地域に比べればはるかに冷涼なので、もともとこの地域で生産できる穀物や野菜などは限定される。

たとえば、ドイツの白ワインは世界的にもある程度は知られているが、赤ワインの生産は増えてきたとはいえ、質的にも量的にフランスやイタリアにもとても及ばないのは気候風土の制約を受けているためである。白ワインが生産できるのもドイツのなかで比較的温暖なライン川沿いや南部、東ドイツの一部である。

今日のドイツで料理の付け合わせに不可欠なジャガイモは17世紀にドイツに入ってきたと言われる。18世紀半ばにフリードリヒ二世が栽培を普及させたことはよく知られている。富国強兵を目指していたものの貧困と食糧難をたびたび経験したドイツの多くの地域にとってジャガイモは重要な栄養源となっていった。このことが象徴するよ

ヴィーナーシュニッツェル（子牛のカツ）。シュニッツェルは薄切りにした肉のこと。今日のドイツではたいていのレストランのメニューにある。シンプルなのでどこで食べても失敗がほとんどない。

うにヨーロッパのなかでも戦争で疲弊し、気候的にも厳しい貧しい地域の多かったドイツの食は比較的質素なものであった。

それにもかかわらず、今日のドイツの食卓がフランスやイタリアに引けをとらないほど豊かなのは、第二次世界大戦後のヨーロッパ経済統合により農産物が自由に輸入されるようになったことと、ＥＵ内外からの多くの移民が多様な食文化を持ち込んだためである。街角の至る所に見かけられるイタリアンは第二次世界大戦後にイタリア系住民が持ち込み、労働移民としておもに１９６０年代にやってきたトルコ系住民が持ち込んだケバブは、すでにドイツを代表する一般的なファストフードとなっている。

では伝統的なドイツ料理とはどのようなものか。これもドイツの歴史が統一以前には地域毎に非常に異なって複雑であることを反映して、多様である。たとえば、資格免許制度としてのマイスター制度によって守られたソーセージはドイツを代表する食品であるが、フランクフルターとかニュルンベルガーとか地名を冠する製品名からわかるように、地域によって製造レシピが大きく異なっている。ソーセージ以外の料理でも地域間のバリエーションは非常に大きい。また比較的長期にわたって豊かだったプロイセンの中心地域と、現代になって繁栄したものの、歴史的には経済的に不

南西部ザールラント州独特のシュヴェンカー。網を回転させながら豚肉などをグリルする。

遇であった地域では食文化はかなり異なる。南西部地域では今日でも内臓料理が食されるが、他の地域ではほとんど見かけない。また社会主義体制下の旧東ドイツ地域では西ドイツ地域より食糧事情がはるかに悪かったこともあって、生野菜などより保存食品が多用されるなど、今日までその影響が残っているとされる。

ドイツの食文化を代表するビールも、原料の生産と冷蔵技術のない時代の発酵生産に向いた冷涼な気候風土と政治の反映である。ビールの生産方法と原材料を規定したバイエルン王国の「ビール純粋令」（１５１６年）は良く知られるが、このビール純粋令に準じた規定が19世紀のドイツ統一の過程でドイツの他地域にも拡大し、20世紀になると一律のビール税法のなかで規定されるようになっていった。第二次大戦後の占領下ではこの規定は緩められていたし、東ドイツではその他の原材料の追加も許可されていた。今日ではＥＵ法の規定によって、他のＥＵ構成国で合法的にビールとして生産された飲料は、他の原材料が入っていてもドイツでビールとして販売することが可能である。

（森井裕一）

43 コール政権
――1980年代の保守中道政権の政策展開

保守中道政権と「転換」

ヘルムート・コールが1982年秋に連邦首相に就任したときは53歳で、それまでの連邦首相としては最も若かった。ラインラントプファルツ州の首相を経て連邦議会でCDU議員団長として国政に関わっていたが、登場した時点では国際的には知名度の低い政治家であった。コールは前任のシュミット首相のように第二次世界大戦の従軍経験もなければ、ブラント首相のように国外に逃れた経験もない、戦争を未成年期に経験した世代の首相であった。

前政権はギヨーム事件という政権中枢に東ドイツのスパイがいたことによって急遽引責辞任したブラント首相の政策を引き継いだシュミット政権であったが、シュミット政権は為替固定相場制度の崩壊と石油危機後の国際経済の混乱のなかでドイツ経済とヨーロッパ経済統合のシステムを回復させることに尽力した。しかしイラン革命後の第二次石油ショックもあり経済が大きく好況に転じることはなく、国家財政は厳しい状況が続いた。また連立のジュニアパートナーであったFDP内にはSPDの経済政策に対する不満もくすぶっていた。

このような状況下でFDPはSPDとの連立を解消し、CDU／CSUとの連立を選択した。つまり1982年10月の政権交代は選挙の結果ではなく、政党間の連立組み替えによるものであった。連邦共和国の憲法規定（基本法第67条）では、連邦議会に不信任案を単独で提出することはできず、次期首相を選出することによってのみ現職の首相を不信任することができるので、CDU／CSUとFDPがコールを首相として選出したのであった。この「建設的不信任」の規定が使われ首相が交代したのは連邦共和国の歴史でこれが初めてであった。FDPからは有力な議員がSPDに鞍替えしたものもあり、その後1983年の選挙でFDPは議席を減らすこととなった。

コール首相（1987年）（ドイツ連邦文書館、B 145 Bild-F074398-0021, Engelbert Reineke, CC-BY-SA 3.0）

こうして誕生したコール政権はとりわけ経済政策・社会政策において SPDを中心とする前政権との違いを強調する政権となった。コールが首相就任時に打ち出したのは「精神的・道徳的転換」であった。そのキーワード「転換（Wende）」は、経済政策により景気を回復させ失業率を低減させる政策が重要な柱として入っていたが、同時に社会民主党の社会政策や価値観からの転換も含むものであった。戦後のドイツではアデナウアー首相・エアハルト経済相の時代に確立した市場経済を原則として国家が補完的に関わる「社会的市場経済」による政策運営にはコンセンサスがあったが、国家と市場の関係でどのような重点を置くかで政権ごとの政策のバリエーションが生じた。コール首相のCDUは連立パートナーとなったFDPとともに企業減税と財政の健全化のための付加価値税の引き上げなど、とりわけ企業の投資意欲の恒常を重視していた。米英ほどの極端な市場重視や規制緩和が打ち出されたわけではなかったが、このような政策は同時期のイギリスのサッチャー首相やアメリカのレーガン大統領が主導した新自由主義的な政策、つまり小さな政府の構築による市場重視のサプライサイド経済政策と同じ方向性を持つものであった。最も象徴的であるのはコール政権の間に連邦による運営であった郵政・電話事業が民営化されたことであろう。

１９８２年のコール首相による最初の施政方針演説で「補完性（サブシディアリティー）の原則」が言及されたことも「転換」をよく象徴している。「補完性の原則」はEUの重要な構成原理として今日では知られているが、コール首相は大きな国家ではなく、連邦主義を徹底した分権的な国家運営の必要性を強調し、行政のみならず市民が自ら国家に依存せず自助や互助を重視し、責任を分担すべきとしてこの原則に言及した。この原則の根幹にはカトリック的社会構成原理があり、キリスト教民主同盟（CDU）の党首であるコール首相はSPDとの違いを打ち出したのであった。

外交政策の継続性

外交政策とヨーロッパ統合政策領域ではコール政権は前政権の政策を引き継いだ。内政と比較すると、対外政策では主要政党間で基本的な合意がより強く存在しており、政権交代によって対外政策は揺らがないというドイツ政治の特徴がここでも見られた。また、外相はシュミット政権で１９７４年から外相を務めていたFDPのハンスディートリッヒ・ゲンシャーであった。

新冷戦と呼ばれたように東西対立の緊張が高まる国際環境の下で、コール政権はシュミット政権時に合意されていたNATO二重決定に基づき、ソ連の脅威に対抗するためにアメリカによる中距離核（INF）の国内配備を行った。ヨーロッパが核兵器使用の戦場となることを前提として抑止を機能させようとするINFの配備には国内で批判の声も大きく、緑の党が支持を拡大する背景ともなったが、コール政権はNATOの同盟関係を重視し、米レーガン政権と行動をともにした。もっとも、コール政権期には東ドイツとの対話も進められ、東西ドイツ間のミニデタント（緊張緩和）も目指された。当初は東ドイツがソ連からの圧力で行動できなかったが、ソ連でゴルバチョフが指導者となった後の1987年に東ドイツの最高指導者であるホーネッカー国家評議会議長がはじめて西ドイツを訪問するなど、東西ドイツ間の関係強化が進むこともあった。また同年には米ソ間でINF全廃条約が合意され、後にINFは撤廃された。

コール首相はのちに統一されたドイツをEUというヨーロッパ統合の枠組みの中に位置づけた首相として知られることになるが、就任時からヨーロッパ統合を積極的に進める姿勢を示した。シュミット首相が欧州通貨制度（EMS）の設立など経済統合をすすめたものの、統合へのイデオロギー的コミットメントを強く打ち出さず、ヨーロッパ共同体（EC）の官僚機構の非効率性に批判的な発言をしばしば行ったのとは対照的に、コール首相はヨーロッパ統合を推進することに言説上も重要な位置づけを行い、ことあるごとにヨーロッパ統合の政治的な重要性と統合を大きく推進させることの必要性に言及した。当時のECでは、農産物の過剰生産に象徴されるような共通農業政策の補助金による非効率な運営が批判され、同時にイギリスが経済構造から過剰な負担金をおわされているとして負担

第一次世界大戦の激戦地ヴェルダンで追悼式典に臨むコール独首相とミッテラン仏大統領（1984年9月22日）（http://germanhistorydocs.ghi-dc.org/sub_image.cfm?image_id=2472）

金還付を求めるなど困難な状況が続いていた。ＥＣの運営にかかる財政負担をドイツは最も担っていたが、コール首相は具体的な損得計算よりもむしろ政治的な統合プロジェクトの意義、つまり統合によりヨーロッパで戦争がなくなり政治的な和解が進展した意義を国民に向けて訴えた。そしてコール政権期にはイギリスの還付金問題が解決され、ＥＣ委員会が域内市場計画を提示して、停滞していた経済統合が再び動き出した。

その際に重要な役割を果たしたのが独仏協調である。フランスでは１９８１年に社会党のフランソワ・ミッテランが大統領となっていた。ミッテラン政権は当初社会主義的な大きな国家の運営を行ったこともあり、コール政権のドイツの政策と相容れないことが多かった。しかしフランスの政策は国際経済からの圧力により次第に現実的な路線に回帰しＥＣの制度強化などの面でもドイツと共同歩調をとるようになっていった。またコール首相とミッテラン大統領は個人的な友好信頼関係も早期に構築し、独仏和解と独仏協力が首脳間の結びつきによってもことさら強調された。１９８４年に第一次世界大戦の激戦地であるヴェルダンを訪問した二人が手を取り合っている姿はこの時代の独仏関係で指導者間の友好関係がことさら強調された時代を象徴していると言えよう。具体的な政策としても、この時期には独仏合同旅団が設置されて国家主権の象徴である軍ですら、ごく小規模ではあっても共同で運用する試みが始まったし、高卒資格の相互承認、政府間協議の緊密化など、その後の一層の独仏協力関係強化に向けてのさまざまな進展が見られた。1963年に締結された独仏協力条約（エリゼ条約）から20年を経て、その青少年交流の枠組みで相互の社会を体験した世代も社会で活躍するようになり、独仏関係はECにおける安定した重要な柱となっていった。

域内市場計画を実現するために合意された単一欧州議定書は、ECの制度を大幅に改革するEC条約の改正であったが、この議定書の交渉過程においても独仏は共同提案を行うなど、共同して行動し、EC内の重要な推進力となった。単一欧州議定書が1987年に発効したことによって、1992年末までにヒト、モノ、カネ、サービスの域内自由移動を可能にする域内市場の完成が具体的になった。これによって、ベルリンの壁崩壊後のドイツ統一とEUの設立、共通通貨発行のための一定の条件が期せずして整うということになった。

（森井裕一）

第Ⅳ部

統一後のドイツ

44

ドイツ統一
――民主的選択と国際的合意形成

ソ連の変化と東アジア

１９８５年にソ連の新しい指導者としてゴルバチョフが共産党書記長に就任したことによって、ソ連と東側陣営内の多くの国では経済改革や政治的な自由化が進み始めた。ソ連でペレストロイカ（再構築）とグラスノスチ（情報公開）のスローガンの下で改革が進展し始めると、ハンガリーやポーランドでは先行して経済システムの改革や政治面での変化がはっきりと見られるようになった。ソ連はブレジネフドクトリンと称された「制限主権論」に基づき、東欧諸国の社会主義システムからの逸脱を認めてこなかったが、ゴルバチョフの改革によって、それぞれの国が自由に改革を進めることが認められると認識されるようになると、ハンガリーでは複数政党制が導入され、１９８９年6月にはついにポーランドでは非共産党系の政権が誕生することとなった。

東ドイツも東西ドイツ関係の改善は望み、１９８７年にはホーネッカーの西ドイツ訪問が実現した。しかしホーネッカーら東ドイツの指導部は国内の改革には消極的で、政治面での自由化は許容しなかったし、経済面での変化もほとんど見られなかった。東ドイツの存在意義は社会主義体制の維持による西ドイツとの差別化以外には見当たらず、自由化の進展は自己否定に繋がることを意味していたためである。このため東ドイツの状況に不満を抱いた多くの市民が西ドイツへの脱出を望んだ。1961年のベルリンの壁の建設以来、東ドイツから西ドイツへの脱出は壁によって物理的に妨げられていたが、隣接する東欧諸国で政治的な自由化が進展し、1989年5月にハンガリーがオーストリア国境の鉄条網の撤去を開始すると、東ドイツ市民は比較的容易に入国できた東欧諸国を経由して西側への脱出を図ろうとした。こうして多くの東ドイツ市民がハンガリーやチェコを経由して西ドイツに脱出したが、これは東ドイツにとっては大きな打撃であり、政府はチェコスロバキアとの国境を封鎖した。

東ドイツ内では政府への不満が「月曜デモ」と呼ばれたライプチヒを中心とした市民デモで表明された。このデモは9月から次第に大規模化し、全国に拡大し、体制の改革を求める声が大きくなった。政府はこれらデモを力によって抑え込もうとし、1989年10月にはゴルバチョフも迎えて建国40周年式典を執り行ったが、市民による抗議デモはますます拡大し、ソ連からも支援を得られなくなり政府内でも孤立したホーネッカーは解任された。後任にはエゴン・クレンツが就任したが、体制内での権力の移行と改革では納得しない市民の声はさらに大きくなり、市民のデモはさらに拡大した。11月9日夜の記者会見で出国規制緩和が発表されると市民は国境に殺到し、その圧力を受けてベルリンの壁の検問所は深夜に開放され、自由通行が可能となった。

ベルリンの壁の崩壊により東ドイツから西ドイツへの出国者はさらに増加した。東ドイツ政府はハンス・モドロー首相を中心に反体制派との円卓会議も組織して東ドイツ国家を維持したまま政治経済の改革を進めようとした。しかし市民は可能な限り早く西ドイツ並みの生活を望むようになり、西ドイツのコール首相は早期の統一に向けて行動し、11月28日には東西ドイツ間関係に関する「10項目プログラム」を提示し、ドイツ統一にも言及された。東ドイツ国内の状況が急速に流動化したこともあり、人民議会初の自由選挙が１９９０年3月に設定されると、コール首相率いるＣＤＵ系の勢力は早期の統一を訴え、ＳＰＤ系の勢力は段階的な慎重な統一を訴えた。選挙結果はコール首相の統一ビジョンを支持する声が圧倒的で、民主的な選挙結果に基づいてドイツ統一へ向けた準備は急速に進んだ。

ドイツ統一については基本法第１４６条に規定されていた新たに憲法を制定する方法と、より短期間で統一を進めるために基本法第23条に規定されていた連邦共和国（西ドイツ）への東ドイツ地域にある州の加入という二つの方法があった。第23条方式は、１９５７年に住民投票でフランス管理下から復帰したザールラントが利用した方法である。ＣＤＵ系勢力が人民議会選挙で勝利したことにより東ドイツ市民は連邦共和国への加入を選択した。これは同時に、東ドイツの制度は一切維持されずに、連邦共和国の憲法秩序がそのまま東ドイツ地域に適用されるということを意味している。この意味においてドイツ統一は東西ドイツの対等は統一ではなく、西ドイツによる東ドイツの吸収合併であり、１９４９年から存在している連邦共和国がそのまま拡大したのである。ベルリンの壁崩壊の過程では東ドイツの市民運動が大きな役割を果たしたが、統一に向かう政治過程のなかではこれらの市民運動が望んだ新憲法の制定や東ドイツ社会の肯定的な側面を新しい統一ドイツのなかで生かす試みはほとんどできなかった。

国際的合意形成

ドイツ統一は東ドイツの市民の行動と民主的な選挙の結果であるが、統一を可能にした国際的な合意形成にも十分に留意しなければならない。ドイツの統一をめぐっては第二次世界大戦の戦勝国でありドイツを分割統治したアメリカ、イギリス、フランス、ソ連の四か国の留保権があり、これら諸国の同意無しには統一は達成され得なかった。ドイツをヨーロッパの国際関係秩序のなかでどう位置づけるかという問題は、周辺国はもちろんのこと大きな影響を与える問題であり、それまでにヨーロッパ統合の枠組みが進展し、独仏和解に象徴されるドイツと周辺国との和解が進展していたといっても、なお国際的な合意形成無しに統一は不可能であった。アメリカは当初から肯定的な姿勢を示していたものの、イギリスのサッチャー首相はドイツに対する不信感を示していたし、フランスのミッテラン大統領もドイツ統一には当初慎重であった。

統一へ向けた外交交渉は東西ドイツと米、英、仏、ソ連の四か国から構成される「ツー・プラス・フォー」の枠組みで交渉された。とりわけ大きな問題は同盟への帰属問題であった。ソ連は当初統一ドイツがＮＡＴＯに属することに反対していた。最終的には１９９０年7月にゴルバチョフとコールによる会談によってソ連はドイツ統一を承認した。統一ドイツはＮＡＴＯに属することになり、東ドイツ地域に駐留しているソ連軍は全て撤収することとなった。しかし東ドイツ地域にはＮＡＴＯ軍は配備されないことで合意された。

さらにこの交渉とは別に、ドイツ統一後のヨーロッパ統合のあり方についての議論も進展していた。ＥＣ諸国は臨時首脳会議を開催するなどして統一ドイツを一層強化されたヨーロッパ統合の枠組みのなかに位置づけることで合意しており、統一の実現後この交渉が進展してＥＵが設立され、通貨統合が実現して統一通貨が発行されることとなる。

ドイツ統一時には第二次世界戦後に留保されていた領土問題も最終的に決着されなければならなかった。１９７０年代の東方政策と１９７５年の全欧州安全保障協力会議（ＣＳＣＥ）議定書によって政治的にはドイツの国境は事実上画定されていたが、国際法上は１９３７年の国境がドイツの領土とされていた。東部領土問題が解決されないことはポーランドをはじめ周辺国の懸念を残すことになるが、東部領土から戦後避難してきた人々のロビーも強く、統一時まで最終的な決着がつけられていなかった。１９９０年6月に東西ドイツそれぞれの議会は統一ドイツの国境を現状のポーランドとの境界とすることを決議し、この問題は最終的に決着した。さらに基本法第23条の加入条項も統一後に削除され、ドイツの領土をめぐる争いの目が完全に摘み取られた。

統一後の変化

ドイツ統一時の内政上の最大の問題は経済問題であり、東ドイツ地域をいかに短期間に復興させ、西ドイツ並みの水準に引き揚げるかということであった。東ドイツの産業は必要なインフラ整備投資や機器更新、新規の十分な投資が行われず、競争力を完全に失っていた。不利な条件の下にある企業に競争力を与えるためには通貨による調整が一つの手段として考えられるが、コール首相は政治的な支持を市民から取り付けるために東西ドイツ通貨の交換比率を一定金額までの個人資産について一対一として実施する決断を行った。この決断は経済的合理性にはそぐわず、労働コストを引き上げることなるなど、東ドイツ経済の復興には足かせとなったが、東ドイツ市民の求めに応じる政治的な判断であった。1990年7月には東西ドイツ間の経済通貨同盟が発効し、経済的に東ドイツ地域が西ドイツ地域に組み込まれた。

1990年10月3日、東ドイツは議会決議によって消滅し、東ドイツ地域に再建された新5州が連邦共和国に加入したことによってドイツの統一が実現した。12月には統一されたドイツの連邦議会選挙が実施された。コール首相は統一の成果を評価されラフォンテーヌ党首率いるSPDに圧勝した。統一後首都をどこにおくかについての論争があったが、連邦議会の投票によってライン川沿いの西ドイツのボンから、分割占領とベルリンの壁によりドイツ分断の象徴であったベルリンに首都は移された。

（森井裕一）

45 EUとドイツ
――冷戦後秩序とヨーロッパ統合の進展

経済統合の進展と秩序の変容

冷戦の終焉とドイツ統一はヨーロッパの政治秩序に大きな変化をもたらした。長年にわたる戦争の歴史を克服して平和裡にドイツ統一は達成されたが、その前提としてドイツがヨーロッパ統合の枠組みのなかに組み込まれるということが不可欠であった。ドイツ統一は東ドイツ市民の民主的な選挙の結果、あまりにも短期間で達成されてしまったために、ヨーロッパ統合とドイツの関係は主に統一後に議論が詰められることとなった。最終的には1992年2月にオランダ・マーストリヒトで欧州連合（EU）を設立する条約（一般にマーストリヒト条約とも称される）が調印され、冷戦後ヨーロッパの新しい状況に対応する統合の枠組みが整えられた。

しかし、1989年のベルリンの壁崩壊から1992年のマーストリヒト条約調印に至る過程は、単独の展開として理解されるべきものではなく、第二次世界大戦後、とりわけ1950年の欧州石炭鉄鋼共同体（ECSC）設立のためのイニシアティブであったシューマン・プラン発表から1957年の欧州経済共同体（EEC）と欧州原子力共同体（EURATOM）条約の調印を経て展開してきた欧州統合の流れのなかで把握されなければならない。とくに1985年に欧州共同体（EC）委員会が発表した域内市場計画が1987年の単一欧州議定書の発効によって順調に実行に移され、冷戦の終焉時には域内市場の完成が視野に入っていたことが重要である。

域内市場とは、国境によって分断されていたヨーロッパの市場から経済的な境界を取りはらい、ヒト、モノ、カネ、サービスの移動が国内市場と同じようにヨーロッパ・レベルで可能になった市場である。これによって、アメリカや日本などに比べて経済的に停滞していたヨーロッパを再生することが目指された。域内市場計画は別名「1992年計画」とも呼ばれたように、最終的な目標は1992年末までに必要とされるEC法を採択し、市場統合を完成させることであった。

単一欧州議定書の発効によって、域内市場計画が順調に進展すると、経済統合の次の目標はおのずと通貨統合となっていった。通貨統合は既に1970年のヴェルナー報告にも見られたように、早い段階から経済統合の最終段階として議論されていたが、市場統合の完成と1979年から発足した欧州通貨制度（ESM）の運用の経験から次第に現実味を増していた。市場統合により資本移動の自由化が現実のものとなると、通貨統合は必然的に議論の対象となる。その結果、1989年4月にはEC委員会委員長のドロールを中心として通貨統合に関する「ドロール報告」が提出され、この報告書は欧州理事会（首脳会議）によって承認された。東欧の政治変動がまさに起きようとしていた時点でEC諸国は資本移動の自由化から通貨統合の実現に向けた歩みを始めていた。

東欧諸国の体制転換と民主化が進み、ドイツ統一が実現するなかで、市場統合の完成から通貨統合へ向かう経済統合の流れが政治・安全保障問題と併せて一つの条約で規定されたのがEU条約である。EU条約の交渉はEC構成国間の政治統合と経済統合に関する二つの政府間会議として1990年10

月から開始され、1992年2月に署名された。この交渉のなかで、ドイツはとくに通貨統合の実現にあたっては財政規律が遵守されることを重視した。戦後の経済の安定と繁栄が通貨の安定にあるとするドイツ的考え方をドイツマルク廃止の代わりにヨーロッパの共通通貨システムのなかに制度的に埋め込もうとしたのであった。

統合と国内コンセンサス

経済統合を中心とした欧州共同体（EC）と共通外交／安全保障政策（CFSP）、司法内務協力（JHA）の三つの柱をEUという傘の下におくEU条約は1992年2月に調印されたにもかかわらず、発効したのは1993年11月であった。その原因は複数あるが、条約の発効が遅れた最大の理由はデンマークの国民投票であった。1992年6月に実施されたデンマークの国民投票で批准が認められず、デンマークに対する条約の適用除外（EU市民権、共通防衛政策、共通通貨への参加義務）を特例として認めたあとに1993年5月の二度目の国民投票でデンマークはEU条約を批准することができた。しかしその後すぐに条約が発効しなかったのは、ドイツで条約が違憲であるとの訴えが連邦憲法裁判所になされ、議会における批准手続きは完了していたにもかかわらず批准手続きを完了することができなかったためである。

ドイツでは政府や主要政党の間では統合の進展に対して幅広いコンセンサスが存在していたために、議会での批准は順調に進んだ。しかしデンマークの国民投票は国内での批准反対派を勢いづけた。とりわけドイツマルクを放棄して通貨統合に参加することへの反対は経済学者など専門家の間でも強かった。しかしドイツではワイマール共和国で国民投票がナチに政治的に利用されたことに対する反省から国民投票の仕組みが法的に存在しないために、国民投票の実施を求める声は大きくなっていたものの、実施されることはなかった。反対派は連邦憲法裁判所に対して、ＥＵ条約はドイツ基本法が保障している基本権を侵害しており、十分な民主的手続きが保障されていないＥＵに権限を移譲することは政府の裁量の範囲を超えるものであり、批准は認められない旨の訴えを起こした。１９９３年10月に連邦憲法裁判所は、ＥＵは連邦国家ではないので、基本法によるドイツの民主主義原則が損なわれることはないとして、この訴えを棄却した。この判決を受けて連邦大統領は批准書に署名を行い、11月にＥＵ条約は発効した。

ドイツ連邦憲法裁判所（カールスルーエ）
https://commons.wikimedia.org/wiki/File:Karlsruhe_bundesverfassungsgericht.jpg

　ドイツの批准過程で重要なことは、政治的な議論が巻き起こり、欧州統合のあり方が世論からも注目されるようになったことがあげられる。それまではドイツで欧州統合は原則的には政府に任せておいて問題のない政策領域と認識されていたが、とりわけ共通通貨の導入が国民の間でも大きな話題となったため、欧州統合に対する政府の行動に注目が集まるようになった。また、連邦議会と連邦参議院も、政府の行動をこれまで以上に制約するシステムを構築した。州政府の代表から構成される連邦参議院はＥＵ条約の制定過程でも補完性原則が条約中に規定されるのに大きな役割を果たしたが、さらに国内制度によっても州権限の空洞化を防ぐことに熱心であった。こうして基本法第23条がヨーロッパ条項として新たに規定され、民主的なヨーロッパを実現するためにドイツが主権の移譲を行うことができること、同時にＥＵ法の制定にあたって連邦議会と連邦参議院が十分な情報を早期に政府から得て関与することを保障することとなった。この条項はその後さらに憲法裁判所の判例などにより補強され、議会に対する迅速で包括的な情報の伝達が政府に義務づけられている。

状勢変化への対応

ＥＵ条約の制定過程はユーゴスラビア内戦の展開と同時期であったが、冷戦後の状況の急速な変化に十分に対応できる条約ではなかった。ドイツは当初からＥＵの拡大を前提として制度の強化を求めており、ＥＵの拡大か深化かという議論よりは、拡大のためにいかに制度を強化させるかという議論が政府や議会では展開されていた。そのために早期に次の条約改正を行い、とくに統合の強化を速いペースで求める構成国が先行統合を実現できるようなシステム作り、いわゆる中核ヨーロッパの議論もあった。しかし実際には全会一致が必要な条約改正は容易ではなかった。１９９７年10月に調印されたＥＵ条約を改正するアムステルダム条約は「自由・安全・司法」の領域の構築として、難民の流入や犯罪への対処などに重点を置いて、市民の不安に応えるべく警察司法協力の強化などが目指された。

通貨統合の実現は条約によって遅くとも1999年1月とされていたため、これを実現するための経済基準の達成がＥＵ構成国で目指されていた。ドイツは1996年に安定成長協定（ＳＧＰ）として、厳しい財政規律を通貨統合の実現後も遵守させる制度作りを主導した。しかし、このＳＧＰの制度は財政同盟に向けた制度としては十分ではなく、経済状況の変化もあってドイツ自らも遵守できなくなるなど、通貨統合の難しさを後に痛感させることとなった。

ドイツはアムステルダム条約に続き、2001年2月に調印されたニース条約の交渉過程でも従来の姿勢を原則において変化させることなく、拡大のための制度強化を支持した。統合の深化・強化へ向けた基本姿勢はその後1998年の社会民主党（ＳＰＤ）と緑の党によるシュレーダー政権になっても変化することはなかった。

1994年の連邦憲法裁判所判決により、ドイツは連邦議会の同意が得られれば連邦軍をＮＡＴＯ域外にも派遣できるようになった。こうして外交政策の手段として軍を利用するという点において、ドイツの外交・安全保障政策は大きな変化を示し、その結果ＥＵの共通安全保障・防衛政策（ＣＳＤＰ）も制度的に発展してきた。しかしヨーロッパ統合を支持し、制度を強化するという原則面では継続性と安定性に特徴づけられていたと言えよう。

（森井裕一）

コラム
10

ワールドカップとドイツ現代史
——スポーツと社会の変化

サッカーはドイツを代表するスポーツである。中規模以上の町にはほとんどサッカースタジアムがあり、ドイツで最も幅広く愛されているスポーツである。ドイツサッカーリーグ機構が運営するブンデスリーガの試合観戦は大変人気が高く、テレビ中継も多い。それだけにドイツのサッカーの世界のなかでの力を量ることになるワールドカップに人々も強い関心を寄せる。ドイツは1954年、1974年、1990年、2014年に優勝している。そして1974年と2006年にワールドカップの開催国ともなっている。ワールドカップでドイツが優勝した年を順を追ってみていくことで、ドイツ社会の変化を見ることができる。

ドイツ（連邦共和国、当時一般には西ドイツと称された）がワールドカップで優勝したのは戦後初出場の1954年スイス大会であった。第二次世界大戦の敗戦後、荒廃し分割統治されたドイツにとっては主権の回復と経済的復興が重要な課題であったが、1954年7月のスイス大会での優勝はまさに戦後ドイツにとっての精神的な転換点と言えるほどの大きな出来事であった。戦後初出場でありドイツチームへの期待は大きくなかったにもかかわらず勝ち上がり、決勝でハンガリーを下した。このためこの優勝は「ベルンの奇跡」と呼ばれる。

この時期はちょうどヨーロッパ統合への参加により国家主権の回復にアデナウアー政権が力を注いでいた時期である。またこの時期は「奇跡の経済復興」と称された経済成長が始まった時期でもある。政治的にも経済的にもようやく敗戦から立ち直り、新しい時代に入ろうとするときにワールドカップで優勝できたことは精神的にもドイツの立ち直りを象徴するかのような出来事であった。

これは日本で当時の経済企画庁が１９５６年の『経済白書』で「もはや戦後ではない」との判断を示して戦後の区切りの一つとして知られているのと相似していると言っても良いかもしれない。

１９７４年のワールドカップ西ドイツ大会では東西ドイツそれぞれからチームが出場したが、西ドイツチームが優勝した。東ドイツチームがワールドカップに出場できたのはこの1回限りであり、１次リーグでは東西ドイツが戦った。

１９９０年のイタリア大会は6月～７月にかけて開催されたためにドイツ統一直前で西ドイツチームとしての出場であった。しかし7月１日には東西ドイツ間の経済通貨同盟が発効し、ドイツマルクが東ドイツ地域に流通しはじめた時期でもあり、10月3日の統一へ向けて準備の最終段階の時期であり、ワールドカップでの優勝はドイツ統一を祝福するかのように受け止められた。

２００６年のワールドカップは統一されたドイツで開催される初の大会となった。ドイツは準決勝でイタリアに敗れ、３位決定戦には勝利し、３位となった。しかし地元ドイツチームが好成績を収めたことと、ドイツの住民がワールドカップのホスト国として試合の観戦をパブリックビューイングなどで楽しんだことが記憶に残っている。このワールドカップではドイツ国旗が至る所に見られた。戦後のドイツでは一般国民が国旗を誇らしげに掲げることはきわめて希であったが、このワールドカップを境として、暗い過去の歴史をのりこえて自国に誇りを持つ若者が増えたと言われる。このため２００６年の大会は、統一から16年を経てドイツ人の自国に対する認識が変化したことを象徴的に示した大会であったと言われるのである。ドイツの若者がドイツ国旗を振りながらドイツのことを誇りに思うというようになった転点である。また、このワールドカップ開催前にドイツ鉄道のベルリン中央駅が完成したが、それはドイツ統一から長い年月を経てようやくさまざまな公共建築物やインフラストラクチャーが整備された象徴でもあった。

２０１４年の優勝はユーロ危機を経てＥＵのリーダーとしてヨーロッパのなかで政治的にも経済的にもひときわ大きな存在となったドイツの安定した力をしめすかのような優勝であった。

サッカーは国家事業ではないし、スポーツと国家の関係をあまり強調することは慎みたいが、ワールドカップとドイツの関係を考えるとき、社会の雰囲気と政治や経済との関係にも注意しながら歴史を見る必要性も指摘できよう。（森井裕一）

ドイツ開催のワールドカップ直前に完成したベルリン中央駅。

46 コール政権と改革の停滞

――統一の重荷と合意政治の後退

統一後の問題群

統一という歴史的出来事に、多くのドイツ市民は熱狂した。1990年10月3日、ベルリンの国会議事堂の前では、肩を組み、シャンパンやビールを酌み交わす市民の姿が見られた。打ち上げられた花火は、統一ドイツの行く先を明るく照らしているようだった。

しかし、統一から1年が経つ頃には、熱狂はしぼんでいた。市民が、統一の際に振りまかれた「甘い夢」から醒めたと言ってもいいだろう。シュタージ文書の取り扱い、外国人に対する暴力事件、東と西の心の壁など問題は山積していたが、とりわけ経済・財政問題は深刻だった。東ドイツは「社会主義国の優等生」であり、統一前、その経済復興については楽観的な見通しが持たれていた。だが、実際には、その経済基盤は予想以上に脆弱だった。東西マルクの等価交換という失策もあり、競争力の乏しい東ドイツ地域の企業は次々と閉鎖に追い込まれていった。東ドイツ地域の経済復興には途方もない労力と時間を要することが、誰の目にも明らかになっていったのである。

コール政権は、統一して間もなく、東の復興計画を実行に移した。「ドイツ統一基金」という特別財源を作り出して、東ドイツ地域のインフラ整備のために巨額の予算を投じたのである。この計画は確かに東ドイツ地域の経済と雇用を下支えしたが、総額１６００億マルク以上もの支出が影響して、財政赤字総額は、毎年、前年度比で10％も上昇していった。また、西ドイツの社会保障制度が東へと拡張された結果、年金受給者、社会扶助受給者、失業保険受給者、職業訓練補助金受給者などが急速に増加し、社会支出対ＧＤＰ比は1年のうちに１・５％も上昇した。社会保険料率も1年で０・55％も上がった。景気も落ち込んでいった。大規模な財政出動によって、統一直後は高い経済成長率を示していたものの、１９９２年から成長が鈍り、１９９３年にはマイナス成長を記録したのだった。

こうした状況に直面しても、まずはコール政権が本格的な福祉のカットを実行に移すことはなかった。１９９２年には医療保険改革が行われ、１９９５年から介護保険が導入されることが決まった。医療保険改革には医療費抑制の仕組みが盛り込まれていたが、その効果は微々たるものだった。新たに設けられた介護保険は、在宅介護と施設介護を促進し、福祉国家の拡大をもたらすものだった。

与党の改革姿勢と政治状況の変化

１９９４年連邦議会選挙で与党（キリスト教民主・社会同盟（ＣＵＤ／ＣＳＵ）と自由民主党（ＦＤＰ））がきわどい勝利を収めたあと、ようやくコールは重い腰を上げる。福祉を削減する改革を進めようとするのである。連立与党が提示した政策パッケージ、つまり「経済成長と雇用を促進するための行動プログラム」ではさまざまな福祉プログラムのカットと労働市場の柔軟化が掲げられており、本格的な福祉国家改革が到来するかに見えた。

しかし、政治の状勢は変化しつつあった。１９９４年連邦議会選挙で、与党は前回選挙から57議席も減らしており、コール政権への支持は明らかに低下していた。与党は州議会選挙でも負け続けており、連邦参議院では野党が優位に立っていた。

さらに注目すべき出来事が、社会民主党（ＳＰＤ）内部で起こった。野党第一党であるＳＰＤでは、１９９４年連邦議会選挙の首相候補で、穏健派のシャーピング党首が影響力を失いつつあった。代わって、左派の代表格であるラフォンテーヌが存在感を強め、１９９５年11月には党首に就くことになったのである。彼は、シャーピングが与党に近すぎたと批判し、ＳＰＤはＣＤＵ／ＣＳＵとの違いを打ち出さなければならないと主張していた。さらに、ドイツ最大の産業別労働組合であるＩＧメタルもコール政権との対決姿勢をますます鮮明にしていた。ＩＧメタルは与党の「行動プログラム」で提示された福祉カットや労働市場柔軟化を批判しており、１９９５年の大規模ストで勝利を収めていた。

コール首相（コンラート・アデナウアー財団のＨＰより http://www.helmut-kohl-kas.de/index.php?menu_sel=15&menu_sel2=38）

ＳＰＤと労働組合が巻き返している状況を踏まえると、コール政権が単独で福祉国家改革を断行できるはずはなかった。そのため、コール政権は、ＳＰＤや労働組合と協力して改革を進めようとする。まずは、労働組合と話し合う場を設けて、合意を作ろうと試みた。

しかし、この目論見はすぐに失敗してしまう。政府、労働組合、使用者団体の代表者が話し合う「産業立地と雇用のための同盟」という会談の場では、労働組合と使用者団体が互いを非難し合うばかりであった。１９９６年1月に行われた第一回会談では、政労使は、雇用を増やすことと、労働市場の規制緩和を行うことで合意した。しかし、どちらを先に行うかで交渉は難航した。労働組合の代表者は雇用を年平均で50万人分を創出するように求めたが、使用者団体の代表者はまず労働コストを引き下げるべきだと主張した。両者の主張は平行線をたどり、その後の会談もまったく機能しなかった。

こうして、事実上、コール政権は労働組合との合意形成を諦めることにした。ただ、議会内ではＳＰＤと合意を作り上げようとし、福祉国家改革について協議を持ちかけた。しかし、ここでも合意形成は困難に直面した。コール政権が福祉カットの第一歩と位置付けていた経済成長・雇用促進法は、ＳＤＰの強い反対にあったのである。労働市場改革や解雇規制の緩和に強く反対したＳＰＤは、これからもコール政権がこのような福祉削減を打ち出すようであれば、すべての政策をブロックすると通告したのだった。一方、経済成長・雇用促進法でＳＰＤに大幅な譲歩を迫られたコール政権の側でも、ＳＰＤとの合意形成に消極的な意見が目立ち始めていた。

ＣＤＵ／ＣＳＵが与党にあたり、ＳＰＤが野党であることを考えると、こうした与野党対決は当然のように映るかもしれない。しかし、戦後ドイツの政治、とりわけ福祉をめぐる政治の経緯を踏まえると、ここまで与野党が対立するのは珍しいことである。基本的に、ドイツでは、二大政党であるＣＤＵ／ＣＳＵとＳＰＤが合意を作り上げ、両者の協働によって福祉国家が形作られてきた。両政党が連立政権を組んでいればそれも当たり前だが、与党と野党に分かれる場合にも、二大政党の合意が福祉政策決定の基礎となってきたのである。もちろん、すんなりと合意が調達できるケースはほとんどなく、度重なる交渉と駆け引きが行われるのが通例である。しかし、CDU／CSUには、SPDとほとんど同じ福祉政策を志向する巨大な派閥があり、この派閥が主導権を発揮してSPDとの協働を推し進めてきたのである。この福祉重視の派閥が弱体化し、二大政党を引き寄せる磁力を失っていたことが、合意形成を困難にした理由として挙げられるだろう。一方、SPDの側の変化も大きな意味を持った。つまり、ラフォンテーヌが党首になったことである。彼は、長年にわたってSPDが政権をとれていないことを問題視して、次の選挙で与党に返り咲くことを何よりも重視していた。そのため、コール政権を追い込むことを目標に掲げて、あらゆる手段でもって政策をブロックするという方針を立てたのだった。こうして、福祉政策をめぐって、これまでになく二大政党が激しくぶつかり合うようになっていく。

対立的な福祉政治

１９９６年医療保険改革では、傷病手当と健康増進給付を削減するなど、患者負担を増やすことが決められた。SPDはこの案に反対し、CDU／CSUとの合意を拒否した。また、１９９６年年金改革でも同様の光景が見られた。これは、55歳以上の高齢労働者に対して年金を減額し、年金支給開始年齢を60歳から63歳に段階的に引き上げることを内容としていた。この改革についてもSPDは反対姿勢を貫き、改革に反対票を投じたのだった。これらの改革は、結局のところ、CDU／CSUと

ＦＤＰの与党によって可決されることになった。だが、福祉をカットする場合、広範な合意がなければ、その削減幅は微々たるものになってしまう。というのは、福祉カットは有権者に好まれるはずもなく、カットを実行した政党には非難が集まり、支持を失ってしまうため、その政党は改革に尻込みしてしまうからである。選挙で有権者から「罰」を受けて、議席数を減らし、党勢が後退する恐れがあるような改革に政党が力を注ぐことは考えにくい。その意味で、できるだけ多くの政党と協力して福祉削減を実行していく必要があるが、ＳＰＤが合意を拒否したことにより、コール政権による福祉削減幅は小規模なものにとどまったのだった。

ＳＰＤの反対によって廃案となった政策もある。税制・福祉削減改革をまとめた「財政緊縮パッケージ」と児童手当の引き上げの延期は、可決にこぎつけることができなかった。一方、労働組合は「社会サミット」を開催して、コール政権の「無慈悲で不公正」な労働市場改革・福祉カットに反対する姿勢を鮮明にしていた。ボンには35万人が集結し、戦後最大級のデモが行われたのだった。

ＳＰＤと労働組合からの強い反発を受けたことにより、コール政権の改革は停滞した。長引く不況、財政赤字の増加、福祉国家の動揺。厳しい時代にあって、ドイツが進むべき道を国民に示すことができないコール政権は、次第に支持を失っていく。そして、１９９８年連邦議会選挙でＣＤＵ／ＣＳＵは大敗を喫し、16年ぶりにＳＰＤが政権に復帰することになる。

（近藤正基）

47 シュレーダー政権と刷新
――赤緑政権の7年

前章で見たとおり、統一後のドイツは苦難の道を歩んだ。長引く不況によって「ヨーロッパの病人」とまで呼ばれるようになり、その威信は地に落ちていたが、「改革の停滞」のために政治は身動きがとれない状況にあった。「八方塞がりの社会」とも揶揄されたドイツにとって、転機となったのがシュレーダー政権（1998～2005年）である。社会民主党（SPD、シンボルカラー赤）と緑の党（シンボルカラー緑）との連立政権であるため、赤緑政権とも呼ばれる。

では、どのような意味で、シュレーダー政権が転機となったのだろうか。四つの政策領域に焦点を当てて考えてみたい。

移民政策

第一に、移民政策を見てみよう。統一まで、ドイツはヨーロッパのなかでも閉鎖的な国だった。移民への国籍付与は進まず、移民の社会参加を促すような政策もなかった。これがドイツ社会の亀裂となり、ホスト社会と各移民コミュニティとが交わることのない「平行社会」を生んでいるとされた。こうした状況を変えるべく、1993年には帰化請求権が制定されて、外国人のドイツ国籍取得が進められていた。

シュレーダー政権は、この流れをさらに大きく前進させ、大改革を実行する。つまり、国籍法の改正と移民法の制定に踏み切るのである。それまで、ドイツでは血統主義に基づいて国籍が付与されてきた。２０００年に発効された新しい国籍法では、ドイツ領土内での出生に基づいて国籍が与えられることになった。外国人の両親を持つ子どもであっても、「両親の一方が8年間合法的に国内に滞在している場合、出生によりドイツ国籍を取得する」こととされた。また、国籍法改正と同時に外国人法も改正され、8年間合法的に滞在している外国人に対して帰化請求権が認められることになった。一方、２００５年に新しい移民法が施行されることによって、外国からやってきた高度専門家や投資家は無期限の滞在許可を得られるようになり、移民がドイツ語やドイツの歴史・文化・法秩序について学ぶ「統合コース」が設置され、庇護権が適用されていない難民が滞在許可を取得することができるようになった。この流れは、メルケル政権に引き継がれることになる。メルケル政権は「統合コース」をさらに拡充していくのだが、方針を転換したのはシュレーダー政権期であった。

原子力政策

第二に、原子力政策に目を向けると、そこでも大きな政策転換があったことが分かる。日本のメディアでも、福島第一原発事故の後にメルケル政権が段階的な原発廃炉に踏み切ったことが注目された。ドイツでは、すでに１９７０年代に反原発運動が活発化していた。これが一直線に原発廃炉へと流れていくわけではなく、その後、運動は一時沈静化する。しかし、１９８６年にチェルノブイリ原発事故が起こった後に再び盛り上がりを見せる。政府は新規原発設置をやめ、安全性基準の厳格化などの措置を採ったが、しかしながら原子力活用という基本方針を曲げることはなかった。

これまでの基本方針を変更し、原発廃炉へと舵を切ったのがシュレーダー政権だった。2000年、シュレーダー政権は国内に19基ある原発を2022年頃までに廃止することで電力会社と合意した。新しい原発の設置も禁止された。2002年には原子力法を改正し、この合意は法制化される。そして、2003年にはシュターデ原発が、2005年にはオーブリヒハイム原発が停止されることになった。ただ、その後、脱原発政策はメルケル政権によって覆され、2010年に原発稼働期間の平均12年間延長が決まる。そして、フクシマ後にメルケル政権は脱原発へと転じることになるのだが、メルケル政権の脱原発計画の骨子はシュレーダー政権期に作られたものだった。

家族政策

第三に、家族政策の転換である。従来、ドイツでは、男性稼ぎ手家族が優遇されてきた。つまり、男性が賃労働を、女性が家庭内のソーシャルワークを担うことが当然視されていた。このソーシャルワークのなかにはもちろん育児が入るのだが、これに対して政府は手当などのかたちで財政支援をするものの、人的サービス（たとえば育児施設の拡充）を熱心に行ってきたわけではなかった。いくら財政支援をしても、人的サービスが乏しければ、男性稼ぎ手家族は維持される傾向にある。女性の家事労働が軽減されず、フルタイムでの労働市場参加が難しいからである。

この意味で、シュレーダー政権は画期的な政策を打ち出したと言える。育児における人的サービスの拡充を推し進めたのである。２００５年から始まった保育施設整備法は、とくに保育サービスが不足していた3歳未満児について、その保育のための施設を大幅に増設することを目的としていた。２００６年夏までに、旧西ドイツ地域の保育施設の受け入れ児童数を6万人から12万人に引き上げることになった。また、２０１０年までに、保育所または家庭預かり保育の受け入れ児童数を23万人増やすこととした。これは、戦後ドイツに例を見ない大規模な社会サービスの拡充政策だった。

育児にかかわるものではないが、家族にかかわる政策として、２００１年に施行された同性婚法にも触れておきたい。この法律の制定によって、官庁に登録した同性カップルには婚姻に準じた保護が与えられることになった。姓の選択、社会保険、財産相続などについても法的枠組みが設定された。養子縁組などで制限があるものの、同性カップルの地位向上につながった。

このように、シュレーダー政権は、男性稼ぎ手家族という特定の家族モデルを優遇・促進するようなこれまでの政策とは違った路線を打ち出した。共働きを進め、同性カップルに法的保護を提供することで、多様な家族モデルを認める政策を実施したと言える。こうした流れは、メルケル政権でさらに加速していくことになるが、その下地はシュレーダー政権期に出来上がっていた点は忘れてはならないだろう。

外交政策

第四に、外交政策を見ていきたい。第一次シュレーダー政権期（１９９８～２００２年）でまず注目すべきは、コソヴォ紛争の際の外交である。ドイツ政府は、アルバニア系住民への迫害を理由に、新ユーゴに対するＮＡＴＯの空爆作戦に加わった。連邦空軍を派遣したドイツだったが、この決定は二つの意味で従来の政策とは違った。一つは、これまでの域外派兵が平和維持や和平履行を目的としていたのに対して、コソヴォ紛争への派兵は主権国家への攻撃を意味していたということである。いま一つは、国連決議を得ないままに攻撃を行ったことである。

シュレーダー首相（左）とフィッシャー副首相・外相（右）（http://m.welt.de/wirtschaft/article4635275/Joschka-Fischer-liefert-sich-Gas-Krieg-mit-Russen.html）

ただ、それ以外の外交においては、第一次シュレーダー政権は従来の路線を踏み越えることはなかった。ヨーロッパ政策ではフィッシャー演説が耳目を集めることになったが、フィッシャーはさらなる欧州統合の必要性を説いたのであり、これはドイツ政府の従来の路線を踏襲するものだったと言える。また、９・11後、アフガンへの攻撃を開始したアメリカに対して「無条件の連帯」を打ち出したが、これも対米協調路線というこれまでの基本方針が継続していたと見ることができよう。

第二次シュレーダー政権期（２００２～２００５年）に入ると、従来の外交方針からの逸脱が見られるようになる。２００２年にアメリカがイラクに対する軍事攻撃の準備を進めていたが、シュレーダー首相はアメリカを批判し、国連決議があってもイラク攻撃に参加しないことを明言したのである。これは対米協調という従来の路線とは大きく異なるものであった。そして、対米関係の冷え込みという大きな代償をもたらすことになる。

こうして見ると、外交政策においては、継続と転換の二面が浮かび上がってくる。ただ、シュレーダー政権が行った二つの転換（コソヴォ紛争への派兵とイラク戦争への不参加）は、従来のドイツの外交政策から見れば、到底考えられないようなものである。国際社会におけるドイツの姿勢が大きく変わりつつあることを物語っていると言えよう。

移民政策、原子力政策、家族政策、そして外交政策。シュレーダー政権による改革と政策転換は多岐にわたる。統一後、新しい方針がなかなか打ち出されてこなかったが、同政権によってようやく転機が訪れたと言える。現在でも評価が分かれる政権ではあるが、当時の状況を考えると、閉塞感が漂っていたドイツに新しい風を吹き込んだことは間違いないだろう。

（近藤正基）

コラム 11

オスタルギーとは何か？

オスタルギーとは、「東（ドイツ語でオスト）」と「ノスタルジー」の合成語であり、東ドイツ時代の生活・事物に対する懐かしみを意味する。それが東ドイツ製品の消費などの行動と結びつき、２００３年頃からブームとなった。ここでは、この「現象としてのオスタルギー」がブームとなったわけを考えていきたい。なお、言葉としての「オスタルギー」は、１９９５年にドレスデンで上演された劇で用いられたのが初出とされる。劇中では東ドイツを揶揄する意味合いで用いられ、現在もなお、そのような含意もある。

じつは１９９０年代半ばから、オスタルギー・イベントはしばしば開催されていた。東ドイツ時代の服装に身を包み、当時の食事を楽しむオスタルギー・パーティや、東独時代から続く商品を売る東ドイツ・メッセなどである。では、なぜ２００３年頃からブームとなったのだろうか。大きなきっかけは、テレビ番組「オスタルギー・ショー」や映画『グッバイ、レーニン！』などの映像作品である。これらは、旧東独のみならず旧西独地域、さらには世界でも知られるようになった。

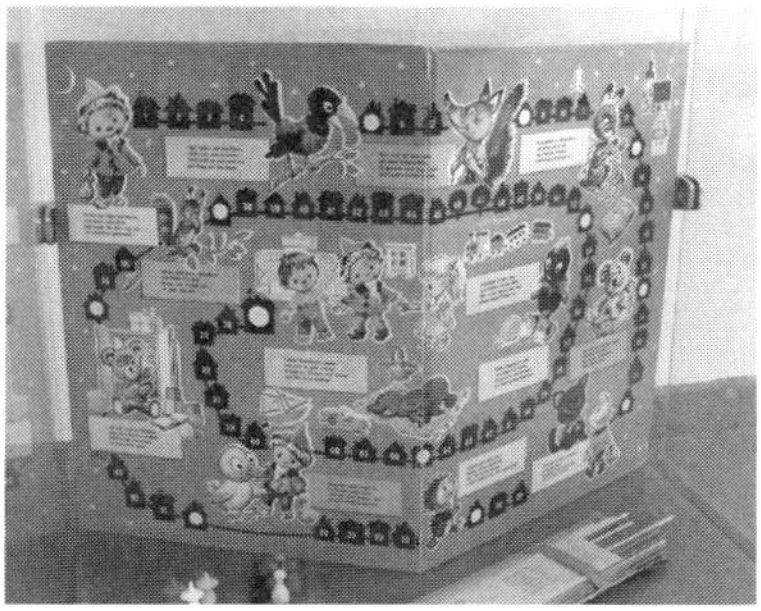

ザントマンのすごろく

淡い色調で画面に映し出される東ドイツ時代の生活、そして「買って！」と自己主張してこない簡素な品々。また東ドイツ製品は、社会主義下での生産計画によってそもそも品目数が少なく、思い出や愛着を「集中」できた点も看過できない。たとえば、1960年代から大幅なモデルチェンジをしなかった大衆車トラバントが代表例だ。これらは、多くの人のノスタルジー的な感情を刺激した。そしてオスタルギーは、日本やその他の国でも一部で注目されている。また、東ドイツという「タイムカプセル」に保存されていた製品デザインは、流行のリバイバル・サイクルとも同期し、最近まで実際に使用されていたという真正性も備えていたので好評を得たのである。

ここに、オスタルギー・ブームの背景としてのドイツ現代史が加わる。1990年に東ドイツが西ドイツに吸収されるかたちで成立した統一ドイツでは、国営企業の消滅とともに製品も次々と姿を消していった。経済主導の統一には想像や想起が働く余地がなく、東西の賃金・失業格差も顕著で、統一時に沸きあがった期待は幻滅へと変わる。

大衆車トラバント

この1990年代前半に生まれた感情の欠落を埋めたのが、オスタルギーとも言える。つまり、東ドイツ製品に統一前の生活の面影を見たり、社会主義時代の進歩・発展への夢や希望を想起したりした旧東ドイツ住民は多かった。ただし、その

「夢」とは多くの場合は政府からのプロパガンダであったのだが。他方で旧西ドイツ住民も、資本主義競争にさらされていない製品の数々に、古き良き過去を見た。いや、「見たかった」のである。

また、統一後に東ドイツ政治体制の実態が徐々に明らかとなるが、それはやはり独裁と呼べる体制だった。そんななかで製品（モノ）は、政治とは切り離され、個人の生活やその記憶に属するかに思われた。モノは中立で、それを用いて生活した人々の日常生活もまた中立的だという「モノ語り」に引きよせられる者もいた。しかし、「大衆車」トラバントでさえも、政府の決定のもとで生産戦略などが立てられ、余暇政策など政治的にも利用されたことから、実際には非政治的なモノではない。

信号機「アンペルマン」。「止まれ」と「進め」

もちろん、信号機「アンペルマン」など、日本でも知られるオスタルギーの品々を趣味や嗜好として消費することは非難されるものではないだろう。しかし、オスタルギーを学びとしようとすれば、この現象とは何かと問いながら批判に付し、そこに潜む神話性を解体する必要が生じる。それは、高度経済成長の時代への懐古に陥りやすい日本社会に対する批判でもあり、痛みを伴う行為だ。だが、このような視点からのオスタルギー考察は、現在を見なおし、未来につながる思考を獲得するきっかけとなるかもしれない。

（柳原伸洋）

48 ハルツ改革
――ドイツ福祉国家の転換点

政治的背景

ハルツ改革の内容に入る前に、当時の政治的背景について確認しておこう。シュレーダーは社会民主党（ＳＰＤ）所属の首相だった。与党はＳＰＤと緑の党であるから、政権は左派的だったと言える。ＳＰＤは労働組合を母体とした政党であり、緑の党の出発点は新左翼運動にあった。こうした点を踏まえると、シュレーダー政権は、雇用の安定や福祉拡大を目指すように思えるだろう。しかし、事実はそうではなかった。シュレーダー政権は、非正規雇用の拡大や福祉削減などを進めていったのである。このことがドイツ国民にとって大きな驚きをもって受け止められたのは、想像に難くない。

このような労働市場・福祉改革が、ＳＰＤの政権で行われたのはなぜだろうか。次の二点に注目する必要がある。

一つは、ＳＰＤ内部で、新しい政策選好を持つ集団が登場したことである。この集団は、一般的に「モダナイザー」と呼ばれている。その呼称からもわかるように、彼女ら／彼らは党の「現代化」を目指している。労働市場・福祉政策から見れば、このグループは従来のドイツ福祉国家のあり方に対して懐疑的である。つまり、正規雇用を拡大したり、年金や医療などを拡充したり、こうした福祉プログラムに政府が財を投じることを批判する。この意味で、モダナイザーの言う党の「現代化」とは、その当時、世界を席巻していた新自由主義を受容するという含意を持っていたと考えることもできる。また、年金や医療ではなく現役世代支援や教育により多くの財を投じるべきだという主張に注目するなら、党の「現代化」とは、イギリスの労働党に見られた新しい社会民主主義、つまり「第三の道」の受容を意味していたとも言える。

もう一点は、労働組合の弱体化である。ドイツの労働組合は、1970年代に全労働者の約34%を組織し、強力だった。だが、統一後、組織率は急速に低下していく。旧西ドイツではすでに1980年代から組織の後退が観察されていたが、統一以降、この流れは加速する。旧東ドイツを中心に大きく組合員数を減らし、組織率は2000年には24%程度にまでに落ち込んだ。SPDの支持母体であるドイツ労働総同盟も例外ではない。統一直後に1200万人に迫る勢いだった組合員数は、2000年には800万人を下回った。統一から10年のうちに、三分の一の組合員を失った計算になる。こうした労働組合の組織的後退は、当然ながら、その政治的影響力の低下につながっていった。SPDが労働組合の要望を離れて、福祉削減という新しい政策方針を打ち出すことができた背景には、このような団体レベルでの変化があったのである。

ハルツ委員長（左）とシュレーダー首相（右）（フランクフルターアルゲマイネ紙より　http://www.faz.net/aktuell/wirtschaft/unternehmen/drogerie-pleite-herr-hartz-will-die-schlecker-frauen-vor-hartz-iv-retten-11775316/peter-hartz-links-hat-2002-11775518.htm）

ハルツ第一法・第二法

シュレーダー政権の労働市場・福祉改革の中心だったのが、ハルツ改革である。フォルクスワーゲン社労務担当役員であるハルツを委員長とするハルツ委員会は、その答申のなかでドイツ福祉国家の転換を提起した。これに基づき、シュレーダーは改革にむかって動き出す。ハルツ改革は、四つのパッケージ法案から成っている。まず、２００２年11月にハルツ第一法と第二法が提出された。これらは、それぞれの目的によって分割されたのではなく、第一法は連邦参議院の同意を必要としない法案であり、第二法は同意法であった。

第一法案は、民間職業紹介所（ＰＳＡ）設置による就業促進、ＰＳＡ派遣労働者の低賃金雇用化、失業保険の給付要件の厳格化を主眼としていた。これは明白な労働市場柔軟化策であり、当然ながら、労働組合の抵抗を受けることになった。当初の案では、ＰＳＡから派遣された労働者の賃金は、試用期間の6か月については、協約賃金を下回ることが認められていた。しかし、統一以来、賃金平準化に取り組んできた労働組合はこれを不服とし、訂正を求めた。シュレーダーは、ＰＳＡ派遣労働者の賃金水準については労使団体が協約自治交渉を通じて決定するとしたが、労働組合への譲歩はこの点のみであった。結局のところ、労働組合は「賃金ダンピングを促進する措置」としてハルツ第一法への反対姿勢を崩さなかったが、シュレーダー政権はこれを連邦議会に提出した。一方、キリスト教民主・社会同盟（ＣＤＵ／ＣＳＵ）や使用者団体はこの法案に賛意を示していたため、連邦議会で可決されたのだった。

ハルツ第二法案は、連邦参議院の同意を得る必要があった。そのため、第一法より大きな修正が施され、部分的に削除される項目すらあった。その代表例が、架橋手当である。これは労働組合から提案された案であったが、使用者団体やＣＤＵ／ＣＳＵの反対を巻き起こしたため、シュレーダー政権はその要望を取り入れて、これを廃案としたのであった。反対に、次の二つのＳＰＤ案は、労働組合や伝統的社民主義者の批判に晒された。その法案というのは、一つは、５００ユーロ／月以下の労働者について、社会保険料の使用者負担を軽減する「ミニ・ジョブ」であり、いま一つは、失業者が起業する場合に補助金を支給する一方で、見なし自営業者を拡大して社会保険料の使用者負担を減らす制度（Ich AG）である。これらの法案は、ＣＤＵ／ＣＳＵ、自由民主党（ＦＤＰ）、使用者団体が賛成しており、その支持を得て連邦参議院で可決される運びとなった。

ハルツ第一法と第二法は、非正規雇用を拡大し、民間職業紹介の利用可能性を開き、さらに社会保険料の使用者負担を軽減する効果を生んだ。その一方で、労働者保護措置については何の施策も講じられなかったことは注目されてよいだろう。

シュレーダーはさらなる改革への強い意志を、２００３年3月14日の連邦議会演説で表明した。これが、いわゆる「アジェンダ２０１０」演説である。そこでは、就業率の改善を目指して失業保険を縮減し、その給付期間を原則的に12か月とすることや、解雇制限の緩和、有期雇用の拡大、協約自治システムの柔軟化と企業決定の優位などが主たる目標として掲げられていた。

労働組合は、シュレーダー政権の政策転換を傍観していたわけではない。「アジェンダ２０１０」のみならず、２００１年年金改革やハルツ改革はもちろんのこと、リュールプ委員会で社会保険制度のパラダイム転換が議論されており、労働組合の不満は頂点に達していた。そのため、労働組合は強硬な抵抗手段に踏み切る。けれども、このストは労働組合の敗北によって終結する。スト失敗の結果を見計らって、シュレーダー政権は「アジェンダ２０１０」で示された方針にそって労働市場・福祉改革をさらに進めていく。

福祉国家の大改革

では、シュレーダー政権の最大の改革、すなわち２００３年12月に可決されたハルツ第三法、第四法について論じよう。両法案はパッケージ法であり、その要点は次のとおりである。まず第三法は、連邦雇用庁の再編と失業給付資格の厳格化を目的としていた。いわゆる「失業隠し」スキャンダルを契機として、シュレーダー政権は労働市場政策の実施や失業保険の管理・運営を担う連邦雇用庁を改組しようと試みた。第三法によって、連邦雇用庁の労働市場政策の運営が経済相に委譲され、同時に職業紹介業務の民間への開放も促進された。長官と副長官の任命も、政府の決定権限とすることで、労働市場政策における労働組合の影響力が低減したのであった。また、失業保険の給付要件の厳格化については、失業者は職業再訓練など義務を履行しない場合、給付減額もしくは打ち切りというペナルティが設定された。

第四法の重要事項として、最初に挙げなければならないのが、失業保険の縮減と、失業扶助と社会扶助の統合である。まず、２００３年12月に失業保険改革が可決され、最長64か月であった給付期間が36か月へと大幅に短縮され、給付水準が大幅に低下した。同時に、45歳からの失業保険の長期給付が撤廃され、55歳以上の失業者が対象となることで、早期退職者への優遇措置が縮小された。これは、いわゆる「労働力削減ルート」からの逸脱として把握できよう。次いで失業扶助が社会扶助の一部と統合され、失業手当Ⅱが新設された。これは長期失業者を対象にしたものであり、税財源で賄われるが、重要なのは給付水準が社会扶助レベルに大きく低下することになった点である。ここでもまた大規模な福祉縮減が行われたのである。

ハルツ第四法を、社会政策研究者のトラムプッシュは「ドイツ連邦共和国史上最大の福祉縮減改革」と呼んでいるが、たしかに戦後ドイツ史上稀にみる大胆な福祉国家改革だった。そのため、この改革案に批判が相次いだのは当然と言ってよいだろう。第三法のうち、とくに連邦雇用庁の再編問題で抵抗した一部のSPD議員は、この法案によって、シュレーダー政権が「別の共和国」の樹立を目指しているとして、これに反対票を投じる意思を表明した。実際、採決にあたって、伝統的社民主義者のうち12名が反対票を投じ、与党単独では過半数を取れなかった。しかし、彼らの抵抗は失敗に終わる。というのは、連邦議会ではCDU／CSUが助け舟を出し、SPDのモダナイザーとFDPとともに法案を可決したからである。

こうして、ドイツの労働市場・福祉政策は大きく変化した。ハルツ改革によって、非正規雇用が拡大され、使用者負担は軽くなり、失業時の所得保障は削減された。グローバル化という時代にあった政策が実施されたと見ることもできるし、長い年月をかけて作り上げてきたドイツ福祉国家が掘り崩されたと捉えることもできよう。ともあれ、その背景には大きな政治的な環境の変化があったのだった。

（近藤正基）

49 ユーロ危機とドイツ

――中途半端な「覇権国」

ヨーロッパ大転換とユーロ危機

1991年のソ連崩壊によって第二次世界大戦後続いた冷戦体制は崩壊し、世界政治経済は新しい時代へ移った。旧共産圏諸国など30億人超が資本主義世界経済に巻き込まれ、米英主導のグローバル金融資本主義の時代を迎えた。ヨーロッパでは西欧主導の大欧州が出現した。EUは1993年単一市場をスタート、1999年ユーロ導入、東欧諸国が04年・07年に加盟し、EUは27カ国となった。

西欧の大銀行は、単一市場・単一通貨を利用して周縁諸国に進出、為替リスクの消えたユーロ圏で巨額の貸付や投資（証券購入など）を行なった。民間も政府も資金調達は容易になり、低金利のユーロの下スペインなどで住宅ブーム、ギリシアでは財政赤字が膨張し、米国で2008年9月に勃発したリーマン・ショックによってバブルは破裂した。周縁諸国への外資流入は突然停止し、バブルは崩壊、不況対策に出動した政府の財政赤字は、2009年米英両国でも南欧諸国でもGDP比2桁となった。

財政赤字をファイナンスする国債の買い手がいないと、政府は資金調達や国債の利払いができず、デフォルト（債務不履行）に陥る。米英などでは中央銀行が国債を購入して政府を助けるが、ユーロ圏ではそれが制約されていて、危機は深刻化・長期化した。ユーロ危機はギリシアから始まり、アイルランド、ポルトガル、スペイン、イタリア等に波及し、12年秋まで続いた（コラム12参照）。

ドイツのユーロ制度設計の問題点と制度改革

１９９０年ドイツは統一し、フランスなど西欧諸国は強大化・単独行動を恐れ、ドイツにマルク放棄を求めた。ドイツは代償にユーロの制度設計を求めて受け入れられ、ＥＵの基本条約に取り入れられた。ユーロ危機関連では、①非救済規定（ユーロ加盟国は財政支援の義務を負わない、つまりユーロ加盟国の自己責任制）、②中央銀行による国債の直接購入の禁止（インフレ予防の観点による）は、ドイツの要求による。また③ＥＣＢに金利政策や決済制度運営など平時の権限を与えるのみで、危機管理はユーロ加盟国当局に委ねた。フランスなど他の諸国は、マルク放棄を確かなものとするために、これらの諸条件を従順に受け入れた。

だが、ユーロ危機対応では、①によりギリシアへの財政支援が大幅に遅れた、②によってユーロ危機第二波・第三波で危機国政府を救済できなかった。また、ユーロ導入後のクロスボーダー金融にユーロ圏各国の危機管理は対応できず、③も危機対応の障害となった。

ユーロ制度の改革が必須となり、広範に実施された。上記の①に対して、２０１０年春ギリシア財政支援、危機国財政支援制度が創られ、第一波危機を沈静化、２０１２年10月には恒常的な財政支援制度として５０００億ユーロの支援が可能な欧州安定メカニズム（ＥＳＭ）が設立された。②に対して、満期３年までの危機国国債無制限購入措置（ＯＭＴ）をＥＣＢが採択して12年秋にユーロ危機を沈静化、危機対策ともなっている。

③には銀行同盟設立により対処した。まずECBが担当する単一銀行監督メカニズム（SSM）が２０１４年11月スタート、ユーロ圏大銀行１３０行ほどの監督をECBが担当し、中小行の監督は各国担当だが、全体の監督責任もECBが持つ。危機に陥った銀行の再生・破綻処理は単一破綻処理メカニズム（SRM）に委ねられ（２０１５年スタート）、ユーロ制度は各国自己責任制からECB・欧州委員会が危機管理を行う体制へと転換した。預金保険制度はEU各国が預金10万ユーロまでを保証することになった。

以上の改革によって、ユーロ圏の危機対応策はひとまず完成したと見てよい。

ポスト・ユーロ危機期のEU・ユーロ圏の課題とドイツ

ユーロ危機によりユーロ圏は２０１２年から13年にかけて、リーマン危機時に続く「不況の二番底」に落ち込んだ。とりわけ南欧諸国は悲惨で、ギリシアとスペインで失業率が25％を超え、若者（15歳〜24歳）の失業率はその2倍を超えた。イタリア、フランスも経済は低迷し、失業率は10％を超え、改善は遅れている。ユーロ圏の低成長とデフレ懸念、南欧諸国の不況と大量失業がポスト・ユーロ危機の主要な特徴となっている。

住宅バブルが破裂すると銀行も家計も建設関係の企業も不良債権を抱えて、経済の回復には時間がかかる。ユーロ圏では不況期に財政緊縮を強行したため、経済成長は抑制され失業率が高まった。リーマン・ショックから7年余り、長引いた不況と賃金切り下げ・労働市場柔軟化などによりアイルランド、スペインは輸出が伸びて、経済成長が戻ってきた。イタリアも民営化など経済構造改革に本格的な取り組みを始めた。

フランスや南欧諸国は21世紀初頭の好況期に賃上げを続けてドイツとの競争力格差が大きく開いた。競争力回復には為替相場切り下げが効果的だが、ユーロ圏では為替相場は動かせない。危機国は賃金と物価の切り下げで競争力を回復するしかなく、高失業とデフレが共存し、長期化する。その苦しみを緩和するために、高所得の西欧諸国がユーロ圏レベルで財政支援機構を設置して為替相場切り下げができない危機国を支援する制度を作るべきなのだが、西欧諸国も余裕がなく、ドイツを先頭にゲルマン諸国、バルト三国、フィンランドなどはそうした公的資金移転機構に反対しており、危機国の苦境を長引かせている。

苦境に反発して、ＥＵ離脱やユーロ反対を唱える英仏の右翼運動、スペイン、ギリシアの左翼大衆主義運動、イタリアのポピュリズム運動など、ＥＵ統合批判の政治運動が強まっている。２０１４年5月の欧州議会選挙でそうした批判政党が躍進した。6年続きのマイナス成長に陥ったギリシアは２０１５年ユーロ圏に反乱を起こした。1月総選挙で成立した急進左派連合政府は、チプラス首相が指導して政府債務削減、経済成長重視への転換などを求めてユーロ圏と闘った。だが、ユーロ圏諸国はその要求を拒否し、２０１５年7月第三次ギリシア支援８６０億ユーロと引き換えに、ギリシアに財政緊縮・経済構造改革の継続を求めた。ギリシアの民主主義をねじ伏せた対応に、ＥＵ統合の理念に反するとの批判が強まった。他方、苦境に陥ったギリシアの極左政権でさえユーロ離脱できなかった事実により、ユーロ圏からの離脱はありえないというユーロ圏の安定性への確信が生じた。ユーロ離脱はダメージが大きすぎて現実の選択肢になりえないのである。

ギリシアの政府債務残高はＧＤＰ比１７５％に膨張しており、返済は不可能である。ＩＭＦは債務の大幅切り捨てを主張しているが、ドイツは頑強に拒否し、他の北部欧州諸国もドイツに追随している。だが、このままでは、危機国の高失業が継続し、反対運動の高揚、ＥＵ統合やユーロ圏の不安定化などが懸念される。

ドイツの「独り勝ち」・「覇権国」化と問題点

リーマン危機後、ドイツは失業率を継続的に引き下げ、15年に４％台と完全雇用状態になった。ユーロ圏でただ一国好調なので、「ドイツの独り勝ち」と言われる。

ハルツ改革・シュレーダー改革が「独り勝ち」の原因とされる。労働市場柔軟化、社会保障制度手直しにより、競争力が上昇し、財政赤字削減にも結びついた。だが、２０００年から２０１２年まで中国向け輸出は6倍、ロシアなど中国以外の新興大国向け4倍など、21世紀初頭の新興国高度成長が輸出を通じて経済を支えた。その背後には、中国など新興国の需要に適合したドイツ製造業の高付加価値生産というドイツ要因のほかに、中・東欧に展開したドイツ企業の生産ネットワーク、ユーロ危機・ポスト危機によるユーロ安、そして中・東欧への企業移転を労働組合に提示して賃金抑制に成功し、ユーロ圏で圧倒的な競争力優位を築いたなど、多くの要因があった。「独り勝ち」に対する欧州統合の貢献もきわめて大きかった。

フランスなど他の諸国が冴えないこともあり、ドイツはメルケル首相の下ＥＵとユーロ圏に対して圧倒的な影響力を持つ「欧州の盟主」、「覇権国」ともいわれている。覇権国とは多少の犠牲を払ってもみずからの勢力圏に公共財を提供し、圏域の安定と繁栄を主導する国のことである。ドイツでは国益擁護のナショナリズムが強まり、国民にユーロ圏諸国の繁栄に貢献するという気概が乏しい。中途半端な覇権国である。

ユーロ危機にもかかわらず、ユーロ圏諸国の世論は圧倒的にユーロ支持が高い。ドイツでも70%を超える支持があり、財界も政界もユーロがドイツの繁栄を支えていると認識している。だが、ルールは絶対に守るべき、景気刺激政策はいつでも（デフレの時にも）絶対反対というようなドイツ独特の価値観が強固で、経済力の弱い国への寛容の心が見られない。たとえば、財政緊縮を危機国に押しつけ続けて恥じるところがない。ユーロ圏の長期経済停滞にドイツ流の政策運営は大きな責任を負っている。

２０１５年９月、フォルクスワーゲン（ＶＷ）がディーゼル乗用車の排気ガスをごまかすスキャンダルが暴露された。影響は１１００万台にも及び、ドイツ経済、ひいてはＥＵ経済への悪影響が懸念される。中国など新興大国の成長率低下やウクライナをめぐるロシアとの対立もドイツ経済にダメージを与える。２０１５年シリアなどから難民が大規模流入し、同年の流入難民数は１００万人を超えた。２０６０年までに人口が１０００万人以上減少するとの予想を念頭に、メルケル首相は寛大な難民受け入れ策を採用し、ドイツの良識を世界に示したが、難民排斥の右翼運動が盛り上がりを見せている。２０１６年６月にはイギリスがＥＵ離脱を選択した。ドイツの経済・政治にとって２０１０年代後半は厳しい時代になると予想される。ドイツの狭い「国益」を超えてＥＵ統合をリードできるかどうか、ヨーロッパの命運がドイツにかかっている。

（田中素香）

コラム12

ユーロ危機
――経済統合と国家なき通貨

ＥＵ諸国は米国をモデルに経済統合を続けた。１９９０年代に米国規模の単一市場を形成したが、通貨は国ごとに別々だった。それでは単一市場の効率と安定を確保できないため、通貨統合によって、99年ユーロを導入した。しかし、ユーロ国は形成されず、ユーロは「国家なき通貨」という歴史的実験の材料となった。ユーロの試練は２００８年のリーマン・ショックから始まり、ユーロ危機によって、制度改革へと進んだ（第49章）。

危機の第一期［２００７～09年］はサブプライム危機・リーマン危機（グローバル金融危機）の時期で、戦後最大の世界不況となり、各国政府は財政支出によって銀行救済や不況対策を実施した。

危機の第二期［２０１０～12年］がユーロ危機である。10年春ギリシアのデフォルト危機が勃発、世界金融危機へ発展した。表のように、ここから３波にわたるユーロ危機（金融・ソブリン危機）が展開した。危機第一波は三つの小国のデフォルト危機で、ＥＵ・ＥＣＢ・ＩＭＦのいわゆる「トロイカ」による財政支援により沈静化した。

危機第二波はギリシアのデフォルト予想から、スペイン、イタリアに波及、秋にはベルギー、オーストリアなどコア諸国を巻き込んだ。金融パニックが続発し、世界金融を動揺させた。独仏などユーロ圏諸国の対策は効果を失い、結局ＥＣＢ（欧州中央銀行）による１兆ユーロもの銀行への資金供与（ＶＬＴＲＯ）が銀行破綻を防ぎ、危機国の国債利回りを引き下げたことにより沈静化した。

危機第三波はギリシアのユーロ圏離脱危機、スペイン、イタリアの銀行危機からなる。南欧諸国のユーロ圏離脱という「テール・リスク」を恐れた投資家（銀行を含む）が、巨額の預金を危機国からドイツへ移した。単一通貨圏は分断され、ユーロ崩壊が危惧される制度危機となった。2013年7月ドラギ総裁がロンドンで「ユーロを救うために何でもする」と演説して投資家を安心させ、9月6日の政策理事会でECBがドイツ連銀の反対を押し切ってOMT（Outright Monetary Trans-actions）を採択した。OMTは危機国の国債（残存期間3年まで）をECBが無制限に購入する措置であり、採用しただけで発動されていないが、ユーロ危機を最終的に沈静化させる効果を発揮した。

ECBの権限拡大により「国家なき通貨」ユーロの欠陥はかなり是正された。次には財政統合を進めて、ユーロ圏の貧しい国を支援し、またユーロ圏財務省を設立し、ユーロ圏の国家機能を引き上げなければならない。

危機の第三期［2013年〜今日］はポスト・ユーロ危機の時期である（第49章）。2016年からユーロ圏の成長率は高まり、回復基調となったが、同年6月国民投票によりイギリスがEU離脱を決めたため、翌年にかけてユーロ圏の成長率にも悪影響が及ぶと懸念されている。（田中素香）

表　ユーロ危機の3つの波―概要

危　機	第1波：小国危機	第2波：南欧危機から全面危機へ	第3波：制度危機
時　期	10年4月～11年4月	11年6月～12年2月	12年4月～8月
発火点	ギリシア・デフォルト危機	ギリシア・デフォルト危機	ギリシア離脱危機
危機国	G・I・P（財政支援受ける）	GIPSY、一時コア諸国	GSY
主要な危機対策	2つの財政支援ファシリティ（EU・IMF）の設置と発動、ECBのSMP	SMPはSY危機沈静化に効果なし ECBのVLTROで沈静化ギリシア第2次支援とPSI	ユーロ制度改革（銀行同盟等）本格化 ECBのOMTで沈静化

［注］1. G：ギリシア、I：アイルランド、P：ポルトガル、S：スペイン、Y：イタリア。
2. SMPはECBの国債購入（Security Market Programme）。PSI（Private Sector Involvement）はギリシア国債を保有する民間債権者の債権カット（ギリシア政府の債務削減）。VLTRO（Very Longer-Term Refinancing Operation）は超長期リファイナンシング・オペ（ECBが11年12月、翌年2月に800のユーロ圏の銀行に3年満期金利1%で約1兆ユーロの資金供与）。
3. 2011年から多数のユーロ制度改善措置がとられたが、本文に説明している。
［出所］筆者作成。

50 メルケル政権
——政策の継続性と変化

２００５年9月の連邦議会選挙では、キリスト教民主・社会同盟（ＣＤＵ／ＣＳＵ）が辛勝した。11月には第二党となった社会民主党（ＳＰＤ）との大連立を組むことになる。その後、第二次メルケル政権（２００９～２０１３年）ではＣＤＵ／ＣＳＵと自由民主党（ＦＤＰ）が、第三次メルケル政権（２０１３～）ではＣＤＵ／ＣＳＵとＳＰＤが連立与党となり、現在（２０１５年10月）に至っている。連立の組み合わせを変えながら、メルケル政権は10年の大台に乗ろうとしている。では、この間、政策はどのように動いたのだろうか。

福祉政策

まずは福祉政策を見ていこう。この政策領域では、メルケル政権は一貫した方針を持たず、連立パートナーが変わるごとに態度を変化させたという理解が一般的である。ただ、いくつかの領域では継続的な取り組みも見られるし、大きな改革も観察される。

では、実際に行われた政策を見てみよう。第一次メルケル政権下では、年金の支給開始年齢が引き上げられた。段階的に67歳へと移行することで、年金支給の抑制を目指した。しかし、第三次メルケル政権は、一転して、一定の条件を満たした場合に限って年金支給開始年齢を引き下げることを決定した。条件付きではあるが、63歳への引き下げを決めたことは、国際的な動向に反するものであり（多くの先進工業国では年金支給開始年齢の引き上げが実施されている）、国際的な注目を集めた。医療保険は二度大きく改革された。どちらも医療費抑制を目指すものであったが、これを実現するための制度装置は異なっていた。第一次政権は保健基金を導入したが、第二次政権は、追加保険料だけではあるが、部分的に一律保険料制度を設けた。所得に関係なく社会保険料を一律とするこの制度は、応能負担を原則とするドイツでは目新しいものだった。最低賃金は順次拡充されていく。労働者現場派遣法の改正を通じて部分的に最低賃金を導入した後、第三次メルケル政権は全ドイツで8ユーロ50セントの最低賃金制度を実現した。労使団体の自治が強く、最低賃金の設定が労使団体交渉にゆだねられてきたドイツで、このような政策が実施されるのは画期的なことである。

メルケル首相（コンラート・アデナウアー財団HPより　http://www.kas.de/wf/doc/kas_55670-1290-1-30_220.jpg?140520122513）

家族政策

家族政策に目を向けてみよう。家族政策は福祉政策の一領域に数えられることもあるが、ともあれ、この領域でも大きな改革があった。両親手当は、育児休業給付の受給者層を拡大し、パパ・クォータを設けることで、男性の育児参加を促すような仕掛けが組み込まれていた。児童助成法は、育児施設の大幅な増設を目指すものであった。２０１３年8月までに3歳未満児の75万人を受け入れる施設を新たに作ることが決められた。

これらの政策は、これまで多くの政権が採用してきた男性稼ぎ手家族の優遇という方針と異なっていた。男性稼ぎ手家族は性別分業を基本原理とし、男性が賃労働、女性が家庭で家事をするというものである。しかし、たとえば、両親手当は男性の育児参加を促すものであり、男女の性別分業に反する。児童助成法は、これまで育児をして働くことができなかった女性が労働市場に参加する道を開くものである。こうした政策は「脱家族化」、つまり男性稼ぎ手家族からの離脱を進めたと評価できるし、シュレーダー政権からの政策の流れをさらに加速させたとも言えるだろう。その一方で、在宅育児手当や家族介護時間法など、「再家族化」を後押しする政策もあった。これらの政策には、家庭内での育児や介護を促進する狙いがあった。たしかに両親手当などの目を引く改革はあったものの、ここでもメルケル政権は一貫した方針の下で政策を実施していったとは言えない。

移民政策

移民政策を見ると、シュレーダー政権で進められた移民の社会統合をさらに推進したことがわかる。つまり、統合コースを拡充していくのだが、その際、見逃してならないのは、「統合サミット」という政策決定様式が採用されたことである。つまり、移民団体と話し合い、合意を得ながら、移民政策を決定したのだった。総勢86名が招集されたにもかかわらず、統合サミットに参加した移民団体代表者は必ずしも多くはなく（6名）、人選にも批判が集まったものの、その手法は画期的であった。そして、ドイツ語の習得や、ドイツの法秩序・憲法的価値を学ぶための統合コースがさらに拡充されることになる。２００8年には予算が１４００万ユーロ増額され、年間1億５４００万ユーロが投じられることになった。統合サミットはその後も継続的に開催され、２０１４年12月までに7回行われている。この間、「国民行動計画」など移民の社会統合をさらに推し進めるプランを打ち出してきた。拡充されてはきたものの、統合コースは依然としてドロップアウト問題を抱えており、同じ移民であっても出身国によって受講義務が課される者とそうでない者がいることが疑問視されることもある。こうした問題を抱えているとしても、メルケル政権が、シュレーダー政権の路線を継承しつつ、これをいっそう充実させたことは間違いない。また、現在進行形ではあるが、２０１５年以降に急増した難民についても対策が講じられつつある。難民宿泊施設の建設、語学教育の拡充、職業訓練の促進、雇用の創出と就職あっせんなど、多様な政策が打ち出され、少なからぬ予算が付けられている。一部の難民の家族呼び寄せ権限を制限してはいるが、総じて言えば、ドイツがヨーロッパのなかでも寛大な難民政策をとっていることは明らかだろう。

原子力政策

移民政策はシュレーダー政権からの連続性が色濃いが、その一方で、原子力政策は紆余曲折を経て、シュレーダー政権が策定した脱原発計画へと戻っていくことになった。すでにシュレーダー政権期に原発の段階的廃炉は決まっていた。しかし、第二次メルケル政権は再び原発を活用する方向へと動いた。２０１０年9月、メルケル政権は原発の稼働期間を平均で12年間も延長することを決めた。原子力は二酸化炭素を出さないクリーンエネルギーであり、安定した電力を供給できるというのが政策転換の理由に挙げられたが、いまでは原子力ロビーが相当の影響を及ぼしたことが明らかになっている。その後、メルケル政権は大きく路線を変更する。そのきっかけになったのは、「3・11」の福島原発事故だった。この原発事故はドイツでも大々的に報道されたが、これがドイツ国内の原発反対を強め、急速に脱原発の社会運動が広がると、この動きにメルケル政権が反応する。ＦＤＰをはじめとして与野党がこぞって脱原発へと方針転換するなか、メルケル政権も早期の脱原発を打ち出し、関連法を改正する姿勢を示したのだった。その背景には、バーデン＝ヴュルテンベルク州での緑の党の躍進があり、選挙戦略からの対応ともいえるが、ともあれ、当時の与党であるＦＤＰとＣＤＵ／ＣＳＵが脱原発の基本方針で合意する。ここで原発の段階的廃止が決まる。電力会社はこれに強く反対するが、その後、メルケルは州首相との会議を経て、6月に脱原発方針を閣議決定した。そして、7月までに原子力改正法案が連邦議会と連邦参議院で可決される。同時に、再生エネルギー法の改正も可決された。そして、これらは8月に発効することになった。こうして、一時停止中の8基の原発はそのまま廃止されることになり、当面は運転を続ける9基も２０２２年までに段階的に廃止することになった。風力、太陽光、バイオマス、地熱などの自然エネルギーが消費電力に占める割合を高めることや、あわせて送電網を整備することも決定された。

外交政策

外交政策にも言及しておこう。メルケル政権は、まずはシュレーダー政権で冷え切った対米関係の修復に取り組んだ。政権奪取直後の２００６年1月にアメリカを訪問し、ブッシュ（子）大統領と個人的にも良好な関係を築くことに成功した。また、メルケル政権は、ヨーロッパ政策においては、独仏を基軸に欧州統合を推進する姿勢を示した。憲法条約の批准失敗によって停滞していたＥＵ改革を進め、フランス大統領のサルコジと提携して、憲法条約を継承したリスボン条約の調印にこぎつけた。協調的な対米関係と独仏基軸。この二点で、メルケル政権はドイツ外交の常道に回帰したかのように見える。しかし、２０１１年のリビアへの軍事介入については、アメリカ、フランス、イギリスなど主だった同盟国とは異なり、国連安保理で中国とロシアと並んで棄権することになった。これは戦後ドイツの基本外交方針である、多国間主義とは異なるものである。

いずれにせよ、ドイツは国際社会において新たな役割を担う段階へと入りつつある。統一によって欧州の中心に現れた大国・ドイツは、統一までのように、ただ控えめでいれば国際社会が納得するというわけではない。ドイツのイニシアチブを期待する声は、少なからずある。しかし、ユーロ危機やウクライナ政変の際にドイツが見せた消極的な姿勢は、そうした声に応えるものではなかった。今後、「消極的な覇権国」とも言われるドイツがどのように変わっていくのか、注視する必要があるだろう。

メルケルの政治姿勢

それでは最後に、メルケル個人にも触れておこう。メルケルについては、ドイツ初の女性首相であることや、東ドイツ出身で、物理学を修めたという一風変わった経歴が注目されることが多い。州首相を経験せずに、首相まで上り詰めたこともドイツでは異例であり、耳目を集めた。その一方で、政治家としての特徴が取り上げられることは稀である。いまでこそ国際政治の舞台で活躍する姿が日本のメディアでも取り上げられているが、もともと政治家・メルケルの評価は高くはなかった。彼女の政治家としてのキャリアはベルリンの壁崩壊とともにスタートし、当初は「コールの娘」と呼ばれていた。つまり、コールの寵愛を受けながら経験を積んでいったのだが、裏を返せばそれ以外に見るべきところはなく、決して目立つ政治家ではなかった。討論番組での彼女の振る舞いや、インタビューを受ける姿を見れば、一目瞭然である。彼女は、弁が立ち、華やかで、人を惹きつけるようなパフォーマンスができる人物ではない。一見、メルケルには目立った特徴がないように見えるが、まさにこれこそが、彼女の大きな武器だとも言える。彼女が所属するCDU／CSUには多様な政治家がいる。ある特定の政治的立場をとったり、パフォーマンスに秀でた人物より、柔軟かつ堅実な政治家のほうが担がれやすいのである。そして、何もメルケルに政治家として見るべき点が全くないわけではない。彼女は、２０１１年に脱原発という決断をした時のように、世論の動きを察知する嗅覚と、ここぞというときに判断を下せる力を持っている。また、普段の彼女は、対話を重視し、人の話に耳を傾けることのできる政治家でもある。有能な政治家を周りに置いて、彼ら／彼女らを活用することに長けている。事実、家族政策では当時のフォン・デア・ライエン家族相を重用し、彼女を後押しするかたちで改革を進めていった。２０１５年に難民の受け入れを決定したときに、十分な対話と合意があったとは言い難いが、その後再び従来の政治スタイルに回帰している。地道に交渉し、合意を得ながら政策を決めていくメルケルの政治姿勢は、堅実そのものである。そこに興奮や驚きはないだろう。だが、まさにそうした能力こそが、欧州の大国・ドイツの首相に求められるものなのかもしれない。

（近藤正基）

《参考文献》

テーマ編　変化するドイツ

伊藤定良『ドイツの長い19世紀――ドイツ人、ポーランド人、ユダヤ人』青木書店、２００２年。〔１〕

佐藤成基『ナショナル・アイデンティティと領土――戦後ドイツの東方国境をめぐる論争』新曜社、２００８年。〔１〕

ニッパーダイ、トーマス著／坂井榮八郎訳『ドイツ史を考える』山川出版社、２００８年。〔１〕

池上俊一『森と川――歴史を潤す自然の恵み』刀水書房、２０１０年。〔２〕

ハーゼル、カール著／山縣光晶訳『森が語るドイツの歴史』築地書館、１９９６年。〔２〕

ヘルマント、ヨースト著／山縣光晶訳『森なしには生きられない――ヨーロッパ自然美とエコロジーの文化史』築地書館、１９９９年。〔２〕

ラートカウ、ヨアヒム著／山縣光晶訳『木材と文明』築地書館、２０１３年。〔２〕

レーマン、アルブレヒト著／識名章喜、大淵知直訳『森のフォークロア』法政大学出版局、２００５年。〔２〕

田野慶子『ドイツ資本主義とエネルギー産業――工業化過程における石炭業・電力業』東京大学出版会、２００３年。〔３〕

坪郷　實『脱原発とエネルギー政策の転換――ドイツの事例から』明石書店、２０１３年。〔３〕

ラートカウ、ヨアヒム著／海老根剛、森田直子共訳『ドイツ反原発運動小史――原子力産業・核エネルギー・公共性』みすず書房、２０１２年。〔３〕

若尾祐司、本田宏編『反核から脱原発へ――ドイツとヨーロッパ諸国の選択』昭和堂、２０１２年。〔３〕

下田　淳『ドイツ近世の聖性と権力――民衆・巡礼・宗教運動』青木書店、２００１年。〔４〕

オーラー、ノルベルト著／井本晌二、藤代幸一訳『巡礼の文化史』法政大学出版局、２００４年。〔４〕

R・v・デュルメン著／佐藤正樹訳『近世の文化と日常生活３――宗教、魔術、啓蒙主義』鳥影社、１９９８年。〔４〕

K・クレッシェル著／石川武監訳『ゲルマン法の虚像と実像――ドイツ法史の新しい道』創文社、１９８９年。〔５〕

石田勇治、武内進一編『ジェノサイドと現代世界』勉誠出版、２０１１年。〔６〕

近藤潤三『ドイツ移民問題の現代史　移民国への道程』木鐸社、２０１３年。〔６〕

ブルーベイカー、ロジャース著／佐藤成基、佐々木てる監訳『フランスとドイツの国籍とネーション　国籍形成の比較歴史社会学』明石書店、２００５年。〔６〕

König, Werner, *dtv-Atlas Deutsche Sprache*. 18. Aufl. 2015.〔７〕

荻野蔵平、斉藤治之『歴史言語学とドイツ語史』同学社、２０１５年。〔７〕

ルントグレーン、ペーター著／望田幸男監訳『ドイツ学校社会史概観』晃洋書房、１９９５年。〔8〕
木戸　裕『ドイツ統一・ＥＵ統合とグローバリズム』東信堂、２０１２年。〔8〕
日独交流史編纂委員会編『日独交流１５０年の軌跡』雄松堂書店、２０１３年。〔9〕

第Ⅰ部　多様なドイツ史の基層

トーマス、ハインツ著／三佐川亮宏、山田欣吾編訳『中世の「ドイツ」――カール大帝からルターまで』創文社、２００５年。〔10、11〕
成瀬治、山田欣吾、木村靖二編『ドイツ史』第1巻（世界歴史大系）、山川出版社、１９９７年。〔10、11〕
三佐川亮宏『ドイツ史の始まり――中世ローマ帝国とドイツ人のエトノス生成』創文社、２０１３年。〔10、11〕
山田欣吾『教会から国家へ――古相のヨーロッパ』（西洋中世国制史の研究1）、創文社、１９９２年。〔10、11〕
ウィルスン、ピーター・H著／山本文彦訳『神聖ローマ帝国１４９５～１８０６』（ヨーロッパ史入門）、岩波書店、２００５年。〔12、19〕
シュルツェ、ハンス・クルト著／五十嵐修、小倉欣一、浅野啓子、佐久間弘展訳『西欧中世史事典Ⅱ――皇帝と帝国』（MINERVA西洋史ライブラリー）、ミネルヴァ書房、２００５年。〔12〕
直居　淳「カール四世黄金印文書について（一）（二）」『史学雑誌』第65編第4号、同編第6号、１９５５年。〔13〕
横川大輔「一四世紀後半における「金印勅書」（一三五六年）の認識――カール四世の治世（一三七八年まで）を中心に」『北大法学論集』第63巻第2号、２０１２年、http://hdl.handle.net/2115/49783〔13〕
阿部謹也『ドイツ中世後期の世界――ドイツ騎士修道会史の研究』未來社、２００２年。〔14〕
イグネ、シャルル著／宮島直機訳『ドイツ植民と東欧世界の形成』彩流社、１９９７年。〔14〕
千葉敏之「閉じられた辺境――中世東方植民史研究の歴史と現在」『現代史研究』49、２００３年。〔14〕
エネン、エーディト著／佐々木克巳訳『ヨーロッパの中世都市』岩波書店、１９８７年。〔15〕
シュルツェ、ハンス・クルト著／千葉徳夫、浅野啓子、五十嵐修、小倉欣一、佐久間弘展訳『西欧中世史事典――国制と社会組織』ミネルヴァ書房、１９９７年（とくに第8章「都市」）。〔15〕
メラー、ベルント著／森田安一ほか訳『帝国都市と宗教改革』教文館、１９９０年。〔15〕
河原　温『都市の創造力』岩波書店、２００９年。〔15〕
森田安一『図説　宗教改革』河出書房新社、２０１０年。〔16〕
森田安一『ルターの首引き猫――木版画で読む宗教改革』山川出版社、１９９３年。〔16〕
K・J・アッポルド著／徳善義和訳『宗教改革小史』教文館、

２０１２年。〔16〕

カウフマン、トーマス著／宮谷尚美訳『ルター――異端から改革者へ』教文館、２０１０年。〔16〕

ブリックレ、ペーター著／田中真造、増本浩子訳『ドイツの宗教改革』教文館、１９９１年。〔16〕

幸福　輝編『版画の写像学――デューラーからレンブラントへ』ありな書房、２０１３年。〔17〕

E・L・アイゼンステイン著／別宮貞徳訳『印刷革命』みすず書房、１９８７年。〔17〕

越　宏一『ヨーロッパ美術史講義――デューラーの芸術』岩波書店、２０１２年。〔17〕

ベーメ、ハルトムート著／加藤淳夫訳『デューラー〈メレンコリアI〉』三元社、１９９４年。〔17〕

前川誠郎訳『デューラー　自伝と書簡』岩波書店、２００９年。〔17〕

薩摩秀登『プラハの異端者たち――中世チェコのフス派にみる宗教改革』現代書館、１９９８年。〔コラム５〕

R・J・W・エヴァンズ著／中野春夫訳『魔術の帝国――ルドルフ2世とその世界』平凡社、１９８８年（ちくま学芸文庫、２００６年）。〔コラム５〕

坂口さやか「ルドルフ2世とプラハ宮廷に関する研究動向――受容の問題を中心に」『東欧史研究』28号、91～１０１頁。２００６年。〔コラム５〕

菊池良生『戦うハプスブルク家――近代の序章としての三十年戦争』（講談社現代新書）、講談社、１９９５年。〔18〕

鈴木直志『ヨーロッパの傭兵』山川出版社、２００３年。〔18〕

グリンメルスハウゼン著／望月市恵訳『阿呆物語』（岩波文庫）、岩波書店、１９５３～54年。〔18〕

明石欽司『ウェストファリア条約――その実像と神話』慶應義塾大学出版会、２００９年。〔19〕

伊藤宏二『ヴェストファーレン条約と神聖ローマ帝国――ドイツ帝国諸侯としてのスウェーデン』九州大学出版会、２００５年。〔19〕

R・J・W・エヴァンズ著／新井皓士訳『バロックの王国――ハプスブルク朝の文化社会史一五五〇～一七〇〇年』慶應義塾大学出版会、２０１３年。〔20〕

オーキー、ロビン著／三方洋子訳／山之内克子、秋山晋吾監訳『ハプスブルク君主国　１７６５～１９１８　マリア・テレジアから第一次世界大戦まで』NTT出版、２０１０年。〔20〕

大津留厚、水野博子、河野淳、岩崎周一編『ハプスブルク史研究入門――歴史のラビリンスへの招待』昭和堂、２０１３年。〔20〕

ケネディ、ポール著／鈴木主税訳『決定版　大国の興亡　１５００年から２０００年までの経済の変遷と軍事闘争　上巻』草思社、１９９３年。〔20〕

H・バラージュ・エーヴァ著／渡邊昭子、岩崎周一訳『ハプスブルクとハンガリー』成文社、２００３年。〔20〕

坂井栄八郎「第三章　二大国の対立と帝国」成瀬治ほか編

『世界歴史大系　ドイツ史2』山川出版社、1996年。〔21〕

ハフナー、セバスチァン著／魚住昌良監訳／川口由紀子訳『図説プロイセンの歴史——伝説からの解放』東洋書林、2000年。〔21〕

屋敷二郎『規律と啓蒙——フリードリヒ大王の啓蒙絶対主義』ミネルヴァ書房、1999年。〔21〕

第Ⅱ部　ナショナリズムと戦争

阪口修平「第五章　自由主義と保守主義」木村靖二編『ドイツ史』山川出版社、2001年。〔22〕

末川　清「第六章　ウィーン体制下の政治と経済」成瀬治ほか編『世界歴史大系　ドイツ史2』山川出版社、1996年。〔22〕

フレーフェルト、ウーテ著／若尾祐司ほか訳『ドイツ女性の社会史——200年の歩み』晃洋書房、1990年。〔22、23、24〕

メッテルニヒ、クレメンス・W・L著／安斎和雄監訳『メッテルニヒの回想』恒文社、1994年。〔22〕

林健太郎『ドイツ革命史1848～49年』山川出版社、1990年。〔23〕

川越　修「第七章　一八四八年革命」成瀬治ほか編『世界歴史大系　ドイツ史2』山川出版社、1996年。〔23、27〕

キーゼヴェター、フーベルト著／高橋秀行、桜井健吾訳『ドイツ産業革命・成長原動力としての地域』晃洋書房、2006年。〔24〕

エンゲルス、フリードリヒ著／一條和生、杉山忠平訳『イギリスにおける労働者階級の状態——19世紀のロンドンとマンチェスター』上下巻（岩波文庫）、岩波書店、1990年。〔24〕

矢野　久、アンゼルム・ファウスト編『ドイツ社会史』有斐閣、2001年。〔24〕

飯田洋介『ビスマルク——ドイツ帝国を築いた政治外交術』（中公新書）、中央公論新社、2015年。〔25、26〕

大内宏一『ビスマルク——ドイツ帝国の建国者』（世界史リブレット人65）、山川出版社、2013年。〔25、26〕

ハフナー、セバスチァン著／魚住昌良監訳／川口由紀子訳『図説プロイセンの歴史——伝説からの解放』東洋書林、2000年。〔25、26〕

望田幸男『制服を着る市民たち——ドイツ軍国主義の社会史』（有斐閣選書114）、有斐閣、1983年。〔27〕

モッセ、ジョージ・L著／植村和秀ほか訳『フェルキッシュ革命——ドイツ民族主義から反ユダヤ主義へ』柏書房、1998年。〔27〕

木村靖二『第一次世界大戦』筑摩書房、2014年。〔28〕

山室信一、岡田暁生、小関隆、藤原辰史編『現代の起点　第一次世界大戦』第1～4巻、岩波書店、2014年。〔28〕

ベルクハーン、フォルカー著／鍋谷郁太郎訳『第一次世界大戦　1914～1918』東海大学出版会、2014年。〔28〕

ゲイ、ピーター著／亀嶋庸一訳『ワイマール文化』みすず書房、１９９９年。〔29〕
コルプ、E著／柴田敬二訳『ワイマル共和国史——研究の現状』刀水書房、１９８６年。〔29〕
ポイカート、デートレフ著／小野清美、田村栄子、原田一美訳『ワイマル共和国——古典的近代の危機』名古屋大学出版会、１９９３年。〔29〕
山口　定『ヒトラーの抬頭——ワイマール・デモクラシーの悲劇』（朝日文庫）、朝日新聞社、１９９１年。〔29〕
石田勇治『ヒトラーとナチ・ドイツ』（講談社現代新書）、講談社、２０１５年。〔30、32〕
カーショー、イアン著／川喜田敦子訳『ヒトラー（上）——１８８９～１９３６傲慢』白水社、２０１５年。〔30〕
カーショー、イアン著／福永美和子訳『ヒトラー（下）——１９３６～１９４５天罰』白水社、２０１６年。〔31〕
ベッセル、リチャード著／大山晶訳『ナチスの戦争　１９１８～１９４９——民族と人種の戦い』（中公新書）、中央公論社、２０１５年。〔31〕
ポイカート、デトレフ著／木村靖二、山本秀行訳『ナチス・ドイツ——ある近代の社会史』（改装版）三元社、２００５年。〔31〕
芝　健介『ホロコースト——ナチスによるユダヤ人大量殺戮の全貌』（中公新書）、中央公論新社、２００８年。〔32〕
ストーン、ダン著／武井彩佳訳『ホロコースト・スタディーズ——最新研究への手引き』白水社、２０１２年。〔32〕
ヒルバーグ、ラウル著／望田幸男ほか訳『ヨーロッパ・ユダヤ人の絶滅（上・下）』柏書房、１９９７年（新装版２０１２年）。〔32〕
ラカー、ウォルター編／井上茂子ほか訳『ホロコースト大事典』柏書房、２００３年。〔32〕

第Ⅲ部　冷戦下のドイツ

石井　修編『１９４０年代ヨーロッパの政治と冷戦』ミネルヴァ書房、１９９２年。〔33〕
眞鍋俊二『アメリカのドイツ占領政策——１９４０年代国際政治の流れのなかで』法律文化社、１９８９年。〔33〕
油井大三郎、中村政則、豊下楢彦編『占領改革の国際比較——日本・アジア・ヨーロッパ』三省堂、１９９４年〔33〕
板橋拓己『アデナウアー——現代ドイツを創った政治家』（中公新書）、中央公論新社、２０１４年。〔34、36〕
クレスマン、クリストフ著／石田勇治、木戸衛一訳『戦後ドイツ史　１９４５～１９５５——二重の建国』未來社、１９９５年。〔34〕
足立芳宏『東ドイツ農村の社会史——「社会主義」経験の歴史化のために』京都大学学術出版会、２０１１年。〔35〕
石井　聡『もう一つの経済システム——東ドイツ計画経済下の企業と労働者』北海道大学出版会、２０１０年。〔35〕
岩間陽子『ドイツ再軍備』（中公叢書）、中央公論社、１９９３年。〔36〕
遠藤　乾編『ヨーロッパ統合史［増補版］』名古屋大学出版

会、２０１４年。〔36〕

倉科一希『アイゼンハワー政権と西ドイツ——同盟政策としての東西軍備管理交渉』ミネルヴァ書房、２００８年。〔36〕

ヴォルフルム、エトガー／飯田収治、木村明夫、村上亮訳『ベルリンの壁——ドイツ分断の歴史』洛北出版、２０１２年。〔37〕

森井裕一「ドイツとEU-EUにおける独仏関係（ドイツの視点）」田中俊郎・庄司克宏編『EU統合の軌跡とベクトル——トランスナショナルな政治社会秩序形成への模索』慶應義塾大学出版会、２００６年。〔38〕

フライ、ノルベルト著／下村由一訳『１９６８年——反乱のグローバリズム』みすず書房、２０１２年。〔39〕

井関正久「『一九六八年』の史的考察——ドイツを事例に」安田常雄編『社会を問う人びと——運動のなかの個と共同性』（シリーズ戦後日本社会の歴史③）岩波書店、２０１２年。〔39〕

Ash, Timothy Garton, *In Europe's Name: Germany and the Divided Continent*, New York: Random House, 1993、杉浦成樹訳『ヨーロッパに架ける橋——東西冷戦とドイツ外交』（上）／（下）、みすず書房、２００９年。〔40〕

Schöllgen, Gregor, *Willy Brandt. Die Biographie*, Berlin: Propyläen, 2001、岡田浩平訳『ヴィリー・ブラントの生涯』三元社、２０１５年。〔40〕

Vogtmeier, Andreas, *Egon Bahr und die deutsche Frage. Zur Entwicklung der sozialdemokratischen Ost- und Deutschlandpolitik vom Kriegsende bis zur Vereinigung*, Bonn: Dietz, 1996、岡田浩平訳『西ドイツ外交とエーゴン・バール』三元社、２０１４年。〔40〕

妹尾哲志『戦後西ドイツ外交の分水嶺——東方政策と分断克服の戦略、１９６３〜１９７５年』晃洋書房、２０１１年。〔40〕

河合信晴『政治がつむぎだす日常——東ドイツの余暇と「ふつうの人びと」』現代書館、２０１５年。〔41〕

近藤潤三『東ドイツ（ＤＤＲ）の実像——独裁と抵抗』木鐸社、２０１０年。〔41〕

小野　一『緑の党——運動・思想・政党の歴史』講談社、２０１４年。〔42〕

西田　慎『ドイツ・エコロジー政党の誕生——「六八年運動」から緑の党へ』昭和堂、２００９年。〔42〕

平島健司『ドイツ現代政治』東京大学出版会、１９９４年。〔43〕

第Ⅳ部　統一後のドイツ

グレースナー、Ｊ-Ｇ／中村登志哉、中村ゆかり訳『ドイツ統一過程の研究』青木書店、１９９３年。〔44〕

高橋　進『歴史としてのドイツ統一——指導者たちはどう動いたか』岩波書店、１９９９年。〔44〕

テルチク、ホルスト／三輪晴啓、宗宮好和訳『歴史を変えた三二九日——ドイツ統一の舞台裏』ＮＨＫ出版、１９９２

年。〔44〕
遠藤 乾編『ヨーロッパ統合史』名古屋大学出版会、２００８年。〔45〕
森井裕一編『ヨーロッパの政治経済・入門』有斐閣、２０１２年。〔46〕
リッター、ゲルハルト・A著／竹中亨監訳『ドイツ社会保障の危機――再統一の代償』（MINERVA人文・社会科学叢書）、ミネルヴァ書房、２０１３年。〔46〕
近藤正基『現代ドイツ福祉国家の政治経済学』ミネルヴァ書房、２００９年。〔47〕
森井裕一『現代ドイツの外交と政治』信山社、２００８年。〔47〕
若尾祐司、本田宏編『反核から脱原発へ――ドイツとヨーロッパ諸国の選択』昭和堂、２０１２年。〔47〕
鎮目真人、近藤正基編『比較福祉国家――理論・計量・各国事例』ミネルヴァ書房、２０１３年。〔48〕
西田慎、近藤正基編『現代ドイツ政治――統一後の20年』ミネルヴァ書房、２０１４年。〔48〕
松本勝明『ドイツ社会保障論２　年金保険』信山社、２００４年。〔48〕
田中素香『ユーロ危機とギリシャ反乱』（岩波新書）、岩波書店、２０１６年。〔49〕
竹森俊平『欧州統合、ギリシャに死す』講談社、２０１５年。〔49〕
トッド、エマニュエル著／堀茂樹訳『「ドイツ帝国」が世界を破滅させる――日本人への警告』（文春新書）、文藝春秋、２０１５年。〔49〕
近藤正基『ドイツ・キリスト教民主同盟の軌跡――国民政党と戦後政治１９４５～２００９』ミネルヴァ書房、２０１３年。〔50〕
近藤潤三『移民国としてのドイツ』木鐸社、２００７年。〔50〕
昔農英明『「移民国家ドイツ」の難民庇護政策』慶應義塾大学出版会、２０１４年。〔50〕

ドイツの歴史を学ぶためのブックガイド

（日本語で書かれた比較的新しい文献で入手しやすいものを中心に紹介）

【通史・事典】

木村靖二、千葉敏之、西山暁義編『ドイツ史研究入門』山川出版社、２０１４年。

木村靖二編『ドイツ史（新版世界各国史13）』山川出版社、２００１年。

木村靖二編『ドイツの歴史――新ヨーロッパ中心国の軌跡』有斐閣アルマ、２０００年。

ニッパーダイ、トーマス（坂井榮八郎訳）『ドイツ史を考える』山川出版社、２００８年。

フルブロック、メアリー（高田有現・高野淳訳）『ドイツの歴史（ケンブリッジ版世界各国史）』創土社、２００５年。

石田勇治編『図説ドイツの歴史』河出書房新社、２００７年。

クノップ、グイド（フランツ、エドガー・深見麻奈訳）『１００のトピックで知るドイツ歴史図鑑』原書房、２０１２年。

坂井榮八郎『ドイツ史10講』（岩波新書）、岩波書店、２００３年。

坂井榮八郎『ドイツの歴史百話（刀水歴史全書）』刀水書房、２０１２年。

池上俊一『森と山と川でたどるドイツ史』（岩波ジュニア新書）、岩波書店、２０１５年。

魚住昌良『世界歴史の旅　ドイツ――古都と古城と聖堂』山川出版社、２００２年。

右京頼三『仏独関係千年紀――ヨーロッパ建設への道』法政大学出版局、２０１４年。

斯波照雄『西洋の都市と日本の都市　どこが違うのか』学文社、２０１５年

若尾祐司、井上茂子編『ドイツ文化史入門――16世紀から現代まで』昭和堂、２０１１年。

宮田眞治、畠山寛、濱中春編著『ドイツ文化55のキーワード』ミネルヴァ書房、２０１５年。

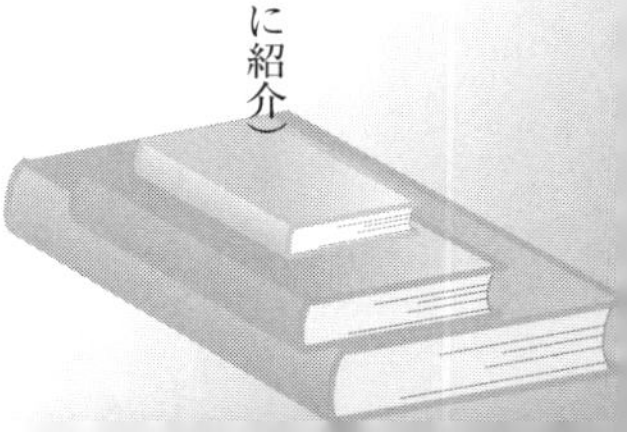

森貴史、藤代幸一『ビールを〈読む〉――ドイツの文化史と都市史のはざまで』法政大学出版局、2013年。

【中　世】

トーマス、ハインツ（三佐川亮宏、山田欣吾編訳）『中世の「ドイツ」――カール大帝からルターまで』創文社、2005年。

三佐川亮宏『ドイツ史の始まり――中世ローマ帝国とドイツ人のエトノス生成』創文社、2013年。

フーケー、G．・ツァイリンガー、G．（小沼明生訳）『災害と復興の中世史――ヨーロッパの人々は惨禍をいかに生き延びたか』八坂書房、2015年。

ブルンナー、オットー（山本文彦訳）『中世ヨーロッパ社会の内部構造』知泉書院、2013年。

シュルツェ、ハンス・クルト（小倉欣一・河野淳訳）『西洋中世史事典Ⅲ――王権とその支配』ミネルヴァ書房、2013年。

高橋　理『ハンザ「同盟」の歴史――中世ヨーロッパの都市と商業』創元社、2013年。

小倉欣一『ドイツ中世都市の自由と平和――フランクフルトの歴史から』勁草書房、2007年。

瀬原義生『中・近世ドイツ鉱山業と新大陸銀』文理閣、2016年。

イルジーグラー、フランツ・ラゾッタ、アルノルト（藤代幸一訳）『中世のアウトサイダー』白水社、2012年。

【近　世】

大津留厚、水野博子、河野淳、岩崎周一編『ハプスブルク史研究入門――歴史のラビリンスへの招待』昭和堂、2013年。

佐久間弘展『若者職人の社会と文化――14～17世紀ドイツ』青木書店、2007年。

澁谷　聡『近世ドイツ帝国国制史研究――等族制集会と帝国クライス』ミネルヴァ書房、2000年。

スクリブナー、R．W．／ディクスン、C．スコット（森田安一訳）『ドイツ宗教改革』岩波書店、2009年。

鈴木直志『広義の軍事史と近世ドイツ――集権的アリストクラシー・近代転換期』彩流社、2014年。

ベーリンガー、ウォルフガング（髙木葉子訳）『トゥルン・ウント・タクシス――その郵便と企業の歴史』三元社、２０１４年。
吉田　寛『〈音楽の国ドイツ〉の神話とその起源――ルネサンスから18世紀』青弓社、２０１３年
永田諒一『宗教改革の真実――カトリックとプロテスタントの社会史』講談社現代新書、２００４年。

【近現代】


若尾祐司、井上茂子編『近代ドイツの歴史――18世紀から現代まで』ミネルヴァ書房、２００５年。

姫岡とし子、川越修編『ドイツ近現代ジェンダー史入門』青木書店、２００９年。

グルーナー、ヴォルフ・D．（丸畠宏太、進藤修一、野田昌吾訳）『ヨーロッパの中のドイツ――１８００～２００２』ミネルヴァ書房、２００８年。

石田勇治『20世紀ドイツ史（ドイツ現代史）』白水社、２００５年。

クレスマン、クリストフ（石田勇治、木戸衛一訳）『戦後ドイツ史　１９４５～１９５５――二重の建国』未來社、１９９５年。

田野大輔、柳原伸洋編『教養のドイツ現代史』ミネルヴァ書房、２０１６年。

イェーガー、ヴォルフガング、クリスティーネ・カイツ編（中尾光延、小倉正宏、永末和子訳）『ドイツの歴史――現代史（世界の教科書シリーズ・ドイツ高校歴史教科書）』明石書店、２００６年。

森井裕一『現代ドイツの外交と政治』信山社、２００８年。

遠藤　乾編『ヨーロッパ統合史（増補版）』名古屋大学出版会、２０１４年。

遠藤　乾編『原典ヨーロッパ統合史――史料と解説』名古屋大学出版会、２００８年。

年	項　目（本文中で言及されている事項中心）
1973.9	東西ドイツ国連に加盟
1974.5	シュミット政権（SPD・FDP）の発足
1979.12	NATO二重決定
1982.10	コール政権（CDU/CSU・FDP）発足
1983.3	連邦議会選挙で緑の党が初めて議席獲得
1985.6	シェンゲン協定締結（1995年発効、国境検問の廃止）
1987.7	単一欧州議定書（EC条約改正条約）の発効
1986.4	ソ連チェルノブイリ原発事故発生
1989.11	「ベルリンの壁」崩壊
1990.10	ドイツ統一（ドイツ連邦共和国への東部新5州の編入）
1990.12	統一後初の連邦議会選挙
1993.11	欧州連合（EU）条約（マーストリヒト条約）発効
1994.7	連邦軍NATO域外派兵に関する連邦憲法裁判所判決
1998.9	連邦議会選挙（SPDと緑の党が過半数を獲得）
1998.10	シュレーダー政権（SPD・緑の党）の発足
1999.1	経済通貨同盟の実現（単一通貨ユーロの導入）
2000.1	国籍法改正（一部出生地主義の採用）
2000.4	再生可能エネルギー法施行
2005.1	移民法（移住法:Zuwanderungsgesetz）発効
2005.11	メルケル大連立（第一次）政権（CDU/CSU・SPD）の発足
2009.10	メルケル（第二次）政権（CDU/CSU・FDP）の発足
2010.4	ギリシア危機。ユーロ危機始まる
2011.3	福島原子力発電所事故発生
2011.5	バーデン＝ヴュルテンベルク州で緑の党の州首相が誕生
2011.5	「安全なエネルギー供給に関する倫理委員会」報告書
2012.9	ユーロ危機鎮静化
2013.12	メルケル大連立（第三次）政権（CDU/CSU・SPD）の発足
2015	ギリシア反乱、7月第3次支援合意
2016.6	イギリス、EU離脱を選択

年	項　目（本文中で言及されている事項中心）
1945.2	ヤルタ会談
1945.5	ドイツ無条件降伏
1945.7-8	ポツダム会談
1947.3	トルーマン・ドクトリン発表
1947.3-4	モスクワ外相会議
1947.6	マーシャル・プラン発表
1947.11-12	ロンドン外相会議
1948.2-6	米英仏ベネルクス3国によるロンドン6カ国会議
1948.2	チェコスロヴァキアのクーデターで共産党主導政権発足
1948.6	西側占領地区の通貨改革
1948.6-1949.5	ソ連によるベルリン封鎖（第一次ベルリン危機）
1948.7	米英仏が憲法の基本原則を定めた「フランクフルト文書」を州首相に手交
1948.8	ヘレンキームゼー会議
1948.9-1949.5	議会評議会（憲法制定会議）
1949.5	基本法（憲法）布告、ドイツ連邦共和国（西ドイツ）の成立
1949.9	アデナウアーが連邦共和国首相に選出される
1949.10	ドイツ民主共和国（東ドイツ）の成立
1950.5	欧州石炭鉄鋼共同体（ECSC）構想をシューマン仏外相が発表
1950.6	朝鮮戦争が始まる
1950.10	欧州防衛共同体（EDC）構想をプレヴァン仏首相が発表
1951.4	欧州石炭鉄鋼共同体（ECSC）条約（パリ条約）調印
1953.3	ソ連・スターリン死去
1953.6	「6月17日事件」（東ドイツ労働者蜂起）
1954.8	欧州防衛共同体（EDC）条約の批准が仏議会において失敗
1954.10	パリ協定署名
1955.5	西ドイツのNATO加盟・主権回復
1955.6	メッシーナ会議（共同市場設立交渉開始で合意）
1955.9	アデナウアー首相のソ連訪問・西ドイツとソ連が国交回復
1957.3	欧州経済共同体（EEC）と欧州原子力共同体（EURATOM）を設立するローマ条約調印
1958.1	EECとEUTAROM発足
1958.11	フルシチョフによるベルリン最後通牒（第二次ベルリン危機）
1961.8	東ドイツによる「ベルリンの壁」建設開始
1963.1	独仏協力条約（エリゼ条約）調印
1963.10	エアハルト政権（CDU/CSU・FDP）の発足
1966.12	キージンガー大連立政権（CDU/CSU・SPD）発足
1969.10	ブラント政権（SPD・FDP）の発足
1970.8	西ドイツソ連とモスクワ条約調印
1971.9	ベルリン4カ国協定仮調印
1972.12	東西ドイツ基本条約調印

年	項　目（本文中で言及されている事項中心）
1848.3	三月革命
1848.5	フランクフルト国民議会開会
1849.3	国民議会ドイツ憲法公布（その後プロイセン王の固辞により国民議会は消滅）
1861.1	日普修好通商条約締結（日独国交成立）
1864	デンマーク戦争
1866	普墺戦争（ドイツ連邦の解体）
1867	北ドイツ連邦の成立
1870-1871	独仏戦争
1871.1	ドイツ帝国の成立（ドイツ統一）
1888.6	ヴィルヘルム二世即位
1890.3	ビスマルク辞任
1894.1	露仏同盟成立
1904.4	英仏協商
1907.8	英露協商（英仏露三国協商の成立）
1914-1918	第一次世界大戦
1918.11	キール軍港蜂起、11月革命
1919.1	憲法制定のための国民議会選挙実施
1919.6	ヴェルサイユ条約調印
1919.8	ヴァイマル憲法公布
1920.3	カップ＝リュトヴィッツ一揆
1923.1	フランスとベルギーによるルール占領
1924.8	ドーズ案による賠償問題先送り解決
1925.12	ロカルノ条約
1926.9	ドイツが国際連盟に加入
1929.10	ニューヨーク株式市場株価大暴落（世界大恐慌の始まり）
1932.7	国会選挙でナチ党が第一党となる
1933.1	ヒトラーが首相に任命される（ナチスによる政権掌握）
1933.3	授権法成立
1938.3	オーストリア併合
1938.9	ミュンヘン会談（ズデーデン地方のドイツへの割譲決定）
1938.11	「水晶の夜」（シナゴーグ・ユダヤ系商店襲撃事件）
1939.8	独ソ不可侵条約締結
1939.9	ドイツのポーランド侵攻（第二次世界大戦の勃発）
1940.9	日独伊三国同盟締結
1941.6	ドイツによるソ連侵攻
1941.12	日本による真珠湾攻撃（ドイツは対米宣戦布告）
1942.1	ヴァンゼー会議（ユダヤ人絶滅方針の確認）
1944.6	連合軍によるノルマンディー上陸作戦
1944.7	シュタウフェンベルク大佐らによるヒトラー暗殺計画失敗

◉ドイツの歴史を知るための50章関連年表

年	項　目（本文中で言及されている事項中心）
476	西ローマ帝国の滅亡
800.12	カール大帝がローマ皇帝に戴冠される
919.5	ザクセンのハインリヒ一世がオットー朝を開く
955.8	レヒフェルトの戦いでオットー一世マジャール人を破る
962.2	オットー一世がローマ皇帝に戴冠される（神聖ローマ帝国の成立）
1024.9	ザーリアー朝の開始
1076.2	ハインリヒ四世教皇グレゴリウス7世により破門される
1122.9	ヴォルムス協約により叙任権闘争が終結
1273.10	ハプスブルク家ルードルフがドイツ王に選出される
1356.12	カール四世が金印勅書制定
1517.10	ルターが「95か条の論題」を発表
1521.1	教皇がルターを破門、ヴォルムス勅令により帝国追放となるがザクセン侯に保護される
1524	ドイツ農民戦争勃発
1530.2	プロテスタントによりシュマルカルデン同盟が結成される
1546.6	シュマルカルデン戦争
1555.9	アウグスブルク宗教和平が締結される
1618.5	プロテスタント派によるプラハ窓外放擲事件（三十年戦争勃発）
1625-29	ニーダーザクセン・デンマーク戦争
1630-35	スウェーデン戦争
1635-1648	スウェーデン・フランス戦争
1648.10	ウェストファリア（ヴェストファーレン）条約締結（三十年戦争終結）
1701.1	プロイセン王国の成立（ブランデンブルク選帝侯フリードリヒ三世がプロイセン王フリードリヒ一世となる）
1701-13	スペイン継承戦争
1740-48	オーストリア継承戦争
1756-63	七年戦争
1789.7	フランス革命勃発
1806.8	神聖ローマ帝国消滅
1806.10	イエーナ・アウエルシュテットの戦い
1813.3	解放戦争開始
1814.9-1815	ウィーン会議
1815.6	ドイツ連邦発足
1830.3	フランス七月革命
1834.1	ドイツ関税同盟成立
1835.12	ドイツ初の鉄道開通（ニュルンベルク・フュルト間）
1848.2	パリ二月革命

＊**森井　裕一**（もりい　ゆういち）[9、37、38、43、44、45、コラム6、9、10]
東京大学大学院総合文化研究科教授。
編著者紹介参照。

柳原　伸洋（やなぎはら　のぶひろ）[28、コラム11]
東京女子大学現代教養学部歴史文化専攻准教授。
【主要業績】
『超約　ドイツの歴史』（ジェームズ・ホーズ著、監訳、東京書籍、2024年）、『教養のドイツ現代史』（田野大輔との共編、ミネルヴァ書房、2016年）、『日本人が知りたいドイツ人の当たり前』（鎌田タベアとの共著、三修社、2016年）。

弓削　尚子（ゆげ　なおこ）[21、22、23、24]
早稲田大学法学部教授。
【主要業績】
「啓蒙主義の世界（史）観」（秋田茂ほか編『「世界史」の世界史』ミネルヴァ書房、247-271頁、2016年）、「大学で西洋ジェンダー史を教えるということ」（小林富久子、村田晶子との共編著『ジェンダー研究／教育の深化のために』彩流社、427-447頁、2016年）、『啓蒙の世紀と文明観』（山川出版社、2004年）。

横川　大輔（よこかわ　だいすけ）[12、13、14]
札幌国際大学人文学部現代文化学科専任講師。
【主要業績】
「神聖ローマ帝国における1400年の国王廃位・新国王選挙と『金印勅書』」（『西洋史学』第258号、1-19頁、2015年9月）、「一四世紀後半における「金印勅書」（一三五六年）の認識――カール四世の治世（一三七八年まで）を中心に」（『北大法学論集』第63巻第2号、1-56頁、2012年7月）、「一五世紀前半神聖ローマ帝国におけるゲマイナー・タークの出現と選帝侯団の誕生」（『史学雑誌』第117編第9号、41-64頁、2008年9月）。

原田　晶子（はらだ　あきこ）［15、コラム3］
川村学園女子大学文学部史学科教授。
【主要業績】
Die Symbiose von Kirche und Stadt im Spätmittelalter. Das bürgerliche Gemeinschaftsbewusstsein und Stiftungen an die Pfarrkirchen in der Reichsstadt Nürnberg, Verlag Dr. Kovač, 2014、「西洋中世都市の市壁と都市のアイデンティティ」（『歴史学研究』972、326-364頁、2018年）、「中世後期ドイツ都市における教会建設財団（fabrica ecclesiae）と世俗の教会後見人の活動からの一考察」（『慶応義塾大学言語文化研究所紀要』50、171-187頁、2019年）。

藤井　真生（ふじい　まさお）［コラム5］
静岡大学人文社会科学部教授。
【主要業績】
「カレル4世の『国王戴冠式式次第』にみる伝統と国王理念の変容」（神崎忠昭編『断絶と新生——中近世ヨーロッパとイスラームにおける信仰・思想・統治』慶應義塾大学出版会、137-160頁、2016年）、「外国人に官職を与えるな——中世後期チェコにおける貴族共同体のアイデンティティ」（服部良久編『コミュニケーションから読む中近世ヨーロッパ史——戦争と秩序のタペストリー』ミネルヴァ書房、463-487頁、2015年）、『中世チェコ国家の誕生——君主・貴族・共同体』（昭和堂、2014年）。

星乃　治彦（ほしの　はるひこ）［35、41］
福岡大学名誉教授。
【主要業績】
『ナチス前夜における「抵抗」の歴史』（ミネルヴァ書房、2007年）、『男たちの帝国——ヴィルヘルム2世からナチスへ』（岩波書店、2006年）、*Macht und Bürger:Der 17. Juni 1953*, Peter Lang, 2002.

三佐川　亮宏（みさがわ　あきひろ）［10、11］
東海大学文学部歴史学科西洋史専攻教授。
【主要業績】
『オットー大帝——辺境の戦士から「神聖ローマ帝国」樹立者へ』（中公新書、2023年）、『紀元千年の皇帝——オットー三世とその時代』（刀水歴史全書95、刀水書房、2018年）、『ドイツ——その起源と前史』（創文社、2016年）、『ドイツ史の始まり——中世ローマ帝国とドイツ人のエトノス生成』（創文社、2013年）。

森　芳樹（もり　よしき）［7］
東京大学大学院総合文化研究科教授。
【主要業績】
„Die interne Struktur von subordinierten Sätzen mit *ga/no* Wechsel im Japanischen“. In: Japanische Gesellschaft für Germanistik (Hg.) *Beiträge zur generativen Linguistik*, S.32-53, 2014. „Evidentialität als Inferentialität“ (Yoshiki Mori & Shinya Okano). In: Abraham, Werner & Elisabeth Leiss (Hg.) *Funktion(-en) von Modalität*, Walter de Gruyter, S.189-217, 2013.

妹尾　哲志（せのお　てつじ）[40]
専修大学法学部教授。
【主要業績】
『冷戦変容期の独米関係と西ドイツ外交』（晃洋書房、2022年）、『戦後西ドイツ外交の分水嶺——東方政策と分断克服の戦略、1963～1975年』（晃洋書房、2011年）、*Ein Irrweg zur deutschen Einheit? Egon Bahrs Konzeptionen, die Ostpolitik und die KSZE 1963-1975*, Peter Lang, 2011.

高津　秀之（たかつ　ひでゆき）[16、17]
東京経済大学経済学部准教授。
【主要業績】
「宗教改革百周年記念ビラにおけるルターの復活——宗教改革の図像学的トポスの継承と変容」（甚野尚志・益田朋幸編『ヨーロッパ文化の再生と革新』知泉書館、197-216頁、2016年）、「カトリックを棄てた大司教——ゲプハルト・トルフゼスの改宗とケルン戦争」（甚野尚志・踊共二編『中近世ヨーロッパの宗教と政治——キリスト教世界の統一性と多元性』ミネルヴァ書房、233-252頁、2014年）、「手術台の上のルターと宗教改革者たち——ヨハネス・ナースの対抗宗教改革プロパガンダ—」（『エクフラシス　ヨーロッパ文化研究』第3号、178-193頁、2013年3月）。

田口　正樹（たぐち　まさき）[5]
東京大学大学院法学政治学研究科教授。
【主要業績】
Königliche Gerichtsbarkeit und regionale Konfliktbeilegung: Die Regierungszeit Ludwigs des Bayern (1314-1347), Dunker & Humblot, Berlin 2017.; Die Königsgerichtsbarkeit und das privilegium fori im deutschen Spätmittelalter (1273-1400), in: *Zeitschrift der Savigny-Stiftung für Rechtsgeschichte, Germanistische Abteilung* 140 (2023), S. 62-126.「中世後期ドイツの帝国集会と法専門家」（『国家学会雑誌』137巻1/2号、2024年、1-56頁）。

田中　素香（たなか　そこう）[49、コラム12]
東北大学名誉教授、中央大学経済研究所客員研究員。
【主要業績】
『ユーロ危機とギリシャ反乱』（岩波新書、2016年）、『現代ヨーロッパ経済（第4版）』（共著、有斐閣アルマ、2014年）、『ユーロ危機の中の統一通貨』（岩波新書、2010年）。

西山　暁義（にしやま　あきよし）[1]
共立女子大学国際学部教授。
【主要業績】
「『アルザス・ロレーヌ人』とは誰か」（近藤和彦編『ヨーロッパ史講義』山川出版社、2015年、『ドイツ史研究入門』（木村靖二、千葉敏之との共編著、山川出版社、2014年）、『仏独共同通史 第一次世界大戦』（ジャン＝ジャック・ベッケール、ゲルト・クルマイヒ著、剣持久木との共訳、岩波書店、2012年）。

小林　繁子（こばやし　しげこ）［4、18、19、コラム4］
新潟大学人文社会・教育科学系（教育学部）准教授。
【主要業績】
「魔女研究の新動向――ドイツ近世史を中心に」（『法制史研究』第65号、2016年）、『近世ドイツの魔女裁判――民衆世界と支配権力』（ミネルヴァ書房、2015年）、「通告としての請願――近世マインツ選帝侯領の魔女裁判事例から」（『ドイツ研究』第49号、2015年）。

近藤　正基（こんどう　まさき）［46、47、48、50］
京都大学大学院法学研究科教授。
【主要業績】
『現代ドイツ政治――統一後の20年』（西田慎との共編、ミネルヴァ書房、2014年）、『ドイツ・キリスト教民主同盟の軌跡――国民政党と戦後政治　1945～2009』（ミネルヴァ書房、2013年）、『現代ドイツ福祉国家の政治経済学』（ミネルヴァ書房、2009年）。

齋藤　正樹（さいとう　まさき）［27］
早稲田大学政治経済学部・商学部等非常勤講師。
【主要業績】
「ドイツにおけるデジタル化と歴史学――仮想研究環境H-Soz-Kultについて」（『現代史研究』第60号、2014年）、「ヴィルヘルム期ドイツにおけるフェルキッシュ運動と宗教――雑誌『ハイムダル』における人種と宗教」（『現代史研究』第59号、2013年）、「ヴィルヘルム期ドイツにおけるフェルキッシュ宗教運動と反ユダヤ主義――モーリッツ・フォン・エギディとヴィルヘルム・シュヴァーナーを例として」（『ユダヤ・イスラエル研究』第23号、2009年）。

櫻井　文子（さくらい　あやこ）［2］
専修大学国際コミュニケーション学部教授。
【主要業績】
「フランクフルトの『森の日』試論」（『現文研（専修大学現代文化研究会）』第91号、48～59頁、2015年）、*Science and Societies in Frankfurt am Main* (Science and Culture in the Nineteenth Century Series), University of Pittsburgh Press, 2013.「娯楽と科学のはざまにて――19世紀メナジェリー再考」（『専修人文論集』第 90号、289-307頁、2012年）。

進藤　修一（しんどう　しゅういち）［8、コラム1］
大阪大学大学院人文学研究科教授。
【主要業績】
『ドイツ人が語るドイツ現代史』（ドミニク・ゲッパート著、爲政雅代との共訳、ミネルヴァ書房、2023年）、『はじめて学ぶドイツの歴史と文化』（谷口健治、南直人、北村昌史との共編著、ミネルヴァ書房、2020年）、『移民都市の苦悩と挑戦――ニューヨークとフランクフルト』（東自由里との共著、晃洋書房、2015年）、「教育と科学技術」（木村靖二、千葉敏之、西山暁義編『ドイツ史研究入門』、山川出版社、2014年）。

板橋　拓己（いたばし　たくみ）［29、33、34］
東京大学大学院法学政治学研究科教授。
【主要業績】
『黒いヨーロッパ――ドイツにおけるキリスト教保守派の「西洋（アーベントラント）」主義、1925～1965年』（吉田書店、2016年）、『アデナウアー――現代ドイツを創った政治家』（中央公論新社、2014年）、『中欧の模索――ドイツ・ナショナリズムの一系譜』（創文社、2010年）。

岩﨑　周一（いわさき　しゅういち）［20］
京都産業大学外国語学部教授。
【主要業績】
『マリア・テレジアとハプスブルク帝国――複合君主政国家の光と影』（創元社、2024年）、『ハプスブルク帝国』（講談社現代新書、講談社、2017年）、*Stände und Staatsbildung in der frühneuzeitlichen Habsburgermonarchie in Österreich unter der Enns 1683-1748*. St. Pölten, 2013.『ハプスブルク史研究入門』（大津留厚、水野博子、河野淳との共編、昭和堂、2013年）。

岩間　陽子（いわま　ようこ）［36］
政策研究大学院大学教授。
【主要業績】
『ドイツ再軍備』（中公叢書、中央公論社、1993年）、「『ドイツ一強時代』の後に来るもの――動乱期を迎えた欧州」（『外交』vol. 39、2016年）、「アデナウアー政権と西ドイツの核保有問題」（GRIPS Discussion Paper 、2016年）。

川喜田　敦子（かわきた　あつこ）［6、コラム7］
東京大学大学院総合文化研究科教授。
【主要業績】
『東欧からのドイツ人の「追放」――20世紀の住民移動の歴史のなかで』（白水社、2019年）、『図説ドイツの歴史』（共著、河出書房新社、2007年）、『ドイツの歴史教育』（白水社、2005年）。

菊池　雄太（きくち　ゆうた）［コラム2］
立教大学経済学部教授。
【主要業績】
"Reach of Globalization in 18th Century Germany: Atlantic Products from Hamburg to Saxon Markets", *Jahrbuch für Wirtschaftsgeschichte/Economic History Yearbook* 65-2 (2024), 1–33;『中世ヨーロッパの商人』（編著、河出書房新社、2022年）、*Hamburgs Ostsee- und Mitteleuropahandel 1600-1800. Warendistribution und Hinterlandnetzwerke*, Böhlau Verlag 2018.

【執筆者紹介】（［　］は担当章、50音順、＊は編著者）

安達　亜紀（あだち　あき）［3］
武蔵大学非常勤講師。
【主要業績】
『化学物質規制の形成過程—— EU・ドイツ・日本の比較政策論』（岩波書店、2015年）、「EU化学物質政策の変化とドイツ——政策形成と実施の観点からの考察」（『国際政治』180、17-29頁、2015年）。

飯田　洋介（いいだ　ようすけ）［25、26］
駒澤大学文学部教授。
【主要業績】
「一八六〇年代後半のビスマルク外交とアメリカ合衆国——二つの対米打診を手掛かりに」（大内宏一編『ヨーロッパ史のなかの思想』彩流社、2016年）、『ビスマルク——ドイツ帝国を築いた政治外交術』（中公新書、中央公論新社、2015年）、『ビスマルクと大英帝国——伝統的外交手法の可能性と限界』（勁草書房、2010年）。

猪狩　弘美（いがり　ひろみ）［32］
桐朋学園大学等非常勤講師。
【主要業績】
「ナチ強制収容所体験と生存者たちのその後」（石田勇治・川喜田敦子編『ナチズム・ホロコーストと戦後ドイツ（現代ドイツへの視座2）』勉誠出版、2020年）、「犠牲者体験を通じてのアイデンティティの揺らぎ——アウシュヴィッツの生き残り、ジャン・アメリーを中心に」（荒川歩・川喜田敦子ほか編『〈境界〉の今を生きる——身体から世界空間へ・若手一五人の視点』56-70頁〔第4章〕、東信堂、2009年）、「ホロコーストの生き残りのトラウマをめぐって——ドイツの補償政策と精神医学」（『年報地域文化研究』東京大学大学院総合文化研究科地域文化研究専攻、第9号、1-23頁、2006年3月）。

石田　勇治（いしだ　ゆうじ）［30、31］
東京大学名誉教授。
【主要業績】
『ヒトラーとナチ・ドイツ』（講談社現代新書、講談社、2015年）、『過去の克服　ヒトラー後のドイツ』（新装版、白水社、2014年）、『20世紀ドイツ史』（白水社、2005年）、*Jungkonservative in der Weimarer Republik. Der Ring-Kreis 1928-1933*, Peter Lang, 1988.

井関　正久（いぜき　ただひさ）［39、42、コラム8］
中央大学法学部教授。
【主要業績】
『戦後ドイツの抗議運動——「成熟した市民社会」への模索』（岩波書店、2016年）、『ドイツを変えた68年運動』（白水社、2005年）、*Das Erbe der Runden Tische in Ostdeutschland*, Peter Lang, 1999.

【編著者紹介】

森井　裕一（もりい　ゆういち）
東京大学大学院総合文化研究科教授。
琉球大学法文学部講師、筑波大学国際総合学類講師、東京大学大学院総合文化研究科助教授、同准教授をへて現職。専門はドイツ政治研究、EU 研究、国際政治学。

【主要業績】

『ヨーロッパの政治経済・入門』（編著、有斐閣、2012 年）、『地域統合とグローバル秩序――ヨーロッパと日本・アジア』（編著、信山社、2010 年）、『現代ドイツの外交と政治』（信山社、2008 年）、「国民国家の試練、難民問題に苦悩するドイツ」（『アステイオン』84 号、115-129 頁、2016 年）、「ドイツ――人の移動と社会変容」（岡部みどり編『人の国際移動と EU ――地域統合は「国境」をどのように変えるのか？』第 7 章、91-104 頁、法律文化社、2016 年）、「ＥＵ統合と現代ドイツ――ドイツはヨーロッパの一員として振る舞い続けるのか」（小久保康之編『EU 統合を読む――現代ヨーロッパを理解するための基礎』第 9 章、219-238 頁、春風社、2016 年）、「ドイツの安全保障文化の変容――連邦軍と徴兵制をめぐる議論を中心として」『国際政治』167 号、88-101 頁、2012 年）ほか。

エリア・スタディーズ 151
〈ヒストリー〉
ドイツの歴史を知るための 50 章

2016 年 10 月 31 日　初版 第 1 刷発行
2024 年 9 月 20 日　初版 第 5 刷発行

編著者　森　井　裕　一
発行者　大　江　道　雅
発行所　株式会社 明石書店
〒 101–0021 東京都千代田区外神田 6-9-5
電話 03（5818）1171
FAX 03（5818）1174
振替　00100-7-24505
http://www.akashi.co.jp/
組版／装丁　明石書店デザイン室
印刷／製本　日経印刷株式会社

（定価はカバーに表示してあります）　ISBN978-4-7503-4413-3

エリア・スタディーズ

1 **現代アメリカ社会を知るための60章** 明石紀雄、川島浩平 編著
2 **イタリアを知るための62章【第2版】** 村上義和 編著
3 **イギリスを旅する35章** 辻野功 編著
4 **モンゴルを知るための65章【第2版】** 金岡秀郎 著
5 **パリ・フランスを知るための44章** 梅本洋一、大里俊晴、木下長宏 編著
6 **現代韓国を知るための61章【第3版】** 石坂浩一、福島みのり 編著
7 **オーストラリアを知るための58章【第3版】** 越智道雄 著
8 **現代中国を知るための54章【第7版】** 藤野彰 編著
9 **ネパールを知るための60章** 日本ネパール協会 編
10 **アメリカの歴史を知るための65章【第4版】** 富田虎男、鵜月裕典、佐藤円 編著
11 **現代フィリピンを知るための61章【第2版】** 大野拓司、寺田勇文 編著
12 **ポルトガルを知るための55章【第2版】** 村上義和、池俊介 編著
13 **北欧を知るための43章** 武田龍夫 著
14 **ブラジルを知るための56章【第2版】** アンジェロ・イシ 著
15 **ドイツを知るための60章** 早川東三、工藤幹巳 編著
16 **ポーランドを知るための60章** 渡辺克義 編著
17 **シンガポールを知るための65章【第5版】** 田村慶子 編著
18 **現代ドイツを知るための67章【第3版】** 浜本隆志、高橋憲 編著
19 **ウィーン・オーストリアを知るための57章【第2版】** 広瀬佳一、今井顕 編著
20 **ハンガリーを知るための60章【第2版】** ドナウの宝石 羽場久美子 編著
21 **現代ロシアを知るための60章【第2版】** 下斗米伸夫、島田博 編著
22 **21世紀アメリカ社会を知るための67章** 明石紀雄 監修 赤尾千波、大類久恵、小塩和人、落合明子、川島浩平、高野泰 編
23 **スペインを知るための60章** 野々山真輝帆 著
24 **キューバを知るための52章** 後藤政子、樋口聡 編著
25 **カナダを知るための60章** 綾部恒雄、飯野正子 編著
26 **中央アジアを知るための60章【第2版】** 宇山智彦 編著
27 **チェコとスロヴァキアを知るための56章【第2版】** 薩摩秀登 編著
28 **現代ドイツの社会・文化を知るための48章** 田村光彰、村上和光、岩淵正明 編著
29 **インドを知るための50章** 重松伸司、三田昌彦 編著
30 **タイを知るための72章【第2版】** 綾部真雄 編著
31 **パキスタンを知るための60章** 広瀬崇子、山根聡、小田尚也 編著
32 **バングラデシュを知るための66章【第3版】** 大橋正明、村山真弓、日下部尚徳、安達淳哉 編著
33 **イギリスを知るための65章【第2版】** 近藤久雄、細川祐子、阿部美春 編著
34 **現代台湾を知るための60章【第2版】** 亜洲奈みづほ 著
35 **ペルーを知るための66章【第2版】** 細谷広美 編著
36 **マラウィを知るための45章【第2版】** 栗田和明 著
37 **コスタリカを知るための60章【第2版】** 国本伊代 編著
38 **チベットを知るための50章** 石濱裕美子 編著
39 **現代ベトナムを知るための63章【第3版】** 岩井美佐紀 編著
40 **インドネシアを知るための50章** 村井吉敬、佐伯奈津子 編著
41 **エルサルバドル、ホンジュラス、ニカラグアを知るための45章** 田中高 編著
42 **パナマを知るための70章【第2版】** 国本伊代 編著
43 **イランを知るための65章** 岡田恵美子、北原圭一、鈴木珠里 編著
44 **アイルランドを知るための70章【第3版】** 海老島均、山下理恵子 編著

エリア・スタディーズ

45 **メキシコを知るための60章**
吉田栄人 編著

46 **中国の暮らしと文化を知るための40章**
東洋文化研究会 編

47 **現代ブータンを知るための60章【第2版】**
平山修一 著

48 **バルカンを知るための66章【第2版】**
柴宜弘 編著

49 **現代イタリアを知るための44章**
村上義和 編著

50 **アルゼンチンを知るための54章**
アルベルト松本 著

51 **ミクロネシアを知るための60章【第2版】**
印東道子 編著

52 **アメリカのヒスパニック=ラティーノ社会を知るための55章**
大泉光一、牛島万 編著

53 **北朝鮮を知るための55章【第2版】**
石坂浩一 編著

54 **ボリビアを知るための73章【第2版】**
真鍋周三 編著

55 **コーカサスを知るための60章**
北川誠一、前田弘毅、廣瀬陽子、吉村貴之 編著

56 **カンボジアを知るための60章【第3版】**
上田広美、岡田知子、福富友子 編著

57 **エクアドルを知るための60章【第2版】**
新木秀和 編著

58 **タンザニアを知るための60章【第2版】**
栗田和明、根本利通 編著

59 **リビアを知るための60章【第2版】**
塩尻和子 編著

60 **東ティモールを知るための50章**
山田満 編著

61 **グアテマラを知るための67章【第2版】**
桜井三枝子 編著

62 **オランダを知るための60章**
長坂寿久 著

63 **モロッコを知るための65章**
私市正年、佐藤健太郎 編著

64 **サウジアラビアを知るための63章【第2版】**
中村覚 編著

65 **韓国の歴史を知るための66章**
金両基 編著

66 **ルーマニアを知るための60章**
六鹿茂夫 編著

67 **現代インドを知るための60章**
広瀬崇子、近藤正規、井上恭子、南埜猛 編著

68 **エチオピアを知るための50章**
岡倉登志 編著

69 **フィンランドを知るための44章**
百瀬宏、石野裕子 編著

70 **ニュージーランドを知るための63章**
青柳まちこ 編著

71 **ベルギーを知るための52章**
小川秀樹 編著

72 **ケベックを知るための56章【第2版】**
日本ケベック学会 編

73 **アルジェリアを知るための62章**
私市正年 編著

74 **アルメニアを知るための65章**
中島偉晴、メラニア・バグダサリヤン 編著

75 **スウェーデンを知るための64章【第2版】**
村井誠人 編著

76 **デンマークを知るための70章【第2版】**
村井誠人 編著

77 **最新ドイツ事情を知るための50章**
浜本隆志、柳原初樹 著

78 **セネガルとカーボベルデを知るための60章**
小川了 編著

79 **南アフリカを知るための60章**
峯陽一 編著

80 **エルサルバドルを知るための66章【第2版】**
細野昭雄、田中高 編著

81 **チュニジアを知るための60章**
鷹木恵子 編著

82 **南太平洋を知るための58章** メラネシア ポリネシア
吉岡政德、石森大知 編著

83 **現代カナダを知るための60章【第2版】**
飯野正子、竹中豊 総監修 日本カナダ学会 編

84 **現代フランス社会を知るための62章**
三浦信孝、西山教行 編著

85 **ラオスを知るための60章**
菊池陽子、鈴木玲子、阿部健一 編著

86 **パラグアイを知るための50章**
田島久歳、武田和久 編著

87 **中国の歴史を知るための60章**
並木頼壽、杉山文彦 編著

88 **スペインのガリシアを知るための50章**
坂東省次、桑原真夫、浅香武和 編著

89 **アラブ首長国連邦（UAE）を知るための60章**
細井長 編著

エリア・スタディーズ

90 **コロンビアを知るための60章**
二村久則 編著

91 **現代メキシコを知るための70章【第2版】**
国本伊代 編著

92 **ガーナを知るための47章**
高根務、山田肖子 編著

93 **ウガンダを知るための53章**
吉田昌夫、白石壮一郎 編著

94 **ケルトを旅する52章** イギリス・アイルランド
永田喜文 著

95 **トルコを知るための53章**
大村幸弘、永田雄三、内藤正典 編著

96 **イタリアを旅する24章**
内田俊秀 編著

97 **大統領選からアメリカを知るための57章**
越智道雄 著

98 **現代バスクを知るための60章【第2版】**
萩尾生、吉田浩美 編著

99 **ボツワナを知るための52章**
池谷和信 編著

100 **ロンドンを旅する60章**
川成洋、石原孝哉 編著

101 **ケニアを知るための55章**
松田素二、津田みわ 編著

102 **ニューヨークからアメリカを知るための76章**
越智道雄 著

103 **カリフォルニアからアメリカを知るための54章**
越智道雄 著

104 **イスラエルを知るための62章【第2版】**
立山良司 編著

105 **グアム・サイパン・マリアナ諸島を知るための54章**
中山京子 編著

106 **中国のムスリムを知るための60章**
中国ムスリム研究会 編

107 **現代エジプトを知るための60章**
鈴木恵美 編著

108 **カーストから現代インドを知るための30章**
金基淑 編著

109 **カナダを旅する37章**
飯野正子、竹中豊 編著

110 **アンダルシアを知るための53章**
立石博高、塩見千加子 編著

111 **エストニアを知るための59章**
小森宏美 編著

112 **韓国の暮らしと文化を知るための70章**
舘野晳 編著

113 **現代インドネシアを知るための60章**
村井吉敬、佐伯奈津子、間瀬朋子 編著

114 **ハワイを知るための60章**
山本真鳥、山田亨 編著

115 **現代イラクを知るための60章**
酒井啓子、吉岡明子、山尾大 編著

116 **現代スペインを知るための60章**
坂東省次 編著

117 **スリランカを知るための58章**
杉本良男、高桑史子、鈴木晋介 編著

118 **マダガスカルを知るための62章**
飯田卓、深澤秀夫、森山工 編著

119 **新時代アメリカ社会を知るための60章**
明石紀雄 監修　大類久恵、落合明子、赤尾千波 編著

120 **現代アラブを知るための56章**
松本弘 編著

121 **クロアチアを知るための60章**
柴宜弘、石田信一 編著

122 **ドミニカ共和国を知るための60章**
国本伊代 編著

123 **シリア・レバノンを知るための64章**
黒木英充 編著

124 **EU（欧州連合）を知るための63章**
羽場久美子 編著

125 **ミャンマーを知るための60章**
田村克己、松田正彦 編著

126 **カタルーニャを知るための50章**
立石博高、奥野良知 編著

127 **ホンジュラスを知るための60章**
桜井三枝子、中原篤史 編著

128 **スイスを知るための60章**
スイス文学研究会 編

129 **東南アジアを知るための50章**
今井昭夫 編集代表　東京外国語大学東南アジア課程 編

130 **メソアメリカを知るための58章**
井上幸孝 編著

131 **マドリードとカスティーリャを知るための60章**
川成洋、下山静香 編著

エリア・スタディーズ

132 **ノルウェーを知るための60章**
大島美穂、岡本健志 編著

133 **現代モンゴルを知るための50章**
小長谷有紀、前川愛 編著

134 **カザフスタンを知るための60章**
宇山智彦、藤本透子 編著

135 **内モンゴルを知るための60章**
ボルジギン・ブレンサイン 編著　赤坂恒明 編集協力

136 **スコットランドを知るための65章**
木村正俊 編著

137 **セルビアを知るための60章**
柴宜弘、山崎信一 編著

138 **マリを知るための58章**
竹沢尚一郎 編著

139 **ASEANを知るための50章【第2版】**
黒柳米司、金子芳樹、吉野文雄、山田満 編著

140 **アイスランド・グリーンランド・北極を知るための65章**
小澤実、中丸禎子、高橋美野梨 編著

141 **ナミビアを知るための53章**
水野一晴、永原陽子 編著

142 **香港を知るための60章**
吉川雅之、倉田徹 編著

143 **タスマニアを旅する60章**
宮本忠 著

144 **パレスチナを知るための60章**
臼杵陽、鈴木啓之 編著

145 **ラトヴィアを知るための47章**
志摩園子 編著

146 **ニカラグアを知るための55章**
田中高 編著

147 **台湾を知るための72章【第2版】**
赤松美和子、若松大祐 編著

148 **テュルクを知るための61章**
小松久男 編著

149 **アメリカ先住民を知るための62章**
阿部珠理 編著

150 **イギリスの歴史を知るための50章**
川成洋 編著

151 **ドイツの歴史を知るための50章**
森井裕一 編著

152 **ロシアの歴史を知るための50章**
下斗米伸夫 編著

153 **スペインの歴史を知るための50章**
立石博高、内村俊太 編著

154 **フィリピンを知るための64章**
大野拓司、鈴木伸隆、日下渉 編著

155 **バルト海を旅する40章**　7つの島の物語
小柏葉子 著

156 **カナダの歴史を知るための50章**
細川道久 編著

157 **カリブ海世界を知るための70章**
国本伊代 編著

158 **ベラルーシを知るための50章**
服部倫卓、越野剛 編著

159 **スロヴェニアを知るための60章**
柴宜弘、アンドレイ・ベケシュ、山崎信一 編著

160 **北京を知るための52章**
櫻井澄夫、人見豊、森田憲司 編著

161 **イタリアの歴史を知るための50章**
高橋進、村上義和 編著

162 **ケルトを知るための65章**
木村正俊 編著

163 **オマーンを知るための55章**
松尾昌樹 編著

164 **ウズベキスタンを知るための60章**
帯谷知可 編著

165 **アゼルバイジャンを知るための67章**
廣瀬陽子 編著

166 **済州島を知るための55章**
梁聖宗、金良淑、伊地知紀子 編著

167 **イギリス文学を旅する60章**
石原孝哉、市川仁 編著

168 **フランス文学を旅する60章**
野崎歓 編著

169 **ウクライナを知るための65章**
服部倫卓、原田義也 編著

170 **クルド人を知るための55章**
山口昭彦 編著

171 **ルクセンブルクを知るための50章**
田原憲和、木戸紗織 編著

172 **地中海を旅する62章**　歴史と文化の都市探訪
松原康介 編著

173 **ボスニア・ヘルツェゴヴィナを知るための60章**
柴宜弘、山崎信一 編著

エリア・スタディーズ

174 **チリを知るための60章**
細野昭雄、工藤章、桑山幹夫 編著

175 **ウェールズを知るための60章**
吉賀憲夫 編著

176 **太平洋諸島の歴史を知るための60章** 日本とのかかわり
石森大知、丹羽典生 編著

177 **リトアニアを知るための60章**
櫻井映子 編著

178 **現代ネパールを知るための60章**
公益社団法人 日本ネパール協会 編

179 **フランスの歴史を知るための50章**
中野隆生、加藤玄 編著

180 **ザンビアを知るための55章**
島田周平、大山修一 編著

181 **ポーランドの歴史を知るための56章【第2版】**
渡辺克義、白木太一、吉岡潤 編著

182 **韓国文学を旅する60章**
波田野節子、斎藤真理子、きむ ふな 編著

183 **インドを旅する55章**
宮本久義、小西公大 編著

184 **現代アメリカ社会を知るための63章【2020年代】**
明石紀雄 監修 大類久恵、落合明子、赤尾千波 編著

185 **アフガニスタンを知るための70章**
前田耕作、山内和也 編著

186 **モルディブを知るための35章**
荒井悦代、今泉慎也 編著

187 **ブラジルの歴史を知るための50章**
伊藤秋仁、岸和田仁 編著

188 **現代ホンジュラスを知るための55章**
中原篤史 編著

189 **ウルグアイを知るための60章**
山口恵美子 編著

190 **ベルギーの歴史を知るための50章**
松尾秀哉 編著

191 **食文化からイギリスを知るための55章**
石原孝哉、市川仁、宇野毅 編著

192 **東南アジアのイスラームを知るための64章**
久志本裕子、野中葉 編著

193 **宗教からアメリカ社会を知るための48章**
上坂昇 著

194 **ベルリンを知るための52章**
浜本隆志、希代真理子 著

195 **NATO（北大西洋条約機構）を知るための71章**
広瀬佳一 編著

196 **華僑・華人を知るための52章**
山下清海 著

197 **カリブ海の旧イギリス領を知るための60章**
川分圭子、堀内真由美 編著

198 **ニュージーランドを旅する46章**
宮本忠、宮本由紀子 著

199 **マレーシアを知るための58章**
鳥居高 編著

200 **ラダックを知るための60章**
煎本孝、山田孝子 著

201 **スロヴァキアを知るための64章**
長與進、神原ゆうこ 編著

202 **チェコを知るための60章**
薩摩秀登、阿部賢一 編著

203 **ロシア極東・シベリアを知るための70章**
服部倫卓、吉田睦 編著

204 **スペインの歴史都市を旅する48章**
立石博高 監修・著 小倉真理子 著

205 **ハプスブルク家の歴史を知るための60章**
川成洋 編著

206 **パレスチナ／イスラエルの〈いま〉を知るための24章**
鈴木啓之、児玉恵美 編著

207 **ラテンアメリカ文学を旅する58章**
久野量一、松本健二 編著

208 **コンゴ民主共和国を知るための50章**
木村大治、武内進一 編著

209 **インド北東部を知るための45章**
笠井亮平、木村真希子 編著

——以下続刊

◎各巻2000円（一部1800円）

〈価格は本体価格です〉